John Ortberg

Jeder ist normal, bis du ihn kennen lernst

Wie zwischenmenschliche Beziehungen gelingen

John Ortberg

Jeder ist normal, bis du ihn kennen lernst

Wie zwischenmenschliche Beziehungen gelingen

WILLOW
Willow Creek • Edition

Gerth Medien

Titel der Originalausgabe:
Everbody's Normal Till You Get to Know Them

Published by Zondervan Publishing House, Grand Rapids,
Michigan 49530, USA

4. Auflage 2005
Best.-Nr. 816 043

ISBN 3-86591-043-2

Die Bibelstellen wurden der „Gute Nachricht Bibel" entnommen.

Übersetzung: Annette Schalk
Umschlaggestaltung und Illustration: Hanni Plato
Satz: Typostudio Rücker, Linden
Druck und Verarbeitung: Ebner & Spiegel, Ulm

Für Rick Blackmon,
der alles über mich weiß
und mich trotzdem mag.

G[illegible]

Sündenfall (Authentizität)

Davids Ehebruch (Konfrontation)

Die samaritanische Frau (Gemeinschaft)

[illegible] und G[illegible] G[illegible]

Der Schalksknecht (Vergebung) (Vergebung)

Heilung eines Gelähmten [illegible]

Jesu Salbung [illegible] Sünderin [illegible]

Jesus und die [illegible]

[illegible] (H[illegible])

Inhalt

Dank

Wenn es stimmt, dass alle Bücher mehr oder weniger ein Gemeinschaftsprodukt sind, dann gilt das umso mehr, wenn das Thema eines Buches „Gemeinschaft“ ist.

Ich danke allen, die das Manuskript komplett oder auszugsweise gelesen und mir Verbesserungsvorschläge gemacht haben: Becky Brauer, Mindy Caliguire, Bill Donahue und John Ortberg Sen. Meiner Cousine Tiffany Staman, die als meine Assistentin mehr zu diesem Buch beigetragen hat, als sich in Worte fassen lässt. Jack Kuhatscheck vereint als Herausgeber alles in sich, wovon ein Autor träumt: Er ist Ermutiger, voller Weisheit, Kritiker und Freund.

Wie immer hat Nancy mir geduldig Rückmeldung gegeben und mich unermüdlich bei diesem Projekt unterstützt.

Laura, Mallory und Johnny sind für mich ein kostbares Geschenk, mit dem ich nie gerechnet hatte – ich kann nicht nur *über* sie schreiben (ein Berufsrisiko aller Kinder schriftstellerisch tätiger Eltern), sondern auch *für* sie.

Teil I

Normal – so etwas gibt es nicht

Kapitel 1

Das Dilemma des Stachelschweins

„Um da ansetzen zu können, wo wir stehen, müssen wir erkennen, dass unsere Welt nicht normal ist, sondern nur so, wie wir es gerade eben gewohnt sind."
Dallas Willard[1]

„Gemeinschaft ist der Ort, an dem genau der Mensch lebt, mit dem man am wenigsten zusammenleben möchte."
Henri Nouwen[2]

In manchen Geschäften findet man eine Abteilung, in der Waren zu stark reduzierten Preisen angeboten werden. Alle Waren tragen auf dem Preisetikett denselben Hinweis: „Wie besehen".

„Wie besehen" ist im Grunde ein euphemistischer Ausdruck für „Mängelware". Manchmal findet man auch die Bezeichnung „leichte Unregelmäßigkeiten". Sie werden ganz fair vorgewarnt: „In dieser Abteilung ist etwas nicht in Ordnung. Sie werden hier einen Fehler finden, einen Fleck, der sich nicht entfernen lässt, einen Reißverschluss, der nicht schließt, einen Knopf, der nicht knöpft – irgendein Problem gibt es. Diese Waren sind *nicht normal.*

Wir werden Ihnen nicht sagen, wo der Fehler steckt. Sie müssen danach suchen.

Aber wir wissen, dass die Ware fehlerhaft ist. Wenn Sie den Fehler also finden – und Sie *werden* ihn finden –, dann kommen Sie ja nicht weinend angelaufen. Es gibt nämlich eine Grundregel für den Verkauf der Waren in dieser Abteilung: Kein Umtausch. Keine Geld-zurück-Garantie. Keine Ersatzware. Wenn Sie nach Perfektion suchen, dann sind Sie hier falsch. Sie haben eine faire Warnung bekommen. Wenn Sie diese Ware haben wollen, gibt es nur eine Möglichkeit: Sie müssen sie nehmen, wie sie ist – wie besehen."

Wenn Sie mit Menschen zu tun haben, befinden Sie sich in der „Mängelwaren-Abteilung" des Universums. Denken Sie an einen Menschen, den Sie kennen. Vielleicht an den Menschen, den Sie am besten kennen, am meisten lieben. Diese Person weist „leichte Unregelmäßigkeiten" auf.

An dieser Person hängt ein kleines Etikett: „Irgendwo befindet sich hier ein Fehler. Eine leichte Neigung zum Betrug, eine spitze Zunge, ein gewisses Phlegma, ein unkontrollierbares Temperament. Ich werde Ihnen nicht sagen, wo der Fehler steckt, aber er ist vorhanden. Wenn Sie ihn also finden – und Sie werden ihn finden –, dann sollten Sie davon nicht überrascht sein. Wenn Sie mit diesem Modell eine Beziehung eingehen wollen, gibt es nur eine Möglichkeit: Sie müssen es nehmen, wie es ist."

Wenn Sie nach Perfektion suchen, dann sind Sie hier falsch.

Wir neigen zu der Illusion, dass es irgendwo da draußen Menschen gibt, die normal sind. In „Besser geht's nicht" wird Helen Hunt von ihren zwiespältigen Gefühlen gegenüber Jack Nicholson gequält. Einerseits ist er nett und großzügig zu ihr und ihrem kranken Sohn, aber er leidet auch unter Agoraphobie und diversen Zwangsneurosen und ist hochgradig beleidigend: Wenn man Grobheit in Quadratkilometern messen könnte, hätte er die Größe von Texas. In ihrer Verzweiflung beschwert sie sich bei ihrer Mutter: „Ich will einfach nur einen ganz normalen Freund."

„Oh", antwortet ihre Mutter voller Mitgefühl, „das möchte jeder. So etwas gibt es aber nicht, Schatz."

Wenn wir eine Beziehung in der Illusion eingehen, dass Menschen normal sind, wehren wir uns gegen die Wahrheit: dass sie es nämlich *nicht* sind. Wir versuchen unablässig, sie zu verändern, zu kontrollieren oder so zu tun, als seien sie anders. Eines der wichtigsten Kennzeichen von Reife besteht darin, die Tatsache zu akzeptieren, dass jeder so ist, wie er ist.

Dietrich Bonhoeffer sagte, dass Menschen Beziehungen mit ihren eigenen Träumen und Idealen von Gemeinschaft eingehen. Er schrieb die überraschenden Worte:

„Es ist aber Gottes Gnade, die alle derartige Träume rasch zum Scheitern bringt. Die große Enttäuschung über die andern, über die Christen im Allgemeinen und, wenn es gut geht, auch über uns selbst, muss uns überwältigen, so gewiss Gott uns zur Erkenntnis echter christlicher Gemeinschaft führen will. [...] *Je bälder die Stunde dieser Enttäuschung über den Einzelnen und über die Gemeinschaft kommt, desto besser für beide.* [...] *Wer seinen Traum von christlicher Gemeinschaft mehr liebt als die christliche Gemeinschaft selbst, der wird zum Zerstörer jeder christlichen Gemeinschaft, auch wenn seine persönlichen Absichten noch so aufrichtig, ernsthaft und opferbereit sind."*[3]

Jeder ist irgendwie seltsam

Natürlich besteht der schmerzhafteste Teil der ganzen Sache darin zu akzeptieren, dass auch ich mich in dieser „Mängelwaren-Abteilung" befinde. Seit seiner Entstehung lehnt sich der Mensch dagegen auf, dieses Etikett zu tragen. Wir versuchen, die Welt in normale, gesunde Menschen (wie uns) und in schwierige Menschen aufzuteilen. Vor einiger Zeit fiel mir der Titel einer Zeitschrift ins Auge: „Völlig normale Frauen mobben ihren Ex-Freund".

Was mir besonders ins Auge stach, war der Begriff „völlig normale Frauen". Wie sah so eine Frau wohl aus (oder – wenn wir schon dabei waren – wie sah ein völlig normaler Mann aus)? Und wenn das obsessive Verfolgen eines verflossenen Liebhabers nicht nur normal, sondern sogar *völlig* normal war, wie weit musste man dann gehen, um „ein bisschen seltsam" zu sein?

Jeder von uns möchte normal erscheinen und sich selbst für normal halten, aber die Verfasser der Bibel betonen immer wieder, dass niemand „völlig normal" ist – zumindest nicht so, wie Gott „normal" definiert. „Wir hatten uns alle verirrt wie Schafe, jeder ging für sich seinen Weg"[4], informieren sie uns. „Alle haben gesündigt und die Herrlichkeit Gottes verloren."[5]

Das Wissen um diese Tatsache erklärt einen sehr wichtigen Aspekt der ersten Kapitel der Bibel.

Einer der absurdesten Kommentare, die ich von Zeit zu Zeit über die Bibel höre, ist die Bemerkung, dass die Bibel ein Buch voller frommer, unbefleckter Charaktere sei, die absolut nichts mit dem wirklichen Leben zu tun hätten.

Ich weiß dann immer sofort, dass derjenige, der diese Bemerkung macht, die Bibel nie gelesen hat. Ist Ihnen jemals aufgefallen, wie viele zerrüttete Familien es alleine im ersten Buch Mose gibt?

Hier eine kleine Zusammenfassung:

Kain ist eifersüchtig auf Abel und bringt ihn um. Lamech führt die Polygamie ein. Noah, der gerechteste Mensch seiner Generation, betrinkt sich und verflucht seinen eigenen Enkel.

Lot, dessen Haus von den Bewohnern Sodoms umzingelt ist, die seine Besucher angreifen wollen, bietet ihnen stattdessen Sex mit seinen Töchtern an. Später machen ihn seine Töchter betrunken und lassen sich von ihm schwängern – und Lot ist der gerechteste Mann von Sodom!

Abraham spielt seine Söhne Isaak und Ismael gegeneinander aus; sie entfremden sich voneinander.

Isaak spielt seine Söhne Jakob und Esau gegeneinander aus; sie bleiben 20 Jahre lang erbitterte Feinde. Jakob spielt Josef und seine elf Brüder gegeneinander aus; die Brüder wollen Josef zunächst umbringen, verkaufen ihn aber schließlich in die Sklaverei.

Auch ihre Ehen sind die reinsten Katastrophen:

Abraham hat Sex mit der Dienerin seiner Frau und schickt sie und den gemeinsamen Sohn dann auf Verlangen seiner Frau in die Wüste. Isaak und Rebekka kämpfen darum, welcher der Söhne den väterlichen Segen bekommt. Jakob heiratet zwei Frauen und befindet sich am Ende in einem Fruchtbarkeitswettbewerb mit deren Dienerinnen und seinen Konkubinen.

Jakobs erstgeborener Sohn Ruben schläft mit der Konkubine seines Vaters.

Ein anderer seiner Söhne, Juda, schläft mit seiner Schwiegertochter, als sie sich als Prostituierte verkleidet. Sie tut dies, da sie nach dem Tod ihrer beiden ersten Ehemänner – beides Söhne von Juda – kinderlos zurückbleibt. Ihre Ehemänner waren so gottlos, dass Gott sie beide tötete. Juda hielt ihr gegenüber seine Verpflichtungen nicht ein.

Diese Leute brauchen unbedingt einen Therapeuten. Sie brauchen Dr. Sommer, die Kummerkastentante, Dr. Brinkmann –

irgendjemanden. (Wie geht es Ihnen, wenn Sie an Ihre eigene Familie denken?)

Warum nehmen die Autoren des ersten Buches Mose diese Episoden in ihren Bericht auf?

Es gibt einen sehr wichtigen Grund dafür. Sie möchten eine grundlegende theologische Wahrheit vermitteln: *Jeder ist irgendwie seltsam.*

Jeder von uns – *wir alle sind wie Schafe* – hat Gewohnheiten, die wir nicht kontrollieren können, Dinge in der Vergangenheit, die wir nicht ungeschehen machen können, Charakterfehler, die wir nicht korrigieren können. So sehen die Darsteller aus, mit denen Gott arbeiten muss. Genauso wie Glas dazu neigt zu zerbrechen und wie Nitroglyzerin dazu neigt zu explodieren, neigen wir dazu, unter den richtigen Bedingungen das Falsche zu tun. Diese Veranlagung nennen Theologen „Verderbtheit". Wir lügen und opfern unsere Integrität für ein paar Euro. („Das verstehe ich auch nicht, Herr Wachtmeister – mein Tacho muss kaputt sein.") Wir klatschen und tratschen, damit wir uns ein paar Augenblicke lang überlegen fühlen können. Wir versuchen, am Arbeitsplatz den falschen Eindruck zu erwecken, wir würden besonders viel leisten, um schneller nach oben zu kommen. (Es gibt eine neue Software, die es ermöglicht, im Internet zu surfen, und dann mit einem Klick – mit der „Cheftaste" – einen Bildschirm produziert, der alles aussehen lässt, als ob Sie gerade an einem Projekt arbeiten.) Wir bemühen uns, unsere Mitarbeiter oder Kinder einzuschüchtern, um Kontrolle ausüben zu können oder einfach um das Gefühl von Macht zu spüren.

Jeder ist irgendwie seltsam. Das ist eine so grundlegende Erkenntnis, dass Sie an dieser Stelle das Buch vielleicht für einen Augenblick schließen und diesen Gedanken an den Menschen weitergeben sollten, der Ihnen am nächsten steht. Oder an die Person, an die Sie jetzt am stärksten denken. Vielleicht handelt es sich dabei auch um ein und dieselbe Person.

Da wir tief in uns wissen, dass wir eigentlich nicht so sein sollten, versuchen wir, unsere Seltsamkeit zu verbergen.

> Jeder von uns gibt sich gesünder und freundlicher, als er tatsächlich ist; jeder von uns bemüht sich um „Verderbtheit-Management", wie ich es nennen möchte.

Ab und zu wird das „Wie besehen"-Etikett eines Menschen sichtbar. Ein Historiker, der den Pulitzer-Preis gewann, wird des Diebstahls geistigen Eigentums überführt. Die Karriere eines Politikers löst sich wegen eines Sex-Skandals in Wohlgefallen auf. Ein einflussreicher Firmenchef muss zurücktreten, weil er illegal Dokumente vernichtet hat. Es überrascht nicht, dass solche Dinge geschehen; was überrascht, ist die öffentliche Reaktion darauf: „Kaum zu glauben! Und sie schienen so normal zu sein." Als ob Sie und ich zu einem solchen Verhalten *nie* fähig wären.

Das Problem mit uns Menschen ist nicht, dass es da einfach nur ein paar faule Äpfel unter uns gibt. Autoren, die sich mit dem Bereich der so genannten „abnormalen Psychologie" beschäftigen, bemühen sich sehr, die abnormalen Menschen von den normalen unter uns zu unterscheiden. Eine der Gefahren beim Studium dieses Faches liegt darin, dass Studenten anfangen, sich in jeder Diagnose selbst zu erkennen. „Es gibt praktisch niemanden, der nicht geheime Zweifel in Bezug auf seine Normalität hegt"[6], las ich kürzlich. Aber die Autoren der Bibel sagen, dass wir alle in dieselbe diagnostische Kategorie fallen, wenn es um die wichtigste Form der Pathologie geht: „Wie Schafe gingen wir alle in die Irre." Aus geistlicher Sicht haben uns unsere „geheimen Zweifel in Bezug auf unsere Normalität" etwas Wichtiges zu sagen. Oder wie Neil Plantinga es formuliert: „In der biblischen Weltsicht ist Sünde zwar ein vertrauter, ja sogar vorhersagbarer Teil des Lebens, aber Sünde ist nicht normal. Und die Tatsache, dass ‚es doch jeder macht', macht sie auch nicht normal."[7]

Seit den Zeiten Adams im Garten Eden sind Sünden und Verstecken so unausweichlich wie der Tod und die Steuern. Manche Menschen sind ziemlich gut darin, ihr wahres Ich zu verbergen. Aber ihre Seltsamkeit ist trotzdem da. Sie müssen ihnen nur nahe genug kommen, dann werden Sie es sehen. Jeder wirkt normal, bis Sie ihn kennen lernen.

Sehnsucht nach Gemeinschaft

Und doch …

Der Wunsch, dazuzugehören und sich anderen anzuschließen, zu lieben und geliebt zu werden, gehört zu den leidenschaftlichsten Sehnsüchten der Seele.

> Unser Bedürfnis nach Gemeinschaft mit anderen Menschen und mit dem Gott, der uns erschaffen hat, ist für den menschlichen Geist das, was Nahrung, Sauerstoff und Wasser für den menschlichen Körper sind.

Dieses Bedürfnis verschwindet auch nicht angesichts all unserer Seltsamkeit. Es begleitet uns von der Wiege bis ins Erwachsenenleben. Ein Kind hebt erwartungsvoll das Gesicht, hält in seinem Wunsch, auf den Arm genommen zu werden, zwei kurze Ärmchen hoch und strahlt voller Freude, wenn es tatsächlich hochgehoben und in den Armen geschaukelt wird – welches Herz schmilzt da nicht dahin?

Am anderen Ende des Spektrums befindet sich der verwitwete Vater eines meiner Bekannten, der sich in eine Frau aus seiner Gemeinde verliebt. Er macht ihr einen Heiratsantrag, sie nimmt ihn an. Sie gehen zum Traualtar. Er ist 84, ein pensionierter Arzt; sie ist 81, eine pensionierte Missionarin. Es ist ihre erste Ehe. Sie war während der Truman-Ära zum letzten Mal verliebt. Man sollte meinen, sie habe inzwischen die Hoffnung auf eine Ehe aufgegeben; aber nun findet sie nicht nur ihren Traummann, sondern sogar Dr. Traummann. Die beiden sprengen das durchschnittliche Heiratsalter um sechs Jahrzehnte.

So frustrierend Menschen sein können, so schwierig ist es auch, einen geeigneten Ersatz zu finden. Einer meiner Freunde bestellte sich während einer Reise in die Südstaaten ein Frühstück. Er entdeckte Cornflakes auf der Speisekarte, und da er einen ausgeprägten Sinn für Humor hat, teilte er der Bedienung mit: „Ich hätte gern ein Cornflake."

Ihre Antwort war klassisch. „Schatz", sagte sie (im amerikanischen Süden sind Bedienungen gesetzlich dazu verpflichtet, alle Kunden mit „Schatz" anzureden), „Schatz, Cornflakes gibt es nicht in der Einzahl."

Die einzelnen Bestandteile der Cornflakes ergeben nur in ihrer Mischung Cornflakes. Man kann keinen „Cornflake" bestellen. Es gibt sie nur zusammen.

„Nennen Sie es einen Clan, nennen Sie es einen Stamm, nennen Sie es ein Netzwerk, nennen Sie es eine Familie", sagt Jane Howard. „Gleichgültig, wie Sie es nennen, Sie brauchen es."[8] Es ist nicht gut, dass der Mensch alleine ist. Dallas Willard sagt: „Der natürliche Zustand des Menschen besteht in der gegenseitigen Verwurzelung in anderen."[9] *Schatz, es gibt Sie nicht in der Einzahl.*

Edward Hallowell, Dozent an der *Harvard Medical School,* spricht vom Grundbedürfnis des Menschen nach Gemeinschaft. Er verwendet den Begriff „Verbindung": das Gefühl, Teil von etwas zu sein, das eine Bedeutung hat und größer ist als wir selbst. Wir brauchen persönliche Begegnungen; wir brauchen Menschen, die uns sehen, kennen und dienen und für die wir dieselbe Funktion erfüllen. Wir müssen uns mit dem Versprechen gegenseitiger Liebe und Loyalität aneinander binden. Diese Verbindungen beziehen sich natürlich auf andere Menschen und auf Gott; aber Hallowell beobachtet, dass Menschen auch aus der Bindung an Haustiere, Musik oder die Natur heraus leben.[10]

Dafür gibt es einen Grund. Neil Plantinga stellt fest, dass die hebräischen Propheten ein Wort für diese Art der Bindung hatten: *shalom* – „das Verwobensein von Gott, Menschen und der ganzen Schöpfung in Gerechtigkeit, Erfüllung und Freude"[11]. Versuchen Sie, sich vorzustellen, sagten die alten Propheten den Menschen damals wie auch uns heute, wie eine solche Welt aussehen würde.

In einer Welt, in der sich *shalom* durchsetzte, wären alle Ehen stabil und alle Kinder sicher. Wer zu viel hätte, würde denen etwas geben, die zu wenig hätten. Israelische und palästinensische Kinder würden auf der *Westbank* zusammen spielen; ihre Eltern würden füreinander Häuser bauen. In Büros und Vorstandsetagen würden sich alle heimlich darum bemühen, ihre Kollegen beim beruflichen Fortkommen zu unterstützen, und sie hinter ihrem Rücken loben. Zeitschriften wären voller Berichte über mutige Menschen und moralische Integrität. In Talkshows würden Mütter und Töchter auftreten, die einander heiß und innig lieben, es wären Frauen zu sehen, die die Kinder ihrer Ehemänner auf die Welt bringen, und Männer, die sich heimlich gerne als Männer kleiden.

Unstimmigkeiten würden liebenswürdig und kultiviert beigelegt werden. Es würde vielleicht immer noch Rechtsanwälte geben, aber diese hätten wirklich sinnvolle Aufgaben, wie etwa die Auslieferung von fettfreien und cholesterinarmen Pizzas. Türen hätten keine Schlösser, Autos keine Alarmanlagen. Schulen bräuchten keine Polizeipräsenz und auch keine Überwachungskameras mehr; Schüler, Lehrer und Hausmeister würden die Arbeit des anderen wertschätzen und achten. Bei den Spielen in der Pause würde jedes Kind in eine Mannschaft gewählt werden.

Gemeinden würden sich nie spalten.

Menschen würden sich weder langweilen noch wären sie ständig in Hektik. Kein Vater würde jemals wieder sagen: „Ich habe zu viel zu tun“, und damit sein Kind enttäuschen. Unser nationales Schlafdefizit würde getilgt werden. Es würde immer noch *Starbucks* geben, aber sie würden nur noch koffeinfreien Kaffee anbieten.

Scheidungsgerichte und Frauenhäuser würden in öffentliche Freizeitzentren umgewandelt werden. In jeder Berührung eines Menschen durch einen anderen würde sich Zuneigung, Ermutigung und Freude ausdrücken.

Niemand wäre einsam oder hätte Angst. Menschen unterschiedlicher ethnischer Herkunft gingen Hand in Hand; sie würden sich gegenseitig achten, sich durch ihre Unterschiede bereichert fühlen und durch ihre gemeinsame Menschlichkeit vereinigt sein.

Und im Zentrum dieser großen Gemeinschaft stünde ihr großartiger Architekt und ruhmreichster Mitbewohner: der Gott, dessen Gegenwart jeden Menschen mit nie enden wollendem Glanz und immer größer werdender Freude füllt.

So würde unser Leben aussehen, wenn wir nach den Normen leben würden, die Gott für das menschliche Leben aufgestellt hat – wenn unsere Welt wirklich *normal* wäre. Eines Tages wird sie es sein.

Eine Sache von Leben oder Tod

Dietrich Bonhoeffer schrieb: „Wer nicht in der Gemeinschaft steht, der hüte sich vor dem Alleinsein."[12] Manche Menschen fürchten, verletzt zu werden oder ihre Freiheit einzubüßen, wenn sie sich zu sehr auf andere Menschen einlassen. Deshalb ziehen sie sich in ihre Arbeit, ihre Hobbys oder vor den Fernseher zurück. Aber Isolation ist auch kein Heilmittel. Ich bin nicht aus mir heraus da hingelangt, wo ich bin, und meine Identität und mein Lebensinhalt sind untrennbar mit Beziehungen verbunden: Ich bin der Sohn von John Senior und Kathy, der Bruder von Barbie und Bart, der Ehemann von Nancy, der Vater von Laura, Mallory und Johnny. Ich bin Pastor, Freund und Nachbar. Ich wurde nicht auf diese Erde gestellt, um bloß mir selbst zu gefallen und mich zu amüsieren. Menschen, die nur für sich leben wollen, sagt Bonhoeffer, „fallen in die bodenlose Grube der Eitelkeit, der Selbstverliebtheit und der Verzweiflung"[13]. Wir gehören alle zu anderen dazu. Es gibt uns nur gemeinsam.

Diese Verbundenheit nennt man auch „gegenseitige Verwurzelung". Wir wurden erschaffen, um voneinander Leben und Nahrung zu erhalten, wie die Wurzeln einer Eiche Leben aus dem Boden ziehen. Gemeinschaft – Leben in lebendiger Verbundenheit mit anderen Menschen – ist wesentlicher Bestandteil menschlichen Lebens. Der Forscher Rene Spitz zeigte in einer Untersuchung, dass Kinder, die nicht in den Arm genommen und berührt werden und von ihren Eltern nur mit Nahrung und Kleidung versorgt werden, eine verzögerte neurologische Entwicklung aufweisen.[14] Und schon die ältesten Selbstmord-Studien belegen, dass soziale Isolation der größte Risikofaktor ist.

Aber der wichtigste Grund für tiefe Gemeinschaft sind nicht die physischen oder emotionalen Vorteile, so wertvoll diese auch sein mögen. Gemeinschaft ist der Ort, für den Gott uns geschaffen hat. Gemeinschaft ist der Ort, an dem Gott uns begegnet.

Wie man einander nahe kommt, ohne verletzt zu werden

Und hier kommt die Preisfrage: Wie lässt man diesen schönen Traum von Gemeinschaft mit echten, lebendigen Menschen Realität werden? Mit seltsamen, nicht ganz normalen, „leicht gestörten“ Menschen zweiter Wahl? Mit Ihren Freunden, Ihren Arbeitskollegen, Ihrem Ehepartner, Ihren Kindern, Ihren Eltern, Ihrer Kleingruppe, Ihrer Gemeinde und Ihren Mitarbeitern? Kann dieser Traum Wirklichkeit werden?

Das nordamerikanische Baumstachelschwein gehört zur Familie der Nagetiere und sein Körper ist mit ca. 30 000 Stacheln besetzt. Jede dieser Stacheln kann in einen Feind gerammt werden. Durch die Körperwärme des Feindes dehnt sich die mikroskopisch kleine Spitze des Stachels aus und verankert sich fester. Die Wunden können sich entzünden, und diese Entzündungen können, wenn sie lebenswichtige Organe befallen, sogar tödlich sein.

Das Baumstachelschwein gilt im Allgemeinen nicht als sonderlich liebenswertes Tier. Der griechisch-lateinische Name (*Erethizon dorsatum*) bedeutet „reizbarer Rücken“ und jedes Stachelschwein hat einen solchen Rücken. Bücher und Filme feiern fast jedes erdenkliche Tier – nicht nur Hunde, Katzen und Pferde, sondern auch Schweine („Ein Schweinchen namens Babe“), Delfine („Flipper“), Murmeltiere („Und täglich grüßt das Murmeltier“) und Killerwale („Free Willy“). Von einem berühmten Stachelschwein habe ich jedoch noch nie gehört. Und ich kenne kein Kind, das ein Stachelschwein als Haustier hat.

Stachelschweine gehen den Kontakt mit anderen Lebewesen normalerweise auf zwei unterschiedliche Arten an: Entweder ziehen sie sich zurück oder sie greifen an. Entweder retten sie sich auf einen Baum oder sie stellen ihre Stacheln auf. Sie sind in der Regel Einzelgänger. Wölfe leben in Rudeln, Schafe in Herden; wir sprechen von Elefantenherden, Gänsescharen und Krähenschwärmen.

Aber es gibt keine besondere Bezeichnung für eine Ansammlung von Baumstachelschweinen. Sie gehen nämlich alleine durchs Leben.

Aber auch Stachelschweine wollen nicht immer alleine sein. Im Spätherbst wenden sich die Gedanken eines jungen Stachelschweins der Liebe zu. Aber wenn man ein Stachelschwein ist, ist die Liebe ein riskantes Unterfangen. Die Frauen sind nur einmal im Jahr für ein gemeinsames Essen und einen Kinobesuch offen; die Gelegenheit geht schnell vorüber. Und das „Nein" einer Stachelschweindame ist die am meisten respektierte Zurückweisung im gesamten Tierreich. Furcht und Zorn machen sie zu gefährlichen kleinen Wesen, in deren Nähe es ungemütlich wird.

Das ist also das Dilemma des Stachelschweins: Wie kann man einander nahe kommen, ohne sich zu verletzen?
Es ist auch unser Dilemma.

Jeder von uns trägt ein kleines Waffenarsenal mit sich herum. Unsere Stacheln tragen Namen wie Ablehnung, Vorurteil, Zorn, Arroganz, Egoismus, Neid, Verachtung. Manche Menschen verbergen diese Stacheln besser als andere, aber wenn Sie ihnen nur nahe genug kommen, werden Sie sie entdecken. Sie stecken unter der Haut unserer Feinde. Sie können verwunden, sich entzünden und sogar tödlich sein. Auch wir lernen durch eine Kombination aus Rückzug und Angriff zu überleben. Auch wir verletzen die Menschen, die uns am nächsten stehen (und werden von ihnen verletzt).

Und doch sehnen auch wir uns nach Nähe. Wir treffen uns mit unseren Nachbarn, verabreden uns, sind Mitglied in einer Kirchengemeinde, schließen Freundschaften, heiraten und bekommen Kinder. Wir versuchen herauszufinden, wie man einander nahe kommen kann, ohne verletzt zu werden. Wir fragen uns, ob es da draußen nicht ein weicheres, weniger stachliges Wesen gibt – vielleicht einen Nerz oder einen Otter.

Und natürlich hat jeder von uns ein paar besonders stachlige Stachelschweine in seiner Umgebung. Aber das ist nicht das ganze

Problem. Ich bin nämlich auch jemandes Stachelschwein. Und Sie ebenfalls.

Angriff und Rückzug

Während ich diese Worte an einem Sonntagnachmittag schreibe, brodelt der Konflikt im Nahen Osten wieder. Bei der Zeitungslektüre an diesem Morgen fiel mir auf, dass uns zwei Begriffe aus dieser Region nun auch hier im Westen vertraut sind. Diese Worte drücken die beiden Möglichkeiten aus, die für viele der betroffenen Menschen die einzigen Wege für den Umgang miteinander sind. Das erste Wort ist arabisch: *jihad*, Angriff. Miroslav Volf erzählt die Geschichte einer Überlebenden des Jugoslawien-Konfliktes der 1990er-Jahre:

„Ich bin Muslimin und ich bin 35 Jahre alt. Meinem zweiten Sohn gab ich den Namen ‚Jihad'. Auf diese Weise sollte er nie den letzten Willen seiner Mutter vergessen – Rache. Als ich meinem Baby zum ersten Mal die Brust gab, sagte ich ihm: ‚Diese Milch soll dir im Hals stecken bleiben, falls du es vergisst.' So soll es sein. Die Serben brachten mir bei zu hassen. [...] *Mein Schüler Zoran, der einzige Sohn meiner Nachbarn, urinierte in meinen Mund. Als die bärtigen Aufrührer um uns herum lachten, erklärte er mir: ‚Du bist zu nichts anderem gut, du stinkende Muslimin.' Jihad – Krieg. Es gibt keinen anderen Weg."*[15]

Heckenschützen und Selbstmordanschläge sind nur der äußere Ausdruck der Wut, die in jedem von uns steckt. Wir werden verletzt und wir wollen den anderen im Gegenzug auch verletzen. Kleine *jihads* werden Tag für Tag zwischen Menschen ausgefochten, die im selben Büro arbeiten, zwischen Menschen, die in derselben Gemeinde Kleingruppen leiten, zwischen Ehemännern und Ehefrauen, zwischen Eltern und Kindern. Die Tradition der *jihads* reicht bis zu Kain und Abel zurück: „Als sie auf dem Feld waren, griff Kain seinen Bruder Abel an und erschlug ihn" (Genesis 4,8).

Das zweite Wort ist hebräisch und heißt *hafrada*. *Hafrada* bedeutet „Trennung“ und „Rückzug“. Ein Zeitungsbericht erklärt diese Form der Politik: „Riegelt die ‚Westbank‘ ab. Haltet alle bis auf ein paar wenige Palästinenser aus Israel fern. Stellt die meisten Geschäfte mit der anderen Seite ein. Und setzt das alles mit überwältigender Militärmacht durch.“[16]

Auch wir kennen uns mit Mauern aus. Die Berliner Mauer und der Eiserne Vorhang sind Ausdruck desselben Impulses, der uns dazu bringt, uns zurückzuziehen. Manchmal besteht die Mauer aus einer Zeitung am Frühstückstisch, die eine emotionale Distanz beschreibt, die nicht überbrückt werden kann. Das Thema Rückzug ist so alt wie Adam und Eva: „Ich habe dich im Garten kommen hören; da geriet ich in Furcht [...] und versteckte mich“ (Genesis 3,10).

Wir befinden uns ganz am Anfang meiner Ehe. Meine Frau bringt unsere drei kleinen Kinder in mein Büro. Unser Streit dreht sich mehr oder weniger um das Thema „Mein Leben ist anstrengender als dein Leben, deshalb solltest du mehr für mich tun“. Ich komme dabei nicht so gut weg. Ich greife sie nicht verbal an; ich schaffe einfach Distanz. Ich schenke ihr weniger Aufmerksamkeit, meinen Kindern dafür etwas mehr. Ich schaue sie nicht mehr so an oder berühre sie so, wie ich das normalerweise tun würde, aber ich verhalte mich höflich und aufmerksam. Wenn man jemanden gut kennt, kann man sein Verhalten präzise darauf abstimmen. Ich bin kalt genug, sodass sie mein Missfallen spüren kann. Aber mein Verhalten ist subtil genug, dass ich auf ihre Frage, was denn los sei, antworten kann: „Nichts. Warum? Was ist mit dir los?“ Ich kenne mich mit Rückzug aus.

Jihad und *hafrada*. Angriff und Rückzug. Es ist wirklich Ironie, dass ausgerechnet der Nahe Osten, die Heimat vieler der größten Religionen der Welt, diese beiden Begriffe zu der Kunst der menschlichen Beziehungen beisteuert.

Aber es geht hier nicht nur um Probleme konfliktgeschüttelter Völker in einem weit entfernten Teil der Welt. Dallas Willard schreibt, dass Angriff und Rückzug die zwei grundlegenden Formen sind, die Sünde im Bereich von Beziehungen annimmt.[17] Im Grunde greifen wir andere an, wenn wir dem entgegenwirken, was gut für sie ist. Das gilt auch, wenn es mit ihrer Zustimmung geschieht – etwa einem Alkoholiker einen Whiskey anzubieten.

Wir ziehen uns von einem anderen Menschen zurück, wenn wir sein Wohlergehen als etwas betrachten, das uns nichts angeht. Jeder Mensch auf dieser Erde praktiziert Angriff und Rückzug; jede Ehe, jede Familie, jede Arbeitsstelle und jede Gemeinde sind dadurch betroffen.

Im Kern handelt es sich hier um zwei Ausdrucksformen der einen großen Sünde: Mangel an Liebe und Verletzung des wichtigsten Gebotes. Unser ganzes Missmanagement im Bereich von Beziehungen ist tatsächlich eine Spielart dieser beiden menschlichen Tendenzen. Wenn wir uns bedroht fühlen, möchten wir andere verletzen oder uns vor ihnen verstecken. Auch wir ziehen uns schnell auf einen Baum zurück oder stellen unsere Stacheln auf.

Aber es gibt eine bessere Möglichkeit.

Es muss nicht immer so laufen.

Der Tanz der Stachelschweine

Wunder über Wunder: Beziehungen sind möglich – sogar für Stachelschweine.

Bei ganz seltenen Gelegenheiten teilt ein Stachelschwein seinen Lebensraum mit einem anderen und die beiden werden Freunde. Ab und zu wird eines in Gefangenschaft aufgezogen und frisst einem Menschen direkt aus der Hand. Stachelschweine lernen, ihre Stacheln bei sich zu behalten. Und nicht nur das: Sie finden sogar heraus, wie sie zumindest so lange zusammen sein können, um die Existenz der nächsten Generation sicherzustellen. In einem Bild, das zu schön ist, um erfunden zu sein, schreibt der Naturforscher David Costello: „Männchen und Weibchen bleiben einige Tage zusammen, bevor sie sich paaren. Sie berühren sich an den Pfoten und laufen sogar auf den Hinterbeinen, im so genannten ‚Tanz der Stachelschweine'."[18]

Nur Gott kann auf die Idee gekommen sein, zwei Stachelschweine zu erschaffen, die Pfote in Pfote Foxtrott tanzen, wo nur sie und er es sehen. Es scheint, dass es tatsächlich eine Antwort auf die alte Frage gibt, wie sich Stachelschweine lieben. Sie ziehen die Stacheln ein und lernen zu tanzen.

In diesem Buch geht es darum, wie unvollkommene Menschen wie Sie und ich Gemeinschaft mit anderen unvollkommenen Menschen haben können. In diesem Buch geht es darum, wie Stachelschweine tanzen lernen. Sie müssen also mit den Stachelschweinen anfangen, die es in Ihrem Leben schon gibt.

Die Verfasser der Bibel sprechen von Gottes Traum von Gemeinschaft in erster Linie im Rahmen von Kirche. Dazu gehören Ortsgemeinden mit ihren Gottesdiensten und Veranstaltungen. Aber Gottes Traum von Gemeinschaft umfasst die Erlösung aller Lebensbereiche, also auch die Art des Umgangs mit Ihren Familienangehörigen, Freunden, Nachbarn und Arbeitskollegen, mit den Menschen, mit denen Sie Golf spielen oder einen Einkaufsbummel machen, mit dem Mann an der Tankstelle, bei dem Sie Ihre Benzinrechnung bezahlen und eine Zeitung kaufen. Deshalb hoffe ich, dass Sie dieses Buch nicht alleine lesen. Ich hoffe, Sie lesen es zusammen mit Ihrer Kleingruppe. Ich hoffe, Sie lesen es zusammen mit einem Freund, Ihrem Ehepartner oder einem Familienmitglied, damit Sie gemeinsam darüber nachdenken können, wie Sie die Art von Gemeinschaft leben können, für die Gott Sie geschaffen hat.

Gott hat seinen Traum nicht aufgegeben. Und Sie und ich spielen darin eine Rolle. Unsere Aufgabe besteht darin, kleine Inseln von *shalom* in einem Meer der Isolation zu schaffen.

Es ist an der Zeit, dass Sie Ihre Stacheln einziehen und anfangen zu tanzen.

Tanzen lernen

1. In welcher Ihrer Beziehungen müssen Sie lernen, den anderen so anzunehmen, wie er ist, und mit dem Versuch aufhören, den anderen zu kontrollieren oder zu verändern?

2. Wo fällt es Ihnen schwer, sich selbst so anzunehmen, wie Sie sind? Inwiefern versuchen Sie, vor anderen ihre „Seltsamkeit“

zu verbergen, indem Sie „Verderbtheits-Management“ betreiben?

3. Dietrich Bonhoeffer sprach von der Notwendigkeit, Illusionen zu verlieren, wenn wir das Gute und das Schlechte in einer Gemeinschaft annehmen lernen wollen. Wann wurden Sie in einer Beziehung desillusioniert? Wie reagierten Sie darauf?

4. Auf welche der beiden vermeintlichen Lösungen für Beziehungsprobleme – Angriff oder Rückzug – greifen Sie eher zurück? Warum? Wie sieht das Ergebnis normalerweise aus?

5. Das Dilemma der Stachelschweine besteht darin, einander nahe zu kommen, ohne dabei verletzt zu werden. Wie reagieren Sie in der Regel, wenn Sie das Gefühl haben, von einem anderen Menschen verletzt worden zu sein?

6. Gottes größter Wunsch für diese Welt ist *shalom* – die Verbindung von Gott, Menschen und der ganzen Schöpfung in Gerechtigkeit, Erfüllung und Freude. Welchen konkreten Schritt können Sie gehen, um in Ihrer kleinen Welt einen Beitrag dazu zu leisten?

7. Nennen Sie ein „Stachelschwein“ (oder zwei), dem Sie gerne näher kommen würden – ein Freund, Arbeitskollege, ein Mitglied Ihrer Kleingruppe oder Ihrer Familie. Wie können Sie Ihre Beziehung vertiefen?

Kapitel 2

Das Wunder der Einheit

„Das Ziel Gottes in der Geschichte ist eine alle umfassende Gemeinschaft liebender Menschen, mit Christus in ihrer Mitte als ihrem Erhalter und ihrem herrlichsten Glied."
Dallas Willard[1]

„Das ganze Leben besteht aus Begegnung."
Martin Buber[2]

Es gibt ein kleines Büchlein[3], in dem Grundschulkinder versuchen, einige der kniffligsten Probleme der Welt zu lösen: etwa, was man mit dem Ozonloch machen oder wie man Rauchern helfen kann, zu Nichtrauchern zu werden. Hier die schwierigste Frage:

„Es gibt Milliarden von Menschen auf der Welt, da sollte es doch möglich sein, ein System zu finden, in dem niemand einsam sein muss. Was würdest du vorschlagen?"

„Man sollte einsame Menschen finden und sie nach ihrem Namen und ihrer Adresse fragen. Dann sollte man Menschen, die nicht einsam sind, nach ihrem Namen und ihrer Adresse fragen. Wenn man die gleiche Anzahl von beiden hat, sollte man einsame und nicht einsame Menschen über die Zeitung zusammenbringen."

Kalani, 8 Jahre alt (offensichtlich hat dieses Mädchen die Gabe der Organisation)

„Man sollte Lebensmittel erfinden, die mit einem sprechen, während man sie isst. Beispielsweise sagen sie: ‚Wie geht es dir?' und: ‚Was hast du heute erlebt?'"

Max, 9 Jahre alt

„Wir könnten den Leuten ein Haustier oder einen Ehemann oder eine Ehefrau geben und mit ihnen Ausflüge machen."

Matt, 8 Jahre alt (Diese Aussage lässt einige Fragen in Bezug auf Matts Verständnis von Ehe offen.)

Aber die anrührendste Antwort, diejenige, die einem das Herz brechen kann, kommt zuletzt:

„Singt ein Lied, stampft mit den Füßen, lest ein Buch. (Immer, wenn ich das Gefühl habe, niemand liebt mich, mache ich etwas davon.)"

Brian, 8 Jahre alt

„Es gibt Milliarden von Menschen auf der Welt, da sollte es doch möglich sein, ein System zu finden, in dem niemand einsam sein muss." Seit Jahrhunderten beschäftigen sich die schlauesten Erwachsenen mit diesem Problem. Dieser von Gott geschaffene Hunger nach Gemeinschaft veranlasste Plato dazu, den „Staat", und Augustinus „Die Stadt Gottes" zu schreiben. Aus diesem Grund handeln viele unserer Geschichten von unserer Sehnsucht nach Gemeinschaft – von der „Odyssee" über die „Waltons", von Camelot bis zu Garrison Keillors „Lake Wobegon", von „Mayberry" bis „Boyz in the Hood". Aus diesem Grund besuchen wir Kirchengemeinden, gehen in Kegelclubs und lassen uns auf Blind Dates ein.

Aus diesem Grund besteht die amerikanische Rede, die aus dem 20. Jahrhundert am stärksten in Erinnerung bleiben wird, aus einem Appell, dass alle Menschen eines Tages in der Lage sein sollten, gemeinsam an einem Tisch zu essen, einander die Hände zu reichen und gemeinsam ein Lied zu singen. Der Sozialwissenschaftler Jean Elsthain stellt fest, dass Martin Luther King jr. das Bewusstsein einer Gesellschaft in seinen Bann zog, weil er nicht nur seinen persönlichen Traum formulierte, sondern den Traum der Menschheit – Gottes Traum. „Seine Rede hätte die Nation nie gepackt, hätte er sich vor das ‚Lincoln Memorial' gestellt und erklärt: ‚Ich habe eine bevorzugte Vorstellung. Ich habe heute eine bevorzugte Vorstellung.'"[4]

Der Schmerz der Einsamkeit

„Es gibt Milliarden von Menschen auf der Welt, da sollte es doch möglich sein, ein System zu finden, in dem niemand einsam sein muss."

Nichts schmerzt so sehr wie die Einsamkeit. Lee Strobel schrieb darüber, als die Kolumnistin der *Chicago Tribune*, Marla Paul, vor ein paar Jahren schriftlich bekannte, einsam zu sein. „Diese Einsamkeit macht mich traurig", schrieb sie. „Wie konnte es geschehen, dass ich nun 42 Jahre alt bin und nicht genügend Freunde habe?" Sie fragte ihren Ehemann, ob mit ihr irgendetwas nicht in Ordnung sei. Sie fragte sich, ob die Menschen einfach zu beschäftigt seien, um Freundschaften zu pflegen. Es schien, als ob „die Freundschaftsquote jeder Frau erfüllt zu sein schien und sie keine neuen Bewerber mehr akzeptierte". Sie fragte sich, ob es vielleicht „da draußen Frauen gab, die nicht wissen, wie einsam sie eigentlich sind. Es ist so einfach, den Tag mit Arbeit auszufüllen [, aber das ist] nicht genug."

Sie schloss ihre Kolumne mit den Worten: „Ich las meiner Tochter neulich ‚Das hässliche Entlein' von Hans Christian Andersen vor. Ich fühlte mich diesem Vogel, der von einem Ort zum nächsten flog, um Geschöpfe zu finden, zu denen er gehörte, sofort verbunden. Er findet sie schließlich. Ich hoffe, dass auch mir das gelingen wird."[5]

In der Folgezeit schrieb sie über den unerwarteten Nerv, den diese Kolumne getroffen hatte. Menschen sprachen sie am Arbeitsplatz, beim Einkaufen, in der Schule ihrer Tochter an: „Sie auch? Ich dachte, ich sei die Einzige!" Es erreichten sie Briefe von Hausfrauen und Firmenchefs. Als Reaktion auf diese Kolumne kamen siebenmal so viele Leserbriefe wie gewöhnlich, und alle hatten denselben Tenor: „Warum fühle ich mich so einsam? Warum ist es so schwer, gute Freunde zu finden?"

Wenn Einsamkeit unter Frauen verbreitet ist, dann nimmt sie unter Männern Züge einer Epidemie an. Eine Umfrage ergab, dass 90 Prozent aller amerikanischen Männer keinen echten Freund haben.[6] Aber sie ziehen es vor, nicht darüber zu reden. „Niemand gibt gerne zu, dass er einsam ist", schreibt die Psychologin Jacqueline Olds. „Einsamkeit ist etwas, das man mit

Verlierern verbindet."[7] Einsamkeit hat einen so negativen Beigeschmack, dass man zwar in anonymen Umfragen zugibt, einsam zu sein, aber offen nur davon spricht, unabhängig und selbstständig zu sein.

„Einsamkeit", sagte Mutter Teresa, „ist der Aussatz der modernen Gesellschaft. Und niemand möchte, dass man von ihm weiß, dass er aussätzig ist."

Jean Vanier ist der Gründer der weltberühmten Arche-Gemeinschaft für geistig behinderte Menschen und deren Betreuer. Dort fand einer der brillantesten Autoren unserer Zeit, Henri Nouwen, was ihm verloren gegangen war, als er an Orten wie Harvard und Yale unterrichtete: das Gefühl, dazuzugehören, Annahme, Heimat. Vanier schrieb: „Jeder von uns trägt seine eigene tiefe Wunde mit sich herum, die Wunde unserer Einsamkeit. Es fällt uns schwer, alleine zu sein, und wir versuchen, durch Hyperaktivität, Fernsehen und eine Million weitere Möglichkeiten vor dieser Einsamkeit zu fliehen."[8] Albert Schweitzer stimmte dem zu: „Wir sind alle so viel zusammen, aber wir alle sterben an Einsamkeit."[9]

Was wirklich zählt

„Es gibt Milliarden von Menschen auf der Welt, da sollte es doch möglich sein, ein System zu finden, in dem niemand einsam sein muss."

Edward Hallowell schreibt, dass für die meisten Menschen die beiden wichtigsten Erfahrungen des Lebens darin bestehen, etwas zu leisten und Beziehungen zu knüpfen.[10] Die meisten Dinge, die im Leben unsere Aufmerksamkeit wecken und unsere Energie in Anspruch nehmen, fallen in diese beiden Kategorien.

„Beziehungen zu knüpfen" umfasst unsere gesamte Beziehungswelt – sich zu verlieben, gute Freundschaften aufzubauen, versorgt zu werden, wenn wir krank sind, oder von unseren Eltern zu hören, dass sie uns lieben.

„Etwas zu leisten" umfasst alles, was wir erreichen – Wettbewerbe gewinnen, beruflichen Erfolg haben oder schwierige Ziele erreichen.

Hallowell weist darauf hin, dass sich unsere Gesellschaft zunehmend dem Leistungsgedanken verschreibt, davon besessen ist und sich von ihm versklaven lässt. Wenn es aber um Beziehungen geht, verarmt und scheitert sie zusehends.

Leistung an sich ist nichts Schlechtes – wenn sie auf die richtige Weise und aus der richtigen Motivation heraus erbracht wird.

Aber Leistung ist kein Ersatz für Beziehungen. Wenn man Leistung richtig versteht, muss sie die Gemeinschaft respektieren. Die einzig wirklich wichtigen Leistungen sind diejenigen, die das Leben der Gemeinschaft bereichern.

Leider ist Leistung um ihrer selbst willen in unserer Gesellschaft zu einer Art Götze geworden. Ich bin noch niemandem begegnet, dem es nicht gelang, Beziehungen aufzubauen – der isoliert, einsam, beziehungslos und ohne tiefe Freundschaften lebte –, und dabei doch ein sinnvolles und von Freude erfülltes Leben führte. Wirklich niemandem. Im 20. Jahrhundert gab es tonnenweise Menschen, die großartige Dinge erreicht haben, aber nicht beziehungsfähig waren. Menschen, die Unmengen an Geld, Berühmtheit oder Macht angehäuft haben, aber es nie geschafft haben, ihr Herz zu öffnen. Menschen mit einem Rolodex-Organizer voller Kontakte, aber ohne einen einzigen richtigen Freund. Alle starben mit bitterem Bedauern. Alle.

Im Gegensatz dazu ist mir noch niemand begegnet, der erfolgreich Beziehungen knüpfte – gute Freundschaften pflegte, sich hingebungsvoll seiner Familie widmete, Zuneigung gab und empfing –, aber ein schlechtes Leben führte.

Egal, wie wenig Geld wir haben, egal, welchen Rang wir auf irgendeiner beruflichen Erfolgsleiter einnehmen – am Ende entdeckt doch jeder, dass Menschen das einzig Wichtige sind. Menschen, die sich in Beziehungen investieren – die Freunde haben, mit denen sie lachen und weinen, lernen und streiten, tanzen und leben, lieben und mit denen sie alt werden und sterben –, diese Menschen führen ein wahrhaft großartiges Leben.

Wenn diese Menschen sterben, bedauert keiner von ihnen, sich in Menschen investiert zu haben: in ihre Freunde, Nachbarn, Kinder und Familien. Nicht ein Einziger.

Die „menschenförmige" Leere

Wir wurden erschaffen, um Einheit kennen zu lernen. Aus diesem Grund ist Einsamkeit so schmerzhaft.

In der Schöpfungsgeschichte im Buch Genesis wiederholt sich ein Refrain immer wieder: „Und Gott sagte … Und so geschah es … Und Gott sah, dass es gut war."

Der Autor betont, dass alles, was existiert, das Ergebnis der Bemühungen eines unvorstellbar mächtigen Gottes ist und alles unaussprechlich wunderbar war:

Das ist das Lied der Schöpfung: „Und Gott sagte … Und so geschah es … Und Gott sah, dass es gut war."

Bis zum letzten Akt – wenn das Lied kreischend zum Stillstand kommt.

Gott schuf einen Mann nach seinem Bild. Gott sah diesen Mann an, der sein Ebenbild trug, und er sagte: „Nicht gut." Warum sieht Gott den Mann an und sagt „Nicht gut"? Weil er Frauen lieber mag?

Nein, natürlich nicht. Es handelt sich hier um einen radikalen Kommentar zur grundlegenden Bedeutung menschlicher Beziehungen.

Auffällig ist, dass sich der Sündenfall noch nicht ereignet hat. Es gibt keine Sünde, keinen Ungehorsam, nichts, das die Beziehung zwischen Gott und Mensch trüben könnte.

Der Mensch befindet sich in perfekter Vertrautheit mit Gott. Jedes Wort, das er und Gott miteinander sprechen, ist voller Nähe und Freude: Er geht mit Gott in der Kühle des Tages im Garten spazieren. Er wird im Kern seines Wesens von seinem allwissenden, liebevollen Schöpfer gekannt und geliebt. Doch Gott verwendet das Wort „allein", um ihn zu beschreiben. Und Gott sagt, dass dieses Alleinsein „nicht gut" ist.

In kirchlichen Kreisen sagen wir Menschen, die sich einsam fühlen, oft, sie sollen nicht so viel von Beziehungen zu anderen

Menschen erwarten, da es in jedem Menschen ein „gottesförmiges Vakuum“ gibt, das kein Mensch füllen kann. Das stimmt. Aber offensichtlich schuf Gott in diesem Menschen auch ein Vakuum in Form eines Menschen, das Gott selbst nicht ausfüllen wird.

Kein Ersatz wird Ihr Bedürfnis nach menschlichen Beziehungen ausfüllen:

Nicht Geld.

Nicht Leistung.

Nicht Geschäftigkeit.

Nicht Bücher.

Nicht einmal Gott selbst.

Obwohl dieser Mensch in einem Zustand sündloser Vollkommenheit war, war er „allein“. Und das war nicht gut.

> Sie sind für Gemeinschaft geschaffen. Gemeinschaft ist Gottes Wunsch für Ihr Leben. Gemeinschaft ist die einzige unentbehrliche Bedingung für das Gedeihen menschlichen Lebens.

Oder wie es Jean Vanier formulierte: „Eine Gemeinschaft ist nicht einfach eine Gruppe von Menschen, die miteinander leben und einander lieben. Gemeinschaft ist ein Ort der Erlösung.“[11]

Leben spendende Beziehungen

„Es gibt Milliarden von Menschen auf der Welt, da sollte es doch möglich sein, ein System zu finden, in dem niemand einsam sein muss.“

In tiefer gehenden Beziehungen zu leben ist buchstäblich Leben spendend.

Eines der umfassenden Forschungsprojekte zum Thema „Beziehungen“ ist die so genannte *Alameda County*-Studie. Sie wurde von einem Sozialwissenschaftler aus Harvard geleitet und verfolgte über einen Zeitraum von neun Jahren das Leben von 7 000 Menschen. Die Forscher fanden heraus, dass Menschen, die am stärksten von anderen isoliert lebten, eine dreimal so hohe Sterblichkeitswahrscheinlichkeit hatten wie Menschen, die intensiv in Beziehungen eingebunden waren.

Menschen mit ungesunden Lebensgewohnheiten (Rauchen, schlechte Essgewohnheiten, Fettleibigkeit oder übermäßiger Alkoholgenuss), die aber sozial stark eingebunden waren, lebten deutlich länger als Menschen mit einem gesunden Lebensstil, die aber einsam lebten. Mit anderen Worten: Es ist besser, mit guten Freunden Chips zu futtern, als alleine Brokkoli zu essen. Der Harvard-Wissenschaftler Robert Putnam stellt fest, dass man, wenn man zu keiner Gruppe gehört, aber den Entschluss fasst, sich einer Gruppe anzuschließen, „das Risiko, im nächsten halben Jahr zu sterben, etwa um die Hälfte reduziert“[12].

Für eine andere Studie, über die im *Journal of the American Medical Association* berichtet wurde, wurden 276 Freiwillige mit einem Virus infiziert, der Erkältungssymptome hervorruft. Die Studie ergab, dass Menschen mit starken emotionalen Bindungen viermal besser mit der Krankheit fertig wurden als Menschen, die eher alleine lebten. Erstere waren weniger empfänglich für Erkältungen, hatten weniger Viren und produzierten deutlich weniger Schleim als beziehungsarme Menschen. (Diese Studie ist keine Erfindung von mir. Diese Menschen produzierten tatsächlich weniger Schleim. Das bedeutet, dass buchstäblich gilt: Unfreundliche Menschen sind „rotziger“ als freundliche Menschen.)[13]

Und doch gehen wir zunehmend weniger Bindungen zu anderen Menschen ein. So lautet jedenfalls die These einer der gründlichsten Studien über die Gesellschaft der Gegenwart, die sich über ein paar Jahrzehnte erstreckte. Robert Putnam wählte den Titel seines Buches *Bowling Alone* („Alleine Kegeln“) auf Grund der Tatsache, dass zwar mehr Menschen als je zuvor zum Kegeln gehen, aber immer weniger in Vereinen spielen. Er dokumentierte zusammen mit seinem Forscherteam, dass die amerikanische Gesellschaft seit 25 Jahren einen stetigen Rückgang an dem verzeichnet, was Soziologen „soziales Kapital“ nennen – ein Gefühl von Gemeinsinn und Gemeinschaft. (Dies wurde unter anderem durch einen Slogan illustriert, den die Freiwillige Feuerwehr in Gold Beach/ Oregon anlässlich ihrer jährlichen Spendenaktion auf T-Shirts drucken ließ: „Kommen Sie zu unserem Frühstück, wir kommen zu Ihrem Feuer.“) Gleichgültig, ob man staatsbürgerlichen Einsatz, ehrenamtliches Engagement, nachbarschaftliche Beziehungen oder religiöse Einbindung untersucht –Putnam fand heraus, dass das Niveau von Gemeinschaft in Amerika auf dem niedrigsten Stand unserer Generation angekommen ist und dass dieser Verlust an sozialem Kapital eine der Ursachen für ein geringeres Bildungsniveau, mehr Teenagerschwangerschaften, stärkere wirtschaftliche Flaute und eine höhere Verbrechensrate ist.

Die göttliche Gemeinschaft

„Es gibt Milliarden von Menschen auf der Welt, da sollte es doch möglich sein, ein System zu finden, in dem niemand einsam sein muss.“

Jemand hat es gefunden.

Und dieser Jemand ist Gott. Das System nennt sich „Gemeinschaft“. Ich glaube, wenn man in einem einzigen Wort zusammenfassen sollte, was Gott vorhat, welches Ziel er mit der Schöpfung des Universums und der Menschen, die es bevölkern, verfolgte, dann wäre es das Wort „Gemeinschaft“. Diese Sache mit der Gemeinschaft erweist sich als weit tief gehender als der Aufbau eines erfolgreichen Netzwerkes emotionaler Unterstützung. Es geht nicht einfach darum, Einsamkeit zu vermeiden. Gemeinschaft ist der Grund, warum das Universum überhaupt existiert und warum auch Sie und ich existieren.

Dallas Willard formuliert es folgendermaßen: „Das Ziel Gottes in der Geschichte ist eine alle umfassende Gemeinschaft liebender Menschen, mit Christus in ihrer Mitte als ihrem Erhalter und ihrem herrlichsten Glied.“[14]

Wenn wir verstehen wollen, warum Gemeinschaft für Gott eine so große Rolle spielt, müssen wir in der Zeit weit zurückgehen – in die Zeit bevor die ersten Menschen erschaffen wurden – und versuchen, uns auszumalen, wie das Leben für Gott wohl war, bevor alles andere existierte. An diesem Punkt wird die Lehre von der Dreieinigkeit sehr wichtig. In meiner Kindheit verwirrte mich das meiste, was ich über die Trinität hörte, sehr. Ich erinnere mich noch daran, wie ich alle möglichen Metaphern hörte, die den Gedanken von Gott als Dreieinigkeit illustrieren sollten: Die Trinität ist wie ein Ei, das eine Schale, Eiweiß und Eigelb hat. Die Trinität ist wie Wasser, das die Form von Dampf, Flüssigkeit oder Eis annehmen kann. Aber keine dieser Analogien war für mich sehr hilfreich.

Die ersten Versuche der Kirche, die Trinität zu beschreiben, verwenden nicht die Bilder von Eiern oder Wasser. Sie berichten uns, dass der Vater, der Sohn und der Heilige Geist als drei Personen existieren. Ein Gott – vollkommene Einheit –, aber drei Personen.

> Schwierig oder nicht – die Vorstellung von der Dreieinigkeit erweist sich als äußerst wichtig, weil sie uns vermittelt, dass Gott selbst in der Ewigkeit Gemeinschaft erlebt hat. Gemeinschaft ist im Wesen Gottes verwurzelt.

Haben Sie sich schon einmal gefragt, wie das Leben in der Trinität wohl aussehen mag? Die Verfasser der Bibel sind überwiegend daran interessiert, über Gottes Beziehung zu uns zu schreiben, deshalb wissen wir darüber nicht sonderlich viel. Aber es lohnt sich, darüber nachzudenken.

Meinen Sie, es gab eine Menge Gezänk darüber, wer der Allwissendste oder der Allmächtigste oder wer der Älteste ist? Meine Frau und ich diskutieren von Zeit zu Zeit über Fragen der Arbeitsteilung – wer an der Reihe ist, den Hund auszuführen oder die Spülmaschine auszuräumen. Können Sie sich solche Diskussionen innerhalb der Trinität vorstellen?

Nicht wirklich. „Das Leben Gottes ist ein Leben einer sich selbst schenkenden und von anderen empfangenden Liebe", schreibt Miroslav Volf.[15] Vater, Sohn und Heiliger Geist sind sich so nahe, dass Jesus sagen konnte: „Der Vater ist in mir und ich bin im Vater" (Johannes 10,38). Das altgriechische Wort für dieses „gegenseitige Bewohnen" der Trinität lautet *perichoresis*, von dem unser Wort „Choreographie" abstammt. Die Trinität existiert als eine Art ewiger Tanz fröhlicher Liebe zwischen Vater, Sohn und Heiligem

Geist. Das mag etwas abstrakt klingen, deshalb möchte ich Ihnen ein (menschliches und unzureichendes) Bild zeichnen, was dieses „gegenseitige Bewohnen“ alles beinhaltet.

„Halten du mich?"

Wenn unsere erste Tochter, Laura, als Baby Trost brauchte, verwendeten Nancy und ich normalerweise einen der beiden folgenden Sätze. Wenn Laura weinte und wir nicht wussten, warum, wenn wir alle nahe liegenden Lösungen wie füttern oder wickeln ausprobiert hatten und sie immer noch verzweifelt war, hielten wir sie im Arm und wiederholten immer und immer wieder im mitfühlendsten Ton, zu dem wir fähig waren: „Liebling, Liebling, Liebling“ oder: „Ich weiß, ich weiß“. Dabei nickten wir mit dem Kopf, als ob wir wirklich Bescheid wüssten. Im Allgemeinen wussten wir nicht Bescheid, aber es schien sie zu beruhigen, wenn wir es sagten.

Nach einer gewissen Zeit verinnerlichte Laura diese Sätze. Als sie ihren ersten Geburtstag erreichte, wachte sie morgens manchmal auf und fing an zu weinen; aber statt so zu weinen wie andere Babys, weinte sie sich immer wieder die Worte zu: „Liebling, Liebling, Liebling ... Ich weiß, ich weiß.“

Laura weinte sich diese Worte voller Mitgefühl zu und nickte dabei mit ihrem kleinen Kopf, ganz wie sie es bei uns gesehen hatte. Sie war das erste Baby der Welt, das sich selbst tröstete. Manchmal lagen Nancy und ich im Bett und brachen vor Lachen zusammen bei dem Geplapper eines einjährigen Babys, das sich selbst beruhigte: „Liebling, Liebling, Liebling.“

Aber das taten wir nie sehr lange. Wenn wir in ihr Zimmer gingen, wechselte Laura zu einem anderen Satz. Sie hob ihren Kopf vom Kissen (in diesem Alter hatte sie nur eine Strähne roten Haares, die mitten über ihren kahlen Kopf verlief – es sah aus wie ein Irokesenschnitt), reckte ihre kurzen kleinen Arme in die Luft, streckte uns ihre Hände anmutig entgegen und fragte wehleidig: „Halten du mich?“ Die Grammatik war etwas unkonventionell, aber die Bedeutung war klar, und man konnte ihr diese Bitte unmöglich abschlagen. Wer könnte da Nein sagen? Die unwiderstehliche Einladung. Der universale Schrei des menschlichen Herzens. „Halten du mich?“

Die Beziehung zwischen einer Mutter und ihrem Kind ist vielleicht das deutlichste Bild, das wir haben, um das so genannte „menschliche Moment“ zu beschreiben. Es schafft einen kleinen Lebenskreislauf: Eine Mutter hört auf, an sich zu denken, und konzentriert sich ganz auf ihr Kind; sie gibt ihm Liebe, Wärme und Segen und das Kind empfängt Leben. Gleichzeitig leert dieser Akt des Gebens die Mutter aber nicht; sie empfindet vielmehr Freude darüber, dass sie sich in Dienst und Liebe verschenken darf, und so empfängt auch sie Leben. Das menschliche Moment spiegelt eine Art Ökosystem wider, in dem das Leben großartiger und reicher wird, wenn es von einem Menschen zum nächsten und wieder zurückfließt.

Larry Crabb nennt diesen Prozess „Connecting“:

„Wenn zwei Menschen einander begegnen, sich einander wirklich öffnen – vergleichbar mit dem Einswerden beim Geschlechtsverkehr –, dann strömt etwas aus dem einen in den anderen hinein, das eine zutiefst heilende Kraft besitzt. Der Empfangende erlebt eine tiefe Freude über sein Geheiltwerden. Und der Gebende freut sich noch mehr, weil er dem anderen helfen konnte, heil zu werden. Im Herzen jedes an Christus Glaubenden wohnt etwas Gutes, das stärker ist als alles Böse. Es ist da und wartet nur darauf, Raum zu gewinnen, um seine Kraft und seine Wunder zu entfalten.“[16]

Selbst ein Kind, das gehalten wird, weiß aus einem Verstehen heraus, das die Ebene der Worte überschreitet, dass das, was mit dem Körper ausgedrückt wird, letztlich eine Entscheidung der Seele ist: einen anderen Menschen im Herzen zu halten. *Ich will nur dein Bestes. Ich will deine Freude und dein Leid teilen. Wir werden eine Art von Einheit erleben, du und ich.* Es entspricht der Kurzfassung eines Vertrages. Es ist ein Versprechen sich verschenkender Liebe.

Sich um Gemeinschaft zu bemühen, ist die ehrenvollste Aufgabe, der man sich widmen kann. Die Sehnsucht nach Gemeinschaft ist der tiefste Hunger, zu dem der Mensch fähig ist. Marilyn Monroe und Kurt Cobain spürten diese Sehnsucht; der achtjährige

Brian spürte sie, und es war die tiefste Sehnsucht des alten Howard Hughes, wenn es ihm nur bewusst gewesen wäre.

Aber keiner der rein menschlichen Lebenskreise ist alleine ausreichend. Jeder Kreis braucht die Unterstützung eines weiteren, größeren Kreises. Das Wohlergehen von Familien hängt teilweise auch von Schulen, Wohngegenden, Arbeitsplätzen, Städten, Nationen und Wirtschaftssystemen ab. Jeder rein menschliche Lebenskreis ist angeknackst, wie auch wir, aus denen diese Lebenskreise bestehen, „angeknackst" sind.

Dallas Willard stellt fest: „Letztlich ist jeder menschliche Kreis zum Scheitern verurteilt, wenn er nicht in das Leben des einzigen sich selbst genügenden Lebenskreises – bestehend aus Vater, Sohn und Heiligem Geist – eingebettet ist. Dieser Kreis ist der einzige Kreis, der sich wirklich und völlig selbst genügt. Und all die angeknacksten Kreise müssen letztlich dort ihre Heilung finden, wenn sie überhaupt Heilung finden können."[17]

Das Leben der Dreieinigkeit besteht aus ständigem Geben und Nehmen sich selbst verschenkender Liebe. Der Vater hält den Sohn im Herzen und der Sohn den Vater. „Der Vater ist in mir und ich bin im Vater", sagt Jesus, und auch der Heilige Geist hält und wird gehalten. „Halten du mich" – sich selbst anderen in beständiger, von Freude erfüllter, sich einander unterordnender, großzügiger, kreativer, sich selbst verschenkender Liebe geben – genau dies macht die Dreieinigkeit seit Anbeginn der Zeit.

In der Dreieinigkeit leben

Frederick Bruner beginnt seinen wunderschönen Essay über die Dreieinigkeit mit dem Heiligen Geist:

„Eine der überraschendsten Entdeckungen, die ich bei meiner Beschäftigung mit der Lehre vom Heiligen Geist und seinem Erfahren machte, ist das, was ich nur die Scheu des Heiligen Geistes nennen kann. […]

Ich meine damit nicht Scheu im Sinne von Furchtsamkeit (vgl. 2. Timotheus 1,7), sondern die Scheu im Sinne von Achtung, die Scheu einer konzentrierten Aufmerksamkeit für den anderen; nicht die Scheu (wie wir sie oft erleben) im Sinne einer Ichbezogenheit; sondern die Scheu einer Auf-den-anderen-Bezogenheit. "[18]

Es ist, in einem Wort, die Scheu der Liebe. Bruner weist in den Johannes-Texten auf den Dienst des Heiligen Geistes hin (Johannes 14,26–16,13), bei dem es nur darum geht, die Aufmerksamkeit nicht auf sich selbst, sondern auf den Sohn zu lenken. Der Heilige Geist kommt im Namen des Sohnes, gibt Zeugnis für den Sohn und verherrlicht den Sohn.

Wenn Bruner über dieses Thema lehrt, beschreibt er den Dienst des Heiligen Geistes manchmal, indem er ein Strichmännchen auf eine Tafel zeichnet, das Jesus darstellen soll. Dann stellt er sich hinter die Tafel, streckt von hinten eine Hand nach vorne und zeigt mit einem einzigen Finger auf das Strichmännchen: „Seht auf ihn; hört auf ihn; lernt von ihm; folgt ihm nach; betet ihn an; gebt euch ihm hin; dient ihm; liebt ihn; konzentriert euch auf ihn."

So sieht die Scheu des Heiligen Geistes aus.

Aber wenn wir auf den Sohn schauen, stellen wir seltsamerweise fest, dass *er* nicht herumläuft und sagt: „Ich bin der Größte!" Stattdessen sagt er: „Wenn ich mich selbst ehre, so gilt meine Ehre nichts" (Johannes 8,54). Er sagte, er kam zu dienen, nicht, um sich bedienen zu lassen (Markus 10,45). Er ordnete sich dem Heiligen Geist unter, der ihn, laut Markus, in die Wüste führte (Markus 1,10–12). Er erklärte dem Vater während seines inneren Kampfes: „Nicht mein, sondern dein Wille geschehe" (Lukas 22,42). Auch Jesus besaß diese Scheu.

Und dann ist da noch der Vater. In den synoptischen Evangelien hören wir zweimal die Stimme des Vaters: einmal bei der Taufe Jesu und dann wieder bei der Verklärung. Beide Male bestehen seine Worte aus einer Variation der folgenden Botschaft: „Dies ist mein Sohn; ihm gilt meine Liebe, ihn habe ich erwählt. Auf ihn sollt ihr hören" (Matthäus 3,17; 17,5).

Es ist, wie Bruner schreibt, bemerkenswert, dass diese Stimme nicht sagt: „Hört auch auf mich, nachdem ihr auf ihn gehört habt; vergesst nicht, dass ich auch noch da bin; freundet euch nicht nur mit meinem Sohn an."

Das liegt daran, „dass auch der Vater scheu ist. Die gesamte gesegnete Dreieinigkeit ist scheu. Jedes Mitglied der Dreieinigkeit zeigt treu und selbstlos in einem liebenswürdigen Kreis auf die anderen.“[19]

In meiner Kindheit hörte ich oft von einem stolzen, ja fast arroganten Gott, der mit seinem Stolz durchkam, weil er eben Gott war. Die Lehre von der Dreieinigkeit lehrt mich, dass das so nicht stimmt. Die gesamte Dreieinigkeit ist scheu – aber dies ist nicht die Scheu der Furchtsamkeit. Vielmehr existiert Gott als Vater, Sohn und Heiliger Geist in einer Gemeinschaft von größerer Demut, Dienstbereitschaft, gegenseitiger Unterordnung und Freude, als Sie und ich uns dies vorstellen können. Die Dreieinigkeit ist eine „sich selbst genügende Gemeinschaft, bestehend aus unaussprechlich herrlichen persönlichen Wesen von grenzenloser Liebe, Weisheit und Macht“, schreibt Dallas Willard.[20]

Dies sagt etwas darüber aus, wie tief unser Hunger nach Gemeinschaft ist. Gott erschuf menschliche Wesen nicht, weil er einsam oder gelangweilt war. Die Religionen, die im Nahen Osten der Antike das Judentum umgaben, gingen davon aus, dass die Götter Menschen als ihre Lakaien schufen, weil sie jemanden brauchten, der ihnen etwas zu essen zubereitete. Aber der Gott der Israeliten schuf nicht aus einem Bedürfnis heraus.

Gott schuf menschliche Wesen, weil er die Gemeinschaft so sehr liebte, dass er eine Welt voller Menschen wollte, mit denen er diese Gemeinschaft teilen konnte. Er wollte alle zum Tanz einladen. Und das Leben innerhalb der Dreieinigkeit sollte das Vorbild für unser Leben sein. Neil Plantinga schreibt: „Im Zentrum des Universums ist sich selbst verschenkende Liebe die dynamische Währung des trinitarischen Lebens Gottes. Die Personen in Gott erheben einander, haben Gemeinschaft miteinander, verweisen aufeinander. Jede Person, um es so auszudrücken, macht Platz für die beiden anderen.“[21]

Also schuf Gott den Menschen nach seinem Bild. Man hat lange darüber spekuliert, wie dieses Bild wohl aussehen mag. Theologen stellten fest, dass das Buch Genesis selbst dieses Bild auf die Tatsache einzuschränken scheint, dass wir, wie Gott, die Fähigkeit haben, Beziehungen einzugehen: „So schuf Gott die Menschen nach seinem Bild, als Gottes Ebenbild schuf er sie und schuf sie als Mann und als Frau“ (Genesis 1,27; Luther). Er macht zwei von ihnen, und doch sind die beiden in der Lage, so etwas wie eine

Einheit zu bilden. Gott, der drei Personen und doch einer ist, schafft Menschen nach seinem Bild und sagt, die beiden sollen eins werden.

Als Nancy und ich uns kennen lernten, las ich ihr ein Sonett von Shakespeare über zwei Liebende vor:

„Sie liebten sich so, dass die Liebe der beiden
Im Wesen wie die eines Einzigen war.
Zwei Wesen, aber keine Trennung;
Die Zahl zwei in der Liebe erschlagen war.“

Als ich das Gedicht vorgelesen hatte, war ich zu Tränen gerührt, Nancy aber hatte einen etwas glasigen Blick. Da dies die normale Reaktion ist, wenn ich das Sonett vortrage, möchte ich ein paar Worte über seine Bedeutung sagen.

Shakespeare will damit ausdrücken, dass es hier zwar um zwei separate Menschen geht („Zwei Wesen“, „die Liebe der beiden“), ihre Liebe aber alle Hindernisse aus dem Weg räumte, die Menschen normalerweise voneinander trennen („keine Trennung“), und so waren sie in Herz und Seele eins. Zwei und doch eins („Die Zahl zwei in der Liebe erschlagen war“). Die Logik der Mathematik – wo zwei immer zwei ist und nie eins sein kann – wurde durch die Logik der Liebe aufgehoben.

In der Dreieinigkeit ist Gott drei und doch einer.

Gott schuf den Menschen als Mann und als Frau – und die beiden sollten eins sein.

Jesus betet, für seine Nachfolger, für die Kirche, für die ganze erlöste Menschheit und bat um Einheit.

Das ist die „neue Mathematik“ Gottes: Alles ergibt eins.

Die große Einladung

Am erstaunlichsten ist, dass Gott uns in die Gemeinschaft der Dreieinigkeit einlädt:

„Ich bete nicht nur für sie, sondern auch für alle, die durch ihr Wort von mir hören und zum Glauben an mich kommen werden. Ich bete darum, dass sie alle eins seien, so wie du in mir bist, Vater, und ich in dir. So wie wir sollen auch sie in uns eins sein, damit die Welt glaubt, dass du mich gesandt hast“ (Johannes 17,20–21).

Wir werden in seine Gemeinschaft der Liebe eingeladen. Aus diesem Grund sagt Jesus: „Denn wo zwei oder drei in meinem Namen zusammenkommen, da bin ich selbst in ihrer Mitte“ (Matthäus 18,20). Sich „in seinem Namen“ zu versammeln, beschränkt sich nicht auf Gottesdienste. In der Bibel steht der Name einer Person in der Regel für deren Charakter und Identität. Sich im Namen Jesu zu versammeln bedeutet also, anderen Menschen in derselben Haltung der Dienstbereitschaft, Unterordnung und Freude zu begegnen, die Jesus innerhalb der Dreieinigkeit kennzeichnet. Immer wenn das geschieht, sagt Jesus, kann er nicht untätig daneben stehen. Er ist immer Teil davon, sonnt sich darin und spornt dazu an. Eine Gemeinschaft liebevoller Menschen ist Gottes Zeichen.

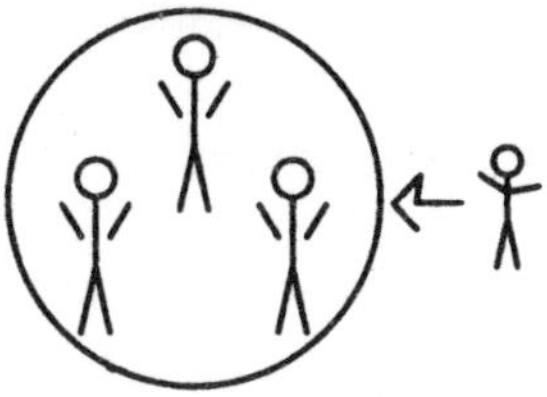

Aus diesem Grund ist authentische Gemeinschaft so Leben spendend. Wir nehmen unseren Platz in der Gemeinschaft mit dem Leben selbst ein. Wenn ich alleine bin, fühle ich mich einsam. Wenn ich in Gemeinschaft bin, spüre ich, was man „ein volles Herz“ nennen könnte. Das Herz eines Menschen bleibt für immer leer, wenn es in sich selbst verschlossen bleibt. In Gemeinschaft – besonders in göttlicher Gemeinschaft – wird ein Herz lebendig.

Gemeinschaft zu erleben bedeutet, die Freude kennen zu lernen, dazuzugehören, gekannt und geliebt zu sein, die Gelegenheit zu haben, zu geben und zu wachsen, die Sicherheit zu bekommen, eine echte Heimat zu finden.

Wie sieht ein volles Herz aus? Brennan Manning erzählt die Geschichte von einem Mann namens Ed Farrell, der von seiner Heimat in Detroit für zwei Wochen nach Irland reiste, um dort den 80. Geburtstag seines Onkels zu feiern. Als der große Tag kam, standen Ed und sein Onkel auf, um die Sonne zu begrüßen. Sie liefen am Strand des Lake Killarney entlang und genossen das smaragdgrüne Gras und das kristallblaue Wasser. 20 Minuten lang betrachteten sie schweigend das sich ihnen bietende Bild. Dann tat der Onkel etwas für einen 80-jährigen Mann sehr Ungewöhnliches: Er hüpfte am Ufer des Sees entlang und strahlte dabei wie ein verliebter Schuljunge. Ed war außer Atem, als er ihn schließlich einholte.

„Onkel Seamus, du siehst so glücklich aus. Möchtest du mir erzählen, warum?"

„Ja", sagte der alte Mann und die Tränen liefen ihm dabei über das Gesicht. „Weißt du, der Vater hat mich so lieb. Ach, mein Vater hat mich so sehr lieb."[22]

So ist es in der Gemeinschaft der Dreieinigkeit: „Der Vater hat mich so sehr lieb." Das ist die Gemeinschaft, in die wir eingeladen sind – eine Gemeinschaft, die 80-Jährige dazu bringt, aus lauter Freude darüber, geliebt zu sein, zu lachen, zu weinen und zu tanzen. Wir wurden nicht für die Einsamkeit erschaffen; wir wurden erschaffen, um diese Freude zu erleben.

Wenn Jesus um unsere Aufnahme in diesen göttlichen Kreis betet, ist das keine beiläufige Bitte. Um unsere Aufnahme zu ermöglichen, musste ein hoher Preis bezahlt werden. Der Sohn musste ans Kreuz gehen. Der Vater, der während der gesamten Ewigkeit nichts anderes kannte als vollkommene Vertrautheit mit dem Sohn, musste seinen geliebten Sohn die durch die Sünde verursachte Angst und Entfremdung erleiden sehen. Der Heilige Geist musste zur Erde gehen und erleben, wie er von Menschen in seinem Wirken eingeschränkt und betrübt wurde.

Ein enormer Preis für jedes einzelne Mitglied der Dreieinigkeit, nur damit Sie und ich in diesem ewigen Kreis willkommen sind und im Herzen des Vaters, des Sohnes und des Heiligen Geistes gehalten werden.

Aus diesem Grund ist es eigentlich undenkbar, Gemeinschaft nicht wertzuschätzen, Uneinigkeit bei den Menschen zu tolerieren, die Gott liebt, oder etwas zu tun, das zu Uneinigkeit führen könnte.

Uneinigkeit in dieser Gemeinschaft zuzulassen oder auszulösen widerspricht völlig den Absichten Gottes für die Geschichte der Menschheit. Es mag in unserer Welt normal sein, aber es ist in Gottes Augen alles andere als normal.

Der Apostel Paulus schrieb: „Bemüht euch darum, die Einheit zu bewahren, die der Geist Gottes euch geschenkt hat" (Epheser 4,3). Paulus fordert uns nicht auf, Einheit zu schaffen. Einheit ist kein menschliches Projekt. Sie existierte lange vor uns. Paulus verwendet ein Wort, das starke Eindringlichkeit ausdrückt. Markus Barth schreibt, dass diese Aufforderung im Grunde lautet: „Ergreift die Initiative! Macht es jetzt! Zahlt jeden Preis! Scheut keine Mühen! Ihr seid jetzt dran! Ich meine es ernst!"[23]

Im Licht der Schönheit von Gemeinschaft und des unvorstellbaren Preises, den die Dreieinigkeit dafür zahlte, um uns dazu einzuladen, so Paulus, sollten wir Menschen es nicht wagen, dies auf die leichte Schulter zu nehmen.

Wir achten die Lehre von der Dreieinigkeit, wenn die Einheit, die sie charakterisiert – „die Einheit des Geistes" –, von der einen wahren Kirche geschätzt, geschützt und geehrt wird. Wo immer Menschen ungelöste Konflikte in Freundschaften, Familien und Gemeinden tolerieren, wo immer Klatsch und Gerüchte unangefochten verbreitet werden, wo immer Leiter andere Christen voller Arroganz angreifen oder Schlechtes über diejenigen glauben und verbreiten wollen, die anderer Meinung sind – wo immer die Einheit des Geistes auf die leichte Schulter genommen wird, wird der Dreieinigkeit keine Ehre erwiesen.

Tag für Tag bewegen Sie und ich die Welt auf unterschiedlichste Weise in unseren Familien, Wohngegenden, Gemeinden, Freundeskreisen und Städten entweder ein wenig näher hin zu Gottes *shalom* – Frieden – oder ein wenig weiter davon weg. Im Musical *Les Misérables* gibt es eine Liedzeile, die sehr nahe an das herankommt, was Johannes beispielsweise in 1. Johannes 4, Vers 20 schrieb: „Einen anderen Menschen zu lieben, ist, wie das Angesicht Gottes zu sehen."

Sie sind nun eingeladen, Ihren Platz im Kreis der ewigen, sich selbst verschenkenden Liebe einzunehmen. Jeder Mensch, der Ihnen begegnet, jeder Augenblick Ihres Lebens ist eine Gelegenheit, in der Gemeinschaft der Dreieinigkeit zu leben und sie zu verbreiten. Wir haben jeden Tag unzählige Möglichkeiten dazu. So kann jedes „menschliche Moment" aussehen. Jedes Mal, wenn Sie jemandem vergeben, der Sie verletzt hat, wenn Sie jemanden ermutigen, der sich niedergeschlagen fühlt, wenn Sie Mitleid mit jemandem empfinden, der alleine ist, wenn Sie jemandem in Liebe die Wahrheit sagen, wenn Sie Ihr Herz für einen Freund öffnen, sich mit einem Feind versöhnen, einem Kind Zeit schenken, befinden Sie sich im Einklang mit Gottes Absichten für diese Welt. Anne Lamott schrieb: „Der Golfstrom wird durch einen Strohhalm fließen, vorausgesetzt, der Strohhalm hat dieselbe Richtung wie der Golfstrom und arbeitet dem Golfstrom nicht entgegen."[24]

Gottes Traum, Gemeinschaft zu leben und zu teilen ist der Grund, warum Sie geboren wurden. Sie wurden dazu erschaffen. Vernachlässigen Sie diesen Traum, spielt es keine Rolle, was Sie sonst tun – wie viele Pyramiden Sie bauen, wie eindrucksvoll Ihr Lebenslauf aussieht –, Sie arbeiten dem Golfstrom entgegen. Vernachlässigen Sie diesen Traum, werden Sie versagen. Widmen Sie sich aber dieser einen Aufgabe, Menschen „zweiter Wahl" zu lieben, werden Sie ein großartiges Leben führen, egal, ob Sie darüber hinaus etwas erreichen.

„Es gibt Milliarden von Menschen auf der Welt, da sollte es doch möglich sein, ein System zu finden, in dem niemand einsam sein muss."

Jemand hat es gefunden. Wissen Sie, der Vater hat Sie sehr lieb.

Tanzen lernen

1. Was hindert unsere Gesellschaft daran, Gemeinschaft und Vertrautheit stärker zu erfahren? Und Sie persönlich?

2. „Nichts schmerzt so sehr wie die Einsamkeit." Wann haben Sie sich in Ihrem Leben einsam gefühlt? Wann haben Sie sich sehr als Teil von etwas gefühlt? Welche Faktoren trugen jeweils dazu bei?

3. Welche Menschen haben Ihnen am meisten – Positives oder Negatives – darüber beigebracht, wie man Beziehungen leben sollte?

4. Inwieweit ersetzen Sie „Beziehungen pflegen“ durch „Leistung erbringen“? In welchem Bereich sind Sie erfolgreicher?

5. Inwiefern unterscheidet sich die Beschreibung der Dreieinigkeit als Gemeinschaft der Demut, Dienstbereitschaft und Freude von Ihren bisherigen Vorstellungen von Gott oder der Dreieinigkeit? Inwiefern beeinflusst der Gedanke, dass Sie eingeladen sind, Teil dieser Gemeinschaft zu werden, Ihr Leben?

6. „Der Vater hat mich sehr lieb.“ Nehmen Sie sich in dieser Woche ein paar Minuten Zeit, um über diese Geschichte nachzudenken. Sprechen Sie diesen Satz laut aus.

7. Das „menschliche Moment“ ereignet sich jedes Mal, wenn wir einem anderen Menschen begegnen. Achten Sie heute in Ihrem Alltag auf solche „menschlichen Momente“. Wie gut gehen Sie mit ihnen um? Wie würden Sie gerne mit ihnen umgehen?

Mk2, 1–12

Kapitel 3

Die Mattengemeinschaft: Wahre Freundschaft

„Ohne Freunde möchte niemand leben, selbst wenn er alle anderen guten Dinge des Lebens hätte."
Aristoteles[1]

„Wenn du auf niemandes Beerdigung gehst, wird auch niemand auf deine Beerdigung gehen."
Yogi Berra[2]

Eine der schönsten biblischen Geschichten über Gemeinschaft berichtet von einem gelähmten Mann und dessen Freunden, die ihn zu Jesus brachten.

Stellen Sie sich vor, wie das Leben dieses Mannes aussieht – was es in der Antike bedeutet, gelähmt zu sein.

Sein ganzes Leben spielt sich auf einer Matte ab, die etwa einen Meter breit und circa zwei Meter lang ist. Jemand muss ihn füttern, ihn tragen, ihn ankleiden, ihn lagern, damit er sich nicht wund liegt, ihn reinigen, wenn er sich selbst beschmutzt. Er lernt nie die Unabhängigkeit kennen, die uns so viel bedeutet.

Aus medizinischer Sicht ist nichts zu machen – keine Operationen, keine Rehabilitationsmaßnahmen, keine Behandlungszentren.

Er kann keinen Beitrag für die Gesellschaft leisten. Jeder, der sich in der Situation dieses Mannes befindet, kann nur als Bettler durchs Leben gehen – an den Rand des Weges gelegt, abhängig davon, dass die Leute ihm Münzen zuwerfen, damit er den nächsten Tag überleben kann.

Er träumt. Er träumt manchmal davon, einen gesunden Körper zu haben. Er läuft und rennt, leistet gute Arbeit, ist vielleicht verheiratet und spielt mit seinen Kindern.

Dann wacht er auf und schaut an die Decke eines Raumes, aus dem er nie selbst herausgehen kann; er schaut auf seinen Körper, in dem er gefangen ist; er schaut auf die Matte, aus der seine ganze Welt besteht. Und er weiß, dass er nie frei sein wird.

Er hat kein Geld, keinen Job, keinen Einfluss, keine Familie und scheinbar auch keine großartige Zukunft. Sein Schild, auf dem „wie besehen" steht, ist etwa einen Meter breit und circa zwei Meter lang.

Was spricht für ihn? Er hat Freunde. Und zwar erstaunliche Freunde.

Er gehört zu einer der durchsetzungskräftigsten Kleingruppen der Weltgeschichte.

In gewisser Weise ereignet sich diese ganze Geschichte nur wegen seiner Freunde. Ohne seine Freunde hätte er es nie zu Jesus geschafft, wäre nie geheilt geworden, hätte nie Vergebung erfahren. Das alles ist die Folge einer sehr weisen Entscheidung, die Jahre zuvor getroffen wurde – gute Freunde zu haben.

Entscheidung für Gemeinschaft

Sie sollten wissen, dass sich diese Freundschaften für den Mann aus unserer Geschichte nicht zufällig entwickelten. Wegen seines körperlichen Zustandes hatte er überhaupt keine Chance, rein zufällig Freundschaften zu schließen. Sein „Wie besehen"-Schild war unübersehbar.

Selbst heutzutage sagen Menschen, die in irgendeiner Form körperlich behindert sind, dass die schwierigsten Hindernisse für sie die Haltung der so genannten „normalen" Menschen seien, die oft Angst hätten, wie sie reagieren sollten – manchmal unfreundlich seien, manchmal wegsähen und Blickkontakt vermieden. In unserer Welt herrscht ein hohes Tempo, und sie ist kein besonders liebevoller Ort für diejenigen, die nicht so schnell laufen können wie andere.

Aber die Welt der Antike konnte noch härter sein. Die Griechen töteten regelmäßig neugeborene Kinder mit körperlichen Anomalien. Aristoteles schrieb: „Man sollte ein Gesetz erlassen, dass kein missgestaltetes Kind aufgezogen werden darf." Im Rom des

5. Jahrhunderts vor Christus war in den Gesetzen verankert: Ein deformiertes Kind sollte schnell getötet werden.[3]

In Israel litt der Mann an einem anderen Stigma. Man ging allgemein davon aus, dass Menschen, die unter körperlichen Erkrankungen litten, diese Leiden selbst verschuldet hatten. In einer anderen neutestamentlichen Geschichte wird davon berichtet, dass die Jünger einen von Geburt an blinden Mann sehen und Jesus fragen: „Rabbi, wer ist schuld, dass er blind geboren wurde? Wer hat hier gesündigt, er selbst oder seine Eltern?“ (Johannes 9,2).

Doch hier ist eine kleine Schar Männer, die sich durch kein Hindernis aufhalten lässt. Und das ist der Punkt, auf den es ankommt: Diese kleine Gruppe kam eindeutig nicht zufällig zusammen. Angesichts von gewaltigen Hindernissen – sozialem Stigma, Unannehmlichkeiten, finanziellem Druck, hohen Kosten an Zeit und Energie – entschlossen sie sich, Freunde zu werden.

Menschen geraten selten zufällig in tief gehende Gemeinschaft. Der Psychologe Alan McGinnis stellt fest, dass Regel Nummer 1 für den Aufbau tiefer Freundschaften enttäuschend einfach klingt: Räumen Sie Ihren Beziehungen oberste Priorität ein.[4] Wir neigen zwar in der Regel dazu, Unmengen an Zeit zu investieren, um Geld zu verdienen, Dinge zu erledigen und beruflich erfolgreich zu sein, aber wir setzen unseren wertvollsten Besitz – unsere Zeit – zu selten für die Erfahrung ein, für die wir erschaffen wurden: Gemeinschaft.

Eine der biblischen Aussagen, die die kulturellen Schranken am stärksten sprengt, ist eine Beschreibung der Urgemeinde. Um die Einheit der Menschen in ihrem Denken und ihrem Fühlen zu beschreiben, bemerkt der Autor: „Sie trafen sich täglich“ (Apostelgeschichte 2,46; Luther). Sie feierten gemeinsam Gottesdienst, sprachen miteinander, beteten miteinander – und zwar täglich. Kein Wunder, dass sie so eng zusammenwuchsen.

Wir versuchen oftmals, die Gemeinschaft des ersten Jahrhunderts auf der Grundlage eines Terminkalenders des 21. Jahrhunderts zu schaffen – und stellen fest, dass es nicht funktioniert. Die Sache, die uns am meisten daran hindert, tiefe Verbundenheit zu empfinden, ist für die meisten von uns einfach unser Lebenstempo. Wie oft hört oder sagt man Dinge wie: „Wir sollten uns bald einmal treffen." Oder: „Lassen Sie uns in ein paar Wochen zusammen essen gehen, wenn es wieder ruhiger ist."

Für echte Vertrautheit brauchen Sie große Mengen an Zeit und Ruhe.

> Wenn Sie meinen, Sie könnten tief gehende Gemeinschaft in die Ritzen eines überfüllten Terminkalenders quetschen – dann sollten Sie noch einmal darüber nachdenken. Weise Menschen versuchen, Freundschaften, Elternschaft oder Ehe nicht mit einer Mikrowellenmentalität zu behandeln.

Gemeinschaft lässt sich nicht erleben, wenn man in Eile ist:

Man kann nicht zuhören, wenn man in Eile ist.

Man kann nicht mit den Trauernden trauern, wenn man in Eile ist; und man kann sich nicht mit den Fröhlichen freuen, wenn man in Eile ist.

Vielen Menschen fehlen gute Freunde aus dem einfachen Grund, weil für sie Gemeinschaft nie hohe Priorität hatte. Sie können die Matte eines anderen Menschen nicht tragen, wenn Sie in Eile sind. Und jeder hat eine solche Matte.

Jeder hat eine Matte

Denken Sie einmal darüber nach, was der gelähmte Mann durchmachen musste, um sich mit dieser Gruppe von Männern anzufreunden.

Er musste vermutlich manchmal mit dem Gefühl kämpfen, dass er von ihnen abhängig war. Ich vermute, dass er von Zeit zu Zeit auf ihre Unabhängigkeit eifersüchtig war, denn immer, nachdem sie sich getroffen hatten, konnten die anderen nach Hause gehen, nur er nicht. Manchmal musste er sich ganz tief in seinem Herzen gewünscht haben, mit ihnen tauschen zu können. Er muss mit dem Gedanken gekämpft haben, wie sie ihn in seiner Bedürftigkeit sahen.

Sie machen sich sehr verletzlich, wenn ein anderer Ihre Matte trägt. Wenn ein anderer Ihre Matte trägt, sieht er Sie in Ihrer Schwäche. Es könnte Sie verletzen, wenn er Sie fallen lässt.

Zwischen diesen Freunden gab es dieses besondere Geschenk: vertrauende Verletzlichkeit und verlässliche Treue. Diese Matte, die eigentlich – wie es die Gesellschaft forderte – eine größere Kluft zwischen ihm und ihnen hätte schaffen sollen, wurde stattdessen zu einer Gelegenheit, zu dienen und den anderen anzunehmen. Diese Gruppe von Männern wurde zur Gemeinschaft der Matte. Wo immer Menschen einander lieben, annehmen und dienen, und zwar trotz Schwäche und Bedürftigkeit, da findet sich die Gemeinschaft der Matte.

Und hier ist die Wahrheit über uns: Jeder hat eine Matte. Die Matte soll als Bild für menschliche Zerbrochenheit und Unvollkommenheit stehen. Sie steht für das, was an mir „nicht normal" ist. Sie entspricht dem kleinen Schild, auf dem „wie besehen" steht und das ich so gerne verbergen möchte. Aber nur wenn wir anderen erlauben, unsere Matte zu sehen, wenn wir einander helfen und voneinander Hilfe annehmen, wird Heilung möglich. Jede erfolgreiche Gruppe der Anonymen Alkoholiker ist eine Mattengemeinschaft. Das gilt auch für gesunde Familien und Gemeinden.

Weil jeder eine Matte hat.

Vielleicht ist Ihre Matte Ihr Temperament, das Sie nicht zügeln können. Sie gehen auf die Menschen los, die Sie am meisten lieben wollen. Hitzige Worte kommen aus Ihrem Mund, von denen Sie wissen, dass Sie sie bitter bereuen werden. Ihre Kinder schauen Sie manchmal mit Furcht in den Augen an. Sie hassen die Art und Weise, wie der Ärger aus Ihnen herausströmt, aber Sie spüren, dass Sie ihn genauso wenig zurückhalten können, wie ein Vulkan seine Lava halten kann.

Vielleicht ist Ihre Matte Ihre Furcht. Sie hören gerne Geschichten über Mut und Tapferkeit. In Ihren Gedanken entwerfen Sie unzählige Szenarien, in denen Sie waghalsige Risiken auf sich nehmen und die Menschen, die Sie schikanieren, ganz cool in Grund und Boden reden. Aber Tatsache ist, dass Sie immer noch feuchte Hände bekommen, wenn Sie mit Ihrer Mutter Klartext reden müssen.

Vielleicht ist Ihre Matte Ihre Unfähigkeit, anderen zu vertrauen, Ihr Bedürfnis, alles unter Kontrolle haben zu müssen, oder Ihre Unfähigkeit, nicht über das sprechen zu können, was in Wahrheit in Ihnen vorgeht. Vielleicht gehört zu Ihrer Matte ein schreckliches Geheimnis über etwas, das Sie einmal getan haben und wofür Sie sich noch immer schuldig fühlen. Vielleicht ist Ihre Matte ein niederdrückendes Gefühl des Versagens, der Unzulänglichkeit, Unansehnlichkeit oder Einsamkeit.

Manche Menschen verbringen ihr ganzes Leben damit, „Matten-Management" zu betreiben. Sie tun so, als hätten sie keine Matte. Sie scheinen so gesund und stark zu sein, dass die Menschen in ihrem Umfeld davon ausgehen, sie könnten alles schaffen, was sie sich vornehmen. Solche Menschen können die Matten anderer sehen – vielleicht haben sie sogar die geistliche Gabe der „Matten-Identifikation" für andere –, aber ihre eigene Matte zeigen sie nie. Ihr vorrangiges Ziel besteht darin, ihre Zerbrochenheit vor den Augen der anderen zu verbergen. Wenn dies auf Sie zutrifft, sind Sie vielleicht Fachmann darin, Ihre Matte zu verbergen. Vielleicht gelingt es Ihnen, alle von Ihrer Stärke und Kompetenz zu überzeugen. Aber Sie werden nicht in Gemeinschaft leben.

Ich möchte Ihnen eine persönliche Frage stellen: Wer trägt von Zeit zu Zeit Ihre Matte?

Wem zeigen Sie Ihre Schwächen und Probleme?

Wen bitten Sie, für Sie zu beten?

Wen lassen Sie Ihre Zerbrochenheit sehen?

Jean Vanier schreibt: „Es gibt keine ideale Gemeinschaft. Gemeinschaft besteht aus Menschen mit all ihren Stärken, aber auch mit all ihren Schwächen und ihrer Armut, aus Menschen, die einander annehmen und vergeben und sich voreinander verletzlich zeigen. Die Grundlage für Gemeinschaft besteht eher aus Demut und Vertrauen als aus Vollkommenheit."[5]

Wenn Sie tief gehende Freundschaften eingehen wollen, können Sie nicht immer der Starke sein. Sie müssen manchmal auch einen anderen Ihre Matte tragen lassen.

Und genau das geschieht in dieser biblischen Geschichte. Aus dieser Gruppe von Menschen werden Freunde. Dazu gehören ein beeindruckender Charakter und die bewusste Absicht. Vielleicht werden sie alle ehrlicher, was ihre eigenen Matten angeht, weil die

Verletzlichkeit eines Mannes so deutlich sichtbar ist. Entgegen jede Wahrscheinlichkeit bilden sie eine kleine Gemeinschaft: die Mattengemeinschaft.

Eine Gemeinschaft von Dachzerstörern

Eines Tages kommt Jesus in ihre Stadt. Diese vier Männer erfahren davon und wollen diesen berühmten Rabbi natürlich hören.

Einer von ihnen sagt: „Wir können nicht einfach alleine gehen. Wir müssen unseren Freund hinbringen. Das könnte ihm Mut machen. Und vielleicht sind diese Dinge wahr, die man über Jesus sagt. Vielleicht kann Jesus unseren Freund heilen – das wäre doch was! Wir müssen ihn da hinbringen!"

Das erschwert die logistische Seite der Sache erheblich, aber sie denken nicht an sich. Sie denken an ihn. Freunde tun so was. Freunde dienen einander.

Sie erklären ihrem Freund, dass er Jesus sehen wird. Sie werden ihn um neun Uhr abholen. Er hat keine andere Wahl, denn wenn seine Freunde ihn abholen, dann holen sie ihn wirklich ab.

Sie kommen zu dem Haus, in dem Jesus lehrt, und es ist voll gestopft mit Menschen. Es gibt nur noch Stehplätze. „Die Menschen strömten so zahlreich zusammen, dass kein Platz mehr blieb, nicht einmal draußen vor der Tür", lesen wir in Markus 2, Vers 2.

Jesus ist so nah, aber sie kommen nicht an ihn heran.

Diese Geschichte ereignet sich, bevor der Vers der Bibel hinzugefügt wurde, der den Besuchern amerikanischer Vorstadtgemeinden so wichtig ist: „Du sollst ein Programm auf einen Stuhl legen, um deinen Platz zu reservieren; und jeder, der sich auf diesen Platz setzt, soll in die äußerste Finsternis hinausgestoßen werden."

Damit haben die Männer nicht gerechnet. Sie waren so begeistert und nun stehen sie vor der Tür. Sie sehen sich das Ganze eine Zeit lang an.

Dann sagt einer von ihnen – vermutlich so ein Managertyp, ein diplomierter Betriebswirt: „Wie können wir ihn zu Jesus bringen? Lasst uns eine kurze Brainstorming-Sitzung machen – und denkt daran: Beim Brainstorming ist alles erlaubt. Hier gibt es keine dummen Ideen."

Einer von ihnen hat eine Idee – vielleicht der Jüngste von ihnen, der mit den Tätowierungen und Piercings, weil er einer ist, der nicht in den üblichen Maßstäben denkt. „Hey, Jungs! Wie wäre es, wenn wir ein Loch ins Dach machen und ihn ins Haus hinablassen? Wow!"

Schweigen.

„Okay", fragt der Betriebswirtschaftler, „gibt's irgendwelche anderen Ideen?"

Es gibt keine. Die Idee mit dem Loch im Dach ist das Einzige, was ihnen einfällt. Ihnen ist klar, dass es sich hierbei um einen ausgesprochen unorthodoxen Weg handelt, einen Raum zu betreten.

Aber sie wollen unbedingt zu Jesus. Sie haben beschlossen, sich durch nichts aufhalten zu lassen, so stark ist ihr Vertrauen in Jesus und so groß ihre Liebe für ihren Freund.

Also organisieren die Freunde ein paar Seile, um die Matte vom Dach lassen zu können, und stürmen nach oben. Die Häuser hatten üblicherweise eine Außentreppe, über die man auf das Dach gelangen konnte, das oft als eine Art Terrasse genutzt wurde. Die Freunde gehen also nach oben und demolieren das Haus dieses Mannes. (Falls Sie sich Sorgen machen, dass diese Geschichte schon an Vandalismus grenzt, sollten Sie wissen, dass die Dächer damals aus Holzbalken bestanden, die mit Matten aus Schilf, Zweigen und getrocknetem Lehm verbunden waren. Die Männer brauchten also keine Abrissbirne, um durch das Dach zu brechen. Das Loch konnte leicht repariert werden.)

Stellen Sie sich also folgende Szene vor:

Jesus lehrt, und weil er ein ausgezeichneter Lehrer ist, hören ihm die Leute gebannt zu. Aber plötzlich steigt das Ablenkungsniveau beträchtlich. Man hört ein seltsames Geräusch, das von oben zu kommen scheint. Schmutz und Staub rieseln allmählich von der Decke, geraten den Zuhörern in die Augen und in die Haare – zuerst nur ein paar Flocken, aber dann ein Hagel an großen Brocken von Verputz aus dem ersten Jahrhundert. Schließlich verebben alle Gespräche und auch Jesus hört auf zu lehren. Alle schauen nun nach oben und entdecken ein Loch in der Decke. Vier Händepaare fuhrwerken herum und machen das Loch größer.

Stellen Sie sich vor, Sie wären der Hausbesitzer.

Sie haben zugestimmt, Ihr Haus für eine Versammlung zur Verfügung zu stellen, und plötzlich wird Ihnen spontan ein Oberlicht installiert. Der Hausbesitzer ruft seinen Versicherungsagenten an, um herauszufinden, ob dieser Schaden versichert ist.

„Jesus ist hier – könnten wir nicht sagen, dass es höhere Gewalt ist?"

Diese Männer sind ihrem Freund so treu ergeben, dass sie beschließen, sich von so einem kleinen Dach nicht aufhalten zu lassen. Sie dienen ihm entschlossen, mutig und auch mit ziemlich kreativer Denkleistung. Sie werden für ihren Freund zu Dachzerstörern. Und ich habe das Gefühl, sie werden sich noch lange an diesen Augenblick erinnern.

Gemeinschaft wird von Menschen mit einer dienenden Haltung gebaut. Großartige Gemeinschaft wird von Dachzerstörern gebaut.

Paradoxerweise sind viele der Barrieren, die uns in der Isolation halten, erstaunlich zerbrechlich, ganz wie das Dach, das dieser kleinen Gemeinschaft im Weg stand. Das vielleicht am meisten die Gemeinschaft zerstörende Laster unserer Zeit ist ein kleiner Kasten mit einem Stecker am Ende eines langen Kabels. Die meisten Studien zeigen, dass der durchschnittliche Deutsche heute dreieinhalb Stunden pro Tag fernsieht. Zeittagebücher zeigen, dass Ehepartner drei- oder viermal so viel Zeit vor dem Fernseher verbringen wie mit dem gemeinsamen Gespräch; und sie verbringen sechs- oder siebenmal so viel Zeit damit wie mit gemeinsamen Aktivitäten außerhalb des Hauses.

Dolores Curren schreibt, dass sie als Kommunikationsübung Familienmitglieder manchmal auffordert, die in ihrem Haus am häufigsten verwendeten Sätze aufzuschreiben. Ein Elternteil war schockiert, als es herausfand, dass „Was läuft?" und „Geh aus dem Bild" ganz oben auf der Liste standen.[6]

Robert Putnam schreibt in seiner umfassenden Studie über den Verlust der Gemeinschaft: „Die Abhängigkeit von Fernsehunterhaltung ist nicht nur ein wichtiger Faktor, durch den sich nachweislich bürgerliches Engagement reduziert, sondern der einzige sich nicht verändernde Faktor, den ich entdecken konnte." Er fügt folgenden Satz an, der einen frösteln lässt: „Ein starker Fernsehkonsum – wie ihn sich die meisten von uns angewöhnt haben – ist inkompatibel mit einem starken Engagement für das Leben der Gemeinschaft."[7]

Freunde sind Menschen, die sich dafür entschieden haben, sich mit einer Hingabe in andere Menschen zu investieren, die notfalls auch ein Dach abdeckt. Aber in unserer Gesellschaft verwechseln wir, wie Lewis Smedes es formuliert[8], den Begriff „Freunde" mit „freundlichen Menschen".

Ich schreibe diese Worte, kurz nachdem ich ein Telefongespräch beendet habe. Mein Gesprächspartner sprach mich mit dem Vornamen an; er fragte mich, wie mein Tag war; er sprach voller Wärme und Anteilnahme; er machte sich Gedanken darüber, ob mein bisheriger Zustelldienst mir den Service bot, den ein viel beschäftigter Mensch wie ich brauche.

Aber als ich ihm erklärte, dass ich mein Geld nicht für sein Angebot ausgeben wollte, spürte ich deutlich, dass unsere Beziehung plötzlich beendet war. Er war ein freundlicher Mensch. Aber er war nicht mein Freund.

Wir leben in einer Welt, in der es an der Tagesordnung ist, vernetzt zu arbeiten, Kontakte zu nutzen und Gegenleistungen zu erbringen. Aber wenn eine Beziehung strategisch nicht mehr wichtig ist, wenn die Verkaufszahlen zurückgehen, wenn das Flugzeug landet – dann ist auch die Beziehung zu Ende.

Es mag eine Beziehung zu einem Arbeitskollegen sein. Sie mag herzlich und beiden gleichermaßen von Nutzen sein. So etwas ist nicht an sich schlecht. Aber es ist keine Freundschaft. Ein Freund ist auf eine Weise mit Ihnen verbunden, auf die es ein bezahlter Dienstleiter nie sein kann.

Es liegen Welten dazwischen, ob Sie zu einem Menschen freundlich sind, weil er Ihnen nützlich ist, oder ob Sie sein Freund sind.

Ich liebe die Definition von Familie, die der Psychologe Urie Bronfenbrenner aufgestellt hat und die meiner Ansicht nach auch auf die „Mattengemeinschaft" zutrifft: „Eine Gruppe, die eine irrationale Hingabe an das Wohlergehen ihrer Mitglieder besitzt und lebt."[9] Das entscheidende Wort ist „irrational". In großartigen Gemeinschaften tragen Menschen Matten und decken Dächer ab, ohne die Frage zu stellen, was dabei für sie herausspringt.

Wie oft decken Sie für andere Dächer ab? Das muss nicht die Zerstörung von fremdem Eigentum beinhalten. Meistens geht es nur um zwei Aufgaben: etwas sehen und etwas tun. Wenn Sie sehen, dass ein Freund entmutigt ist, können Sie ihm ein paar Worte schreiben oder ihn anrufen. Wenn Sie wissen, dass jemand wirklich ein Gespräch benötigt, dann nehmen Sie sich die Zeit zum Zuhören, selbst wenn Sie viel zu tun haben. Wenn Sie ein Geschenk sehen, das einem anderen Freude machen würde, dann kaufen Sie es ihm einfach so ohne einen konkreten Anlass.

Als Nancy und ich frisch verheiratet waren und wenig Geld hatten, sah uns ein Arbeitskollege in einem Restaurant und bezahlte heimlich unsere Rechnung. Fast 20 Jahre später erinnern wir uns immer noch daran, wie viel uns dieses Geschenk damals bedeutete.

Das bringt uns zu einem Punkt, den ich die „Ironie der Matte" nennen möchte. Unsere Matten sind normalerweise das, worauf wir am wenigsten stolz sind und was wir am meisten verbergen wollen. Wir sind oft davon überzeugt, dass andere Menschen von uns fernblieben, wenn sie von unserer Matte wüssten. Aber tatsächlich sind es *gerade* unsere Matten, die die Anknüpfungspunkte für tiefer gehende Beziehungen schaffen.

Der Psychologe Henry Cloud berichtet in einem seiner Bücher von einer Mattengemeinschaft. Er leitete eine Gruppe von Patienten, die in einer Klinik wegen Problemen mit bestimmten Lebensbereichen stationär behandelt wurden. Zu dieser Gruppe gehörte ein Pastor, den wir hier Joe nennen wollen. Seine Matte war eine Sexsucht, mit der er seit vielen Jahren kämpfte. Er hatte sie über Jahre hinweg immer wieder bekannt und dafür gebetet, war aber nicht in der Lage, darüber hinwegzukommen. Schließlich war er so verzweifelt und fühlte sich so schuldig, dass er sich selbst in die Klinik einweisen ließ, um Hilfe zu finden. Die Teilnahme an dieser Gesprächsgruppe gehörte zu seinem Therapieprogramm.

Eines Morgens wurde Henry von einer Krankenschwester die Nachricht überbracht, dass Joe nicht zum Treffen der Gruppe kommen wollte. Henry ging zu ihm, um mit ihm zu sprechen, und fand heraus, dass Joe am Abend zuvor einen Rückfall erlitten hatte. Henry überredete ihn, dennoch in die Gruppe zu kommen.

Die Teilnehmer der Gruppe fragten Joe, ob mit ihm alles in Ordnung wäre. Er sagte Ja, aber es klang nicht sehr überzeugend. Während der vergangenen Gruppentreffen hatte Joe überwiegend den anderen Mitgliedern der Gruppe zugehört. Er fühlte sich wohl damit, anderen die Matten zu tragen; er wollte noch nicht zu viel von seiner eigenen Matte preisgeben. Aber an diesem Vormittag ließ Henry ihm keine Wahl.

Langsam und voller Schmerz ließ Joe die anderen sehen, wie sehr er sich schämte und als Versager fühlte. Er erzählte ihnen von Jahren der Schuld: wie er auf der Kanzel stand und schreckliche Angst hatte, dass ihn jemand am Abend zuvor an einem Ort gesehen haben könnte, an dem er nicht hätte sein sollen; wie er vorgab, für Gott zu sprechen, gleichzeitig aber der größte Heuchler in der Gemeinde war. Und doch konnte er nicht aufhören, obwohl ihm sein Verhalten so großen Schmerz verursachte.

Joe konnte die Worte kaum aussprechen. Als er seine Geschichte erzählt hatte, starrte er auf den Boden; er konnte sich nicht überwinden, jemandem ins Gesicht zu sehen.

„Schau die anderen an“, forderte Henry ihn auf.

„Ich kann nicht. Ich schäme mich zu sehr.“

„Schau die anderen an. Ich möchte, dass du die Augen der Menschen siehst, die dir zugehört haben. Du musst es tun.“

Voller Angst hob dieser gebrochene Mann seinen Kopf. Er schaute in die Runde, und in jedem Augenpaar, das ihm begegnete, standen Tränen. Jedes Herz spürte den Schmerz seiner Angst. Keiner gab ihm zu verstehen, dass er sich schämen solle, keiner verurteilte ihn, da war nur Anteilnahme.

Zum ersten Mal in seinem Leben war Joe mit der Zerbrochenheit, die sein Leben so lange gelähmt und behindert hatte, nicht alleine. Endlich sahen ein paar Menschen seine Fehlerhaftigkeit, und sie entschieden sich, trotzdem seine Freunde zu bleiben. Zum ersten Mal in seinem Leben hatte er ein paar Mattenträger, die ihm dabei halfen, an den Ort der Heilung zu kommen, an den er alleine nie hätte gelangen können.

In diesem Augenblick schmeckte ein Mann, der so lange über das Thema „Gnade“ gelehrt hatte, diese Gnade selbst, und er brach zusammen. Er weinte wie ein Kind. Er konnte die Worte hören, die vor so langer Zeit zu einer anderen verkrüppelten Seele gesprochen worden waren: „Mein Sohn, deine Schuld ist dir vergeben.“[10]

Henry schreibt, dass Joes Abhängigkeit an diesem Tag gebrochen wurde. Er hatte immer noch viel Arbeit und einen langen Weg vor sich. Er musste Dinge bekennen und neue Gewohnheiten entwickeln. Er war noch nicht am Ende seines Weges angekommen. Aber die grausame Macht, die die Abhängigkeit über ihn hatte, war gebrochen. So stark war die Gemeinschaft der Matte.

Harry Stack Sullivan war ein Pionier im Bereich der so genannten „interpersonalen Psychologie“. Er sagte seinen Studenten immer: „Es braucht Menschen, um Menschen krank zu machen, und es braucht Menschen, damit Menschen sich wohl fühlen.“[11] Theologisch betrachtet stimmt das nicht uneingeschränkt: Jeder von uns hat seinen eigenen Sündenquotienten und eine Zerbrochenheit, für die wir selbst verantwortlich sind und zu der kein anderer beigetragen hat. Aber zum Besseren oder zum Schlechteren werden wir stärker durch Menschen als durch jede andere Kraft in unserem Leben geprägt. Und deshalb lässt Gott mehr als durch alles andere Menschen durch andere Menschen heil werden.

Jean Vanier schreibt: „Eine Gemeinschaft ist nie nur für sich selbst oder zu ihrer eigenen Herrlichkeit da. Sie kommt von und gehört zu etwas viel Größerem und Tieferem: zum Herzen Gottes, das die Menschheit zu ihrer Erfüllung bringt. Eine Gemeinschaft ist nie zum Selbstzweck da; sie ist nur ein sichtbares Zeichen, das auf etwas anderes, Tieferes hinweist und die Menschen dazu aufruft, einander zu lieben.“[12]

Gemeinschaft erfordert Vertrauen

Stellen Sie sich einen Augenblick lang vor, Sie seien der Mann auf der Matte. Sie sollen gleich durch das Dach ins Haus hinabgelassen werden. Das ist das größte Risiko, das Sie im Leben jemals eingegangen sind. Sie fragen sich, ob Sie Ihren Freunden in Bezug auf Ihre Sicherheit vertrauen können. Wenn sie Ihre Matte ebenerdig herumtragen, wäre es zwar unangenehm, fallen gelassen zu werden, hätte aber keine nicht wieder gutzumachenden Folgen. Wenn man sich aber auf einem Dach befindet, ist das Risiko etwas größer. Hat irgendjemand die Seile überprüft?

Sie fragen sich, ob Sie darauf vertrauen können, dass die Menschenmenge sich Ihnen gegenüber kultiviert verhalten wird. Schließlich waren die anderen alle rechtzeitig da, um sich Plätze zu reservieren. Viele haben sicher ihre eigene Liste mit Anliegen. Sie fürchten, die anderen könnten den Eindruck haben, Sie wollten sich vordrängeln. Und wenn jemand handgreiflich wird, haben Sie keine Chance.

Sie fragen sich, ob Sie Jesus vertrauen können. Was ist, wenn sich herausstellt, dass er Ihnen überhaupt nicht helfen kann? Oder schlimmer noch: Was ist, wenn er sich gerade bei einem wichtigen Punkt in seiner Predigt befindet und nicht unterbrochen werden will?

Sie liegen auf Ihrer Matte auf dem Dach und denken über all diese Gefahren nach. Sie müssen eine Entscheidung treffen: Wenn Sie durch das Dach ins Haus gelassen werden, können Sie fallen gelassen, ausgelacht oder zurückgewiesen werden. Andererseits: Wenn Sie *nicht* durchs Dach ins Haus gelassen werden, werden Sie mit Sicherheit nie geheilt werden. Sie haben nur diese eine Chance.

Der Mann nickt. Er entscheidet sich dafür, alles auf eine Karte zu setzen. Auch er wird zu einem Mann, der ein Dach abdeckt. Und nichts wird je wieder so sein wie zuvor.

Authentische Gemeinschaft beinhaltet immer auch geistliches Wachstum

Auch die Freunde des Mannes fragen sich vermutlich, wie Jesus reagieren wird. Ich weiß aus persönlicher Erfahrung, dass Menschen, die gerade lehren, etwas empfindlich sind, wenn sie unterbrochen werden. Ihnen wird nicht entgangen sein, dass Jesus auf die Erde kam, bevor es Pager und Handys gab („in der Fülle der Zeit" lautet der biblische Ausdruck dafür).

Jesus schaut nach oben und sieht die Gesichter der vier Freunde, die auf ihn herabblicken.

Sie bitten um nichts für sich selbst. Ihr einziger Gedanke ist: *Wie können wir unseren Freund nur möglichst nah zu Jesus bringen …*

Das ist es, was echte Freunde füreinander tun wollen.

Dann steht etwas Erstaunliches im Text: „Als Jesus sah, wie groß ihr Vertrauen war …"

Normalerweise berichten biblische Heilungsgeschichten davon, dass Jesus den Glauben des Menschen sah, der für sich oder sein Kind um Heilung bittet. Hier ist es nicht in erster Linie der Glaube des Mannes, sondern der seiner Freunde.

Haben Sie eine Vorstellung davon, was der Glaube eines Menschen für einen Freund ausrichten kann?

Sie brechen ein Loch durch ein Dach und bringen ihren Freund ins Haus. An keiner Stelle findet sich ein Bericht darüber, dass sie etwas sagten. Jesus wurde nicht durch das bewegt, was er hörte; wir erfahren aber, dass er ihren Glauben sah. Was aber sah er genau?

Ein großes Loch in der Decke, vier Gesichter darin – verschwitzte, staubige, ängstliche, hoffnungsvolle Gesichter von Menschen, die nur an ihren Freund denken und irgendwie darauf vertrauen, dass Jesus ein Herz hat, das sich dadurch ansprechen lässt. Jesus sieht eine Gruppe von Menschen, die eine irrationale Hingabe aneinander besitzt und für das Wohlergehen eines ihrer Mitglieder lebt.

Jesus sieht ein wenig von dem, was Gott beabsichtigte, als er den Menschen schuf. Er sieht eine kleine Insel von *shalom* in einem Meer der Zerbrochenheit. Er sieht Menschen, die selbst angesichts eines riesigen „Wie besehen“-Etiketts lieben. Er denkt vielleicht bei sich, dass er hier Menschlichkeit in ihrer schönsten Form sieht.

Er sieht ihr Vertrauen.

Jesus dreht sich um und schaut auf diesen verkrüppelten, bewegungslosen Körper auf einer Matte herab. Er sieht nicht nur einen zerbrochenen Körper, sondern – wie in jedem von uns – auch eine zerbrochene, gefallene Seele.

Er spricht liebevoll: „Mein Sohn, deine Schuld ist dir vergeben.“[13]

Ich frage mich, was der Mann auf der Matte wohl an dieser Stelle dachte. Er hatte eigentlich nicht vorgehabt, jetzt seine Sünden zu thematisieren.

Aber das gehört zu den Dingen, die passieren, wenn man sich bis zum Hals auf Gemeinschaft einlässt und Jesus mittendrin dabei ist. Gemeinschaft hat die Angewohnheit, das Thema Sünde an die Oberfläche zu bringen.

Wenn ich alleine bin, kann ich mir selbst einreden, dass ich ein ziemlich demütiger Mensch bin. Wenn ich dann mit anderen Menschen zusammen bin und höre, wie jemand Lob einheimst, fängt eine Stimme, die alles andere als demütig ist, in mir an zu protestieren. Und zwar lautstark.

Wenn ich alleine bin, kann ich mir selbst einreden, dass ich ein ziemlich mitfühlender Mensch bin. Wenn ich eine Werbesendung von UNICEF sehe, bin ich wirklich bewegt. Wenn ich dann mit echten Menschen zusammen bin und realisiere, dass ich mehr Zeit und Energie als bisher aufwenden müsste und mich unwohl dabei fühlen würde, Mitgefühl zu praktizieren, stellt sich heraus, dass ich nicht annähernd so altruistisch bin, wie ich dachte.

Eine von Dostojewskis Figuren aus „Die Brüder Karamasow“ sagt: „In meinen Träumen [...] bin ich oft so weit gelangt, dass ich mir leidenschaftlich fest vornahm, der Menschheit zu dienen [...]; bei alledem bringe ich es nicht fertig, mit jemand auch nur zwei Tage im selben Zimmer zu wohnen – das weiß ich aus Erfahrung.“[14]

Ich denke, die Geschichte illustriert, was in tiefer Gemeinschaft geschieht: Früher oder später gelangt man zum Thema „Sünde“.

„Gemeinschaft ist der Ort, an dem uns unsere Grenzen, unsere Ängste und unser Egoismus offenbar werden“, schreibt Jean Vanier. „Wenn wir alleine sind, können wir glauben, dass wir jeden lieben. Wenn wir dann aber mit anderen zusammen sind, mit ihnen die ganze Zeit zusammenleben, erkennen wir, wie unfähig wir sind, andere zu lieben, wie viel wir anderen abschlagen, wie verschlossen wir in uns selbst sind.“[15] In tiefer Gemeinschaft mit Jesus, in der Gemeinschaft der Matte, stellen wir auf einmal fest, dass unsere Sünde thematisiert und vergeben wird.

Jesus erfüllt den größten Wunsch der Freunde dieses Mannes, vielleicht umfassender, als ihnen bewusst wird. Wenn jemand Ihr Freund ist, wünschen Sie sich mehr als äußerliches Wohlergehen oder selbst körperliche Gesundheit, dass zwischen ihm und Gott alles in Ordnung ist. Wenn jemand wirklich mein Freund ist, liegt ihm vor allem etwas an dem Wohlergehen meines Charakters und meiner Seele. Paul Wadell schreibt: „In einer geistlich geprägten Freundschaft ist das Hauptanliegen eine gegenseitige Liebe zu Christus und der Wunsch, gemeinsam im Glauben zu wachsen. Das unterscheidet eine geistlich geprägte Freundschaft von anderen Beziehungen.“[16]

Darauf können Sie zählen: In Gemeinschaft mit Christus und mit denen, die Sie lieben, wird mit Ihnen das passieren, was auch mit diesem Mann geschah: Sünde wird beim Namen genannt und abgehandelt. Und auch wenn dies erschreckend klingt, ist es unter Umständen das Beste, was Ihnen passieren kann.

Dieser Mann – der von Menschen verspottet und verurteilt wurde, die davon ausgingen, dass sein verkrüppelter Körper Ausdruck einer geistlichen Minderwertigkeit sei –, dieser Mann hört von Jesus: „Du bist rein. Dir ist vergeben. Du bist mit Gott im Reinen.“

Es ist erstaunlich, dass Jesus wusste, dass der Mann Vergebung genauso brauchte wie Heilung. Einer meiner Freunde fragte neulich: „Welche Sünden kann ein Gelähmter denn schon begehen?“ Jesus erkannte natürlich, dass man die tödlichsten Sünden – Ärger, Arroganz, Kritiksucht und Lieblosigkeit – begehen kann, ohne auch nur einen Finger zu rühren.

An dieser Geschichte ist ebenfalls wichtig, dass sich auch andere Menschen im Raum befinden – Gesetzeslehrer, Menschen, die von anderen und sich selbst als „geistliche Giganten“ eingestuft wurden. Sie kamen offensichtlich pünktlich und hatten sich gute Plätze reserviert. Aber Ihnen wird aufgefallen sein, dass im Text keine Rede davon ist, dass sie Freunde hatten, die sie zu Jesus brachten. Sie waren die vermeintlich geistlichsten Menschen – aber offensichtlich war niemand in ihrem Bekanntenkreis leidend oder unsicher oder brauchte Jesus.

Es lohnt sich, einen Augenblick innezuhalten und eine Frage zu stellen: Wer war in Gottes Augen wohl größer? Die Experten, die Fachleute für das Gesetz waren, eine Menge über die Bibel wussten, als Lehrer und Leiter anerkannt waren – aber keinen einzigen Menschen hatten, der ihnen wichtig genug war, dass sie ihn zu Jesus brachten? Oder vier ungehobelte, die Etikette missachtende Dachzerstörer, die alles für ihren Freund tun würden? Das bringt uns zu einem Punkt, der absolut grundlegend ist: dem Zusammenhang zwischen einem liebevollen Gott und liebevollen Menschen.

Die „Einheit geistlicher Orientierung"

Was beschäftigt Sie? Oder wohin wandern Ihre Gedanken, wenn Sie nichts tun? Wovon handeln Ihre Tagträume?

Man kann eine Menge über einen Menschen sagen, wenn man weiß, woran er denkt, wenn er einfach nur so herumsitzt. Sprüche 23, Vers 7 lässt sich auch frei paraphrasieren: „Wie er in seinem Herzen denkt, so ist er.“ Und es stimmt:

Ein Unternehmer isst und schläft seine Geschäftsgründung.

Ein guter Trainer kritzelt immer auf Servietten herum.

Eine junge Mutter macht sich Sorgen um ihre Kinder. Als unsere Kinder klein waren und wir eine der seltenen Nächte außer Haus in einem Hotel verbrachten, kontrollierte Nancy als Erstes, ob jemand auf unserem Anrufbeantworter die Nachricht hinterlassen hatte, dass unser Baby gekidnappt worden war.

Woran denkt der durchschnittliche, mit Hormonen überflutete, männliche 18-Jährige wohl?

Und der frisch verheiratete Ehemann in seiner Hochzeitsnacht – woran denkt er wohl?

Und wie steht es mit einem durchschnittlichen 80-jährigen Mann? (Sie merken schon: Es geht hier um ein bestimmtes Thema.)

Eine Frage zur Vertiefung: Woran denkt Gott den ganzen Tag? Da er allwissend ist, kann er natürlich an alles auf einmal denken, aber Sie verstehen sicher, worum es mir bei dieser Frage geht. Was beschäftigt ihn? Wohin wandern seine Gedanken?

Wir wissen es – wegen Jesus. Er ist das Fleisch gewordene Wort – die Gedanken Gottes. Und Jesus erklärte nachdrücklich, dass Gott ununterbrochen an die Menschen denkt, die er so sehr liebt. Jesus sagte, dass die Gedanken des Vaters sich so um die Menschen drehen wie die Gedanken eines Hirten um die Rückkehr eines verlorenen Schafes, wie die Gedanken einer Frau um das Wiederfinden einer verlorenen Münze. Gott kann die Menschen genauso wenig vergessen wie eine stillende Mutter ihr Baby. Der Gott, den Jesus offenbart, ist ein Gott, der pausenlos damit beschäftigt ist, Menschen zu finden, zu erlösen und zu lieben.

Dies hat eine sehr wichtige Auswirkung: Es ist einfach unmöglich, den Vater zu lieben, ohne seine Liebe für andere Menschen zu teilen.

Menschen, die versuchen, Jesus nachzufolgen, müssen dies unbedingt begreifen. Ich wuchs in Kreisen auf, in denen viele Menschen der Auffassung waren, sie würden geistlicher, wenn sie möglichst viele Gottesdienste besuchten oder viele Fernsehpredigten anschauten oder viele Bibelverse auswendig lernten. Aber ihr Herz für Menschen – besonders für Menschen, die Gott fern waren, für die Verlorenen, die Suchenden, für Menschen mit schlechten Gewohnheiten (in meiner Gemeinde waren das Menschen, die rauchten, tranken und fluchten und die Demokraten wählten) –, ihr Herz für solche Menschen wurde Jahr für Jahr ein wenig härter, kälter und verurteilender. Das Schlimme ist nicht nur, *dass* es passierte, sondern dass diese Menschen dachten, sie würden dabei geistlich wachsen.

Tatsache ist, Sie werden feststellen, dass Ihr Herz umso stärker zu anderen Menschen hingezogen wird, je stärker Sie geistlich reifen und wachsen. Sie bekommen das Bedürfnis, sich um Menschen zu kümmern, vor allem um diejenigen, die von der Gesellschaft vernachlässigt werden oder fern von Gott sind.

Das führt uns zu einem entscheidenden Punkt, den Dallas Willard „die Einheit geistlicher Orientierung nennt“[17]:

„Um Jesu Lehren zu verstehen, muss uns klar sein, dass wir tief in unserer geistlichen Orientierung nicht eine Haltung gegenüber Gott und eine andere gegenüber anderen Menschen haben können. Wir sind ganzheitliche Wesen, und unser wahrer Charakter durchtränkt alles, was wir tun. Wir können beispielsweise nicht Gott lieben, aber Menschen hassen.“

Das erklärt viele der Lehren Jesu:

„Verurteilt nicht andere, damit Gott nicht euch verurteilt!“[18]

„Wenn ihr den andern vergebt, was sie euch angetan haben, dann wird euer Vater im Himmel euch auch vergeben. Wenn ihr aber den andern nicht vergebt, dann wird euer Vater euch eure Verfehlungen auch nicht vergeben.“[19]

„Wenn jemand behauptet: ‚Ich liebe Gott‘, und dabei seinen Bruder hasst, dann lügt er. Wenn er seinen Bruder, den er sieht, nicht liebt, dann kann er Gott, den er nicht sieht, erst recht nicht lieben.“[20]

Warum ist das so?

Gott hält seine Vergebung nicht zurück, um Ihnen eins auszuwischen. Jesus geht es um etwas anderes. Er macht eine wichtige Beobachtung in Bezug auf den Charakter des Menschen. Es ist *psychologisch* für uns *schlichtweg unmöglich*, den Strom von Gottes Vergebung, Versöhnung und Barmherzigkeit zu verstehen und darin leben zu wollen, dies aber nicht selbst auf andere Menschen ausweiten zu wollen.

Menschen, die andere Menschen nicht lieben, *können* Gott nicht lieben, wie auch Menschen, die keine Ahnung von Multiplikation haben, kein Algebra machen können. Sie wissen vielleicht viel über die Bibel, sind eventuell sogar ziemlich „kirchlich" und mögen sorgfältig skandalöse Sünden vermeiden und sich für geistlich weit fortgeschritten halten – aber sie befinden sich in einem Irrtum, und zwar in einem Irrtum, der innerhalb und außerhalb der Kirche großen Schaden anrichtet. Wie Liebe der vollendete Ausdruck des Gesetzes ist, so ist Lieblosigkeit der vollendete Ausdruck der Sünde.

In diesem Zustand befanden sich die „Gesetzeslehrer", die ebenfalls in dem Haus saßen und Jesus zuhörten. Sie hatten niemanden, den sie zu ihm bringen konnten. Und sie brachten dem gelähmten Mann, der die Berührung Jesu brauchte, keine Zuneigung entgegen.

Solche Menschen hörten mit dem Ende des ersten Jahrhunderts nicht auf zu existieren. Unsere Gemeinden sind voller Menschen, die denken, dass sie Gott lieben, aber in Wirklichkeit nur wenig Liebe für die Menschen haben, die Gott so wichtig sind. Ich kann diese Haltung nachvollziehen, weil ich oft genug selbst diesem Syndrom zum Opfer falle. Ich kämpfe mit derselben Selbstgerechtigkeit, die die Gesetzeslehrer plagte. Ich sitze viel zu oft da, wo sie saßen, missbillige, was sie missbilligten, und vergesse, Matten aufzuheben und Dächer abzudecken.

Jesus sind auch seine Kritiker wichtig. Er liebt sie, wie er auch die Männer liebt, die von oben durch die Decke kommen. Also handelt er, als wolle er sagen: „Nur damit ihr seht, dass ich die Autorität Gottes habe …" Dann wendet er sich zu dem Mann auf der Matte: „Steh auf, nimm deine Matte, geh nach Hause."

Schweigen. Alle schauen wie gebannt.

Wenn der Mann tatsächlich gelähmt ist, leiden alle seine Muskeln an Muskelschwäche. Jesus heilt nicht nur seine Lähmung, sondern verleiht auch seinen Muskeln neue Kraft.

Und der Mann steht auf. Er hebt seine Matte vom Boden auf. Er legt sie zusammen. Er hat sein ganzes Leben auf diesem Ding verbracht. Und plötzlich – das war's.

Seine Welt besteht nicht mehr aus ein mal zwei Metern, sondern reicht so weit ihn seine Füße tragen.

Nicht nur sein Körper wurde geheilt. Auch sein Herz. Seine Seele. Jede seiner Sünden ist vergeben.

Körperlich, beziehungsmäßig und geistlich ist er der gesündeste Mensch im Raum.

Stellen Sie sich diesen Mann im Alter von 80 Jahren vor. Die anderen Mitglieder seiner Kleingruppe verwenden alle Gehhilfen und Spazierstöcke. Seine Beine sind noch immer stark. Er hat eine nette Garantie mitbekommen.

Einer nach dem anderen sterben die Freunde des Mannes. Immer, wenn er auf seine Matte schaut, erinnert er sich an die kleine Gemeinschaft, zu der er gehörte und die das Dach für ihn abdeckte. Menschlich gesprochen waren seine Beine nicht sein größtes Geschenk. Es waren seine Freunde. Kein Geschenk ist mit dem Geschenk der Gemeinschaft vergleichbar.

Die Gemeinschaft der Matte existiert noch. Sie finden Sie hier und da, in einer Freundschaft, einer Ehe oder einer Gemeinde, in der eine Gruppe eine irrationale Hingabe an das Wohlergehen seiner Mitglieder besitzt und aktiv lebt. Wenn Sie dort Mitglied werden, dann ist das nicht einfach – die Matten anderer Menschen sind oft schwer und erschreckend, und es gibt immer irgendein Dach aus Geschäftigkeit, Angst oder Konflikten, durch das man durchbrechen muss. Aber wer seinen Weg in so eine Gemeinschaft findet, möchte nie wieder ohne sie leben. An diesem Ort findet man Heilung und Genesung. In dieser Gemeinschaft zeigt sich Jesus: „Denn wo zwei oder drei in meinem Namen zusammenkommen, da bin ich selbst in ihrer Mitte“ (Matthäus 18,20).

Tanzen lernen

1. Woraus besteht Ihre Matte?

2. Tragen Sie die Matten anderer Menschen oder lassen Sie eher andere Menschen Ihre Matte mittragen? Warum?

3. „Echte Vertrautheit benötigt große Mengen an Zeit und Ruhe." Inwiefern hindert oder fördert Ihr Terminkalender tiefere Gemeinschaft mit anderen? Welche realistischen Schritte können Sie heute gehen, um Ihre Beziehungen zu vertiefen?

4. Prüfen Sie sich ein wenig in Bezug auf Ihre Beziehungen: Wenn Sie sich in einer Krise befinden, wen können Sie um drei Uhr morgens anrufen? Wer betet regelmäßig für Sie? Bei wem können Sie unangemeldet vorbeischauen, ohne ihn in Verlegenheit zu bringen? Wen können Sie anrufen, um mit ihm einen Sieg in irgendeinem Lebensbereich zu feiern? Inwieweit gehören Sie zur Zeit zu einer „Mattengemeinschaft" dazu?

5. Wessen Glaube hat einen tiefen Einfluss auf Ihr Leben? Inwiefern? Nehmen Sie sich kurz Zeit, um Gott für die „Dachzerstörer" in Ihrem Leben zu danken.

6. Kennen oder kannten Sie einen Menschen, der den Ruf hatte, Gott zu lieben, aber gegenüber anderen Menschen nicht sehr liebevoll war? Wie erklären Sie sich das? Was können Sie tun, um diese Haltung in Ihrem Leben zu vermeiden?

7. Denken Sie an die engsten Beziehungen, die Sie zur Zeit haben. Fragen Sie sich: Bringt mich diese Beziehung näher zu Gott oder weiter von ihm weg? Hilft sie mir dabei, geistlich und moralisch zu wachsen, oder fördert sie Gewohnheiten und Einstellungen, die Anlass zur Sorge geben?

Teil II

Wie man sich nahe kommt, ohne verletzt zu werden

Kapitel 4 1. Mose 3, 1ff

Unverhüllte Gesichter: Authentizität

„In der Beichte geschieht der Durchbruch zu Gemeinschaft. [...] Steht ein Christ in der Gemeinschaft der brüderlichen Beichte, so ist er nirgends mehr allein."
Dietrich Bonhoeffer[1]

Ich denke an ein Spiel. Sehr wahrscheinlich war es das erste Spiel, das Sie im Leben gespielt haben. Niemand hat jemals die Regeln zu diesem Spiel aufgeschrieben, aber jeder weiß, wie es funktioniert. Man spielt es in keiner Liga, und es wird nirgendwo im Fernsehen übertragen, aber in irgendeiner Form wird es von allen Menschen in jeder Kultur auf jedem Kontinent und in jedem Jahrhundert unserer Geschichte gespielt.

Das Spiel heißt „Kuckuck“. Die Spielregeln sind ganz einfach: Erst verstecken Sie sich, dann kommen Sie wieder vor und rufen: „Kuckuck!“

Seltsamerweise spielen Erwachsene das Spiel selten mit anderen Erwachsenen. Es kommt eigentlich kaum vor, dass ein Paar ein anderes Paar einlädt. „Warum kommt ihr am Freitagabend nicht zu einer Runde ‚Kuckuck‘ zu uns rüber?“ Aber ein Erwachsener kann dieses Spiel tage- und wochenlang mit einem Kind spielen.

In diesem Kind passiert dabei etwas. Es ist, als ob das Kind dabei lernt: „Zuerst verstecke ich mich. Ich schließe die Augen. Das Verstecken bei diesem Spiel ist wichtig, weil ich dabei lerne, dass ich weiterexistiere, auch wenn der andere mich nicht sieht. Ich bin unabhängig. Ich kann alleine sein. Aber dann! Ich zeige mich dir. Du siehst mich und ich sehe dich. Wir sind miteinander verbunden, du und ich. Ich kenne dich und werde gekannt.“

Bei diesem Spiel können Sie beobachten, wie ein Mensch lernt, dass er eine unabhängige Person ist, aber eine, die sich anderen zeigen kann, die andere kennen und von anderen gekannt werden kann.

Darin liegt eine gewisse Spannung: *Ich verstecke mich – bist du immer noch da? Ich weiß es nicht. Ich hoffe es. Ich vertraue dir. Das Spiel hängt davon ab. Aber ich mag es, dir vertrauen zu müssen.*

Dieses scheinbar so dumme Spiel hat sich als wesentlich für die menschliche Entwicklung erwiesen. Psychologen wie Robert Karen[2], die die so genannte „Bindungstheorie" erforschen, haben unzählige Stunden damit verbracht, Eltern – in der Regel Mütter – und Kinder dabei zu beobachten, wie sie dieses Spiel spielen.

Wenn die Mutter oder der Vater das Kind zu intensiv anblickt, wird das Kind unglücklich, dreht sich weg und versucht, dem Blickkontakt auszuweichen. Wenn es sich die ganze Zeit beobachtet fühlt, fühlt es sich unwohl und fängt an zu weinen.

Wenn die Mutter oder der Vater aber völlig aufhört, es anzuschauen und allen Blickkontakt meidet, reagiert das Baby sehr alarmiert. Es weint und versucht verzweifelt, wieder Augenkontakt herzustellen. Irgendwann gibt das Kind dann auf, versinkt in eine Art Depression und sucht dann überhaupt keinen Kontakt mehr.

Weise Eltern wissen, dass ein Kind einen gewissen Rhythmus von Unabhängigkeit und Beisammensein braucht, um sich gut zu entwickeln.

Der Schweizer Psychiater Paul Tournier schreibt, dass aus diesem Grund „die Geheimnisse eines Kindes respektiert werden müssen. Nichts Geringeres als die Persönlichkeitsentwicklung eines Menschen steht auf dem Spiel."[3] Forscher wie Jan Yager haben herausgefunden, dass dies auch einer der Gründe ist, warum Kinder, die eine starke Bindung an ihre Mutter haben, später die besten Freundschaften aufbauen können.[4]

In der Bibel lesen wir, dass Sie und ich als unabhängige Personen nach dem Bild Gottes erschaffen wurden, aber mit der Fähigkeit, uns zurückzuziehen und Bindungen zu anderen einzugehen. Bei Gottes Beziehung zu den Menschen, die er erschaffen hatte, findet sich ein faszinierendes kleines Detail. Im Schöpfungsbericht heißt es, dass der Mann und die Frau Gott hörten, als er „am Abend, als es kühler wurde“, kam, um mit ihnen im Garten spazieren zu gehen (Genesis 3,8). Scheinbar verbrachten Adam und Eva auch vor dem Sündenfall nicht jeden Augenblick des Tages damit, mit Gott im Garten spazieren zu gehen. Man kann sich vorstellen, dass sie einige Zeit damit verbrachten, im Garten zu arbeiten, sich miteinander zu beschäftigen und aneinander zu freuen, und einige Zeit in inniger Gemeinschaft mit Gott verlebten. Gott selbst führte einen gewissen Rhythmus von Unabhängigkeit und Beisammensein mit seinen menschlichen Geschöpfen ein. Wie ein weiser Vater ließ er ihnen Raum zur Entfaltung, damit sie ein ausgefülltes und reiches Leben führen konnten, das sie im Gegenzug aus freier Entscheidung mit ihm teilen wollten.

Das erste „menschliche Moment"

Gehen Sie in Gedanken zurück zum ersten „menschlichen Moment“ der Geschichte – der Begegnung von Adam und Eva. Stellen Sie sich vor, wie es gewesen sein könnte. Tim Alan Gardner beschreibt, was Adam gerade beobachtet hatte:

„Eine lange Parade von Warzenschweinen, Flusspferden, Orang-Utans und allen möglichen anderen Geschöpfen, die alle paarweise an ihm vorbeizogen – alle hatten einen Partner. Nun, als er sich gerade sehr alleine fühlt, wacht er auf und findet neben sich nicht ein weiteres pelziges, vierfüßiges Säugetier, sondern eine Frau – eine hinreißende, wunderschöne, völlig nackte Frau. Was meinen Sie, wie Adam wohl reagierte? Wie es in dem alten Witz heißt, war Adams Reaktion meiner Ansicht nach ein aus dem tiefsten Inneren kommendes ‚Wow! Mann!‘, woraus das englische Wort für ‚Frau‘ (‚woman‘) entstand.“[5]

Nun war Adam nicht mehr alleine.

Das Erste, was der Autor des Buches Genesis über Mann und Frau nach der Schöpfung berichtet, ist: „Die beiden waren nackt, aber sie schämten sich nicht voreinander“ (Genesis 2,25). Ich habe diesen Vers nie in der Gemeinde, in der ich aufwuchs, gehört. Warum schreibt der Autor so was? Vermutlich nicht, weil beide eine Menge Sport trieben und deshalb nur einen sehr geringen Prozentsatz an Köperfett hatten.

Der Autor spricht hier von der vermutlich tiefsten menschlichen Sehnsucht: der Sehnsucht, andere zu kennen und von ihnen gekannt zu werden. Beobachten Sie Grundschulkinder in der Pause: „Schau mich an!" – rufen sie jedem zu, ihren Lehrern, ihren Eltern, einem Fremden, der über den Spielplatz läuft. Gesehen zu werden, bestätigt und gefeiert zu werden bedeutet zu wissen, dass das Leben gut ist. Beobachten Sie dieselben Kinder ein paar Jahre später in der Unterstufe, wie sie einander Briefchen schreiben:

Magst du mich? (bitte ankreuzen):
❑ Ja
❑ Nein
❑ Weiß nicht

Gekannt und gemocht zu werden kommt in der Unterstufe dem Himmel schon sehr nahe.

Beobachten Sie die Teenager ein paar Jahre später, wenn sie sich verabreden und sorgfältig zeigen, was der andere von ihnen wissen soll. Paare, die sich überhaupt nicht kennen und miteinander „Blind Dates" eingehen. Ich lernte Nancy Berg – die später meine Frau werden sollte – bei so einem Blind Date kennen. Danach wollte ich sie wieder sehen, wusste aber nicht, wie ich Kontakt zu ihr aufnehmen konnte. Ich wusste von ihr nur den Namen der Gemeinde, zu der sie gehörte: *Whittier Area Community Church*. Also rief ich im Gemeindebüro an, erklärte, ich sei der Pastor einer Gemeinde aus der Umgebung, und bräuchte die Telefonnummer eines Gemeindemitgliedes namens Nancy Berg; es handelte sich mehr oder weniger um eine dienstliche Angelegenheit.

Die Dame im Gemeindebüro ließ mich für etwa fünf Minuten in der Warteschleife warten. Was ich damals nicht wusste, war, dass ihr Name Verna Berg lautete – sie war Nancys Mutter. Sie ließ mich so lange warten, um Nancy zu Hause anzurufen und zu fragen, ob ich ihre Telefonnummer haben dürfte. Nancy, wie ich bescheiden anfügen möchte, fragte ihre Mutter, ob sie mich nicht irgendwie sofort zu ihrem Haus lotsen könnte. (Dieses Detail erfuhr ich erst nach vielen Monaten.)

Wenn wir uns mit jemandem verabreden oder anfreunden oder einen Therapeuten aufsuchen, findet zum Teil immer auch eine schrittweise Enthüllung unseres Selbst statt. Diese Enthüllung geschieht vorsichtig, immer in dem Bewusstsein, dass andere Teile von uns nicht so attraktiv sind.

Versuchen Sie sich also einen Augenblick lang das Wunder des ersten Mannes und der ersten Frau vor dem Sündenfall vorzustellen. Alles, was sie taten, jedes Wort, jeder Gedanke machte dem anderen, den sie liebten, uneingeschränkte Freude. Der Gedanke, sich zu verbergen, kam ihnen einfach nicht. Sie hatten buchstäblich nichts zu verstecken.

„Schau mich an", sagte Adam in völliger Unschuld zu Eva und sein Anblick machte Eva riesige Freude.

Kein Versteckspiel, nichts Verborgenes, keine schuldbeladenen Geheimnisse trennten sie. Dieser Zustand drückt sich körperlich aus („nackt und ohne Scham"), weil die „Sprache" der sexuellen Liebe die intimste Sprache ist, zu der der Mensch in der Lage ist. Im Althebräischen beschrieb man den Akt der körperlichen Liebe als jemanden „erkennen". Man macht sich dabei absolut verletzlich und schenkt sich selbst und dieser Akt drückte für den ersten Mann und die erste Frau völlige Transparenz in jedem Bereich ihrer Beziehung aus.

Sie waren völlig erkannt und völlig akzeptiert.

Dann kam der Sündenfall. Der Mann und die Frau, die Gott geschaffen hatte, gehorchten ihm nicht.

Was nun folgt, ist eine absolut brillante Beschreibung, wie Versuchung funktioniert. Alles beginnt mit der cleveren Frage einer Schlange (Genesis 3,1): „Hat Gott wirklich gesagt: ‚Ihr dürft die Früchte von den Bäumen im Garten nicht essen'?"

Gott hatte nicht gesagt, dass sie von keinem Baum essen durften. Gott hatte gesagt, dass sie *von jedem Baum* essen durften – *mit Ausnahme* von diesem einen. Alle möglichen Bäume, von denen man sagt, dass sie wunderschön anzusehen und mit wohlschmeckenden Früchten behangen waren. Die ganze Obstmischung. Es handelt sich hierbei also um eine Unterstellung von prozessträchtigen Ausmaßen.

Was führt die Schlange im Schilde? Sie möchte in den Gedanken der Frau eine Saat säen, die Zweifel an Gottes Güte wecken soll.

„Ich glaube nicht, dass ich Gott vertrauen kann, dass er wirklich nur mein Bestes im Sinn hat. Wenn ich Gott wirklich voll und ganz gehorche, werde ich irgendetwas Gutes verpassen. Ich glaube, ich werde selbst auf mich Acht geben müssen. Ich sollte besser darauf vorbereitet sein, gegebenenfalls das zu übergehen, was Gott sagt, wenn es nötig ist."

> Die Entscheidung zu sündigen beinhaltet immer den Gedanken, dass ich nicht wirklich darauf vertrauen kann, dass Gott sich um mein Wohlergehen kümmert.

Die Frau korrigiert die Schlange, aber auch sie gibt eine unkorrekte Zusammenfassung von Gottes Anweisungen. Eva sagt (Genesis 3,3): „Gott hat gesagt: ‚Esst nicht davon, berührt sie nicht, sonst müsst ihr sterben!'" Gott hatte verboten, diese Früchte zu essen, aber er hatte nichts davon gesagt, dass sie nicht berührt werden durften. Die Frau macht Gott ein bisschen strenger, ein bisschen weniger verständnisvoll, damit es ein bisschen mehr gerechtfertig ist, ihm nicht zu gehorchen.

Und noch etwas: Der Teufel setzt immer an den Punkten an, an denen ein Mensch verletzlich ist. Als Gott diese Anweisung ursprünglich erließ, war nur der Mann anwesend. Vermutlich bekam also die Frau ihre Informationen über das, was Gott sagte, über den Mann. Ich möchte nun nur weiblichen Lesern dieses Buches eine Frage stellen: Ist Ihnen jemals ein Mann begegnet, der irgendwelche Kommunikationsprobleme hatte und nicht immer detaillierte Berichte seiner Unterhaltungen weitergab?

Die Schlange wendet sich also an die Person, die nicht direkt anwesend war, um zu hören, was Gott sagte. Achten Sie auch darauf, dass sie den Mann in diesen Prozess nicht einbezog.

Wenn wir mit Versuchung spielen und dies alleine tun – niemandem sagen, wovon wir in Versuchung geführt werden –, dann machen wir uns selbst umso verletzlicher.

Der Text berichtet uns, dass die Frau von der Frucht fasziniert ist und dass sie glaubt, diese sei sowohl lecker zu essen als auch schön anzusehen und erstrebenswert, wenn man Weisheit erlangen wolle. Wir bekommen den Eindruck, dass sie von der Frucht besessen ist. Sie denkt unablässig darüber nach, was ihr entgehen könnte, wenn sie die Frucht nicht isst. Ohne dass Gott oder jemand anderer ihren Gedankengang in Frage stellt, wird der nächste Schritt unausweichlich. Sie isst sie.

Der Sündenfall des Mannes ist viel einfacher (Genesis 3,6): „Dann gab sie auch ihrem Mann davon und er aß ebenso."

Fällt Ihnen auf, dass der Mann hier etwas passiv wirkt? So ist Sünde oft. Fragen Sie ein Kind: „Warum hast du diese bodenlose Dummheit gemacht?" Was sagt das Kind darauf? „Ich weiß nicht."

Wenn Sie Adam fragen könnten: „Warum hast du das gemacht? Warum hast du Gott nicht gehorcht?", was würde er wohl sagen? „Ich weiß es nicht. Es schien mir zu diesem Zeitpunkt eine gute Idee zu sein." Nur ein beiläufiges Handeln – ein Biss in eine Frucht. Aber es ist das Ende des Paradieses.

Der Schmetterling und der Hurrikan

Im Bereich der so genanten Chaostheorie gibt es ein Sprichwort, das besagt, dass ein Schmetterling, der irgendwo auf der Welt mit den Flügeln schlägt, eine Kette von Ereignissen in Bewegung setzen kann, die schließlich in einem anderen Teil der Welt zu einem Hurrikan führen. In Genesis 3, Vers 6 hat der Schmetterling mit den Flügeln geschlagen. In Vers 7 beginnt der Hurrikan. Der Hurrikan ist immer noch da. Er heißt Sünde. Wir lesen täglich in den Zeitungen über ihn.

„Da gingen den beiden die Augen auf", lesen wir in Genesis 3, Vers 7. Darauf hatten der Mann und die Frau doch gehofft! Aber sie sahen einen unglaublichen Albtraum. Es war die Geburtsstunde von Scham und Schuld.

Der Mann und die Frau schauten einander an und die Schönheit des Bildes Gottes – *imago dei* – war schrecklich verzerrt und getrübt.

Sie schauten einander an und sahen zwei Fremde. Sie bedeckten sich mit Feigenblättern. Sie wollten sich verbergen. Der geistliche Hurrikan, der die Erde an jenem Tag heimsuchte, veränderte das Wesen des Menschen nachhaltig. Er ist wesentlicher Bestandteil der christlichen Lehre über die gefallene Menschheit.

Heutzutage spricht man davon, dass man grundsätzlich an das Gute im Menschen glaubt.

Christen glauben, dass es sehr gut war, dass Gott die Menschen schuf. Sie sind ihm wichtig; sie machen oft gute Dinge. Aber Christen glauben auch, dass Menschen moralisch nicht einfach neutral sind und immer in der Lage sind, Gutes zu tun, wenn sie sich nur entsprechend bemühen. Beim Sündenfall geschah etwas mit dem Wesen des Menschen. Dieses Etwas nennt man „Verdorbenheit".

Wir sehen es schon früh im Leben. Wie hoch ist die Wahrscheinlichkeit, dass ein Zweijähriger, der sein Lieblingsspielzeug, das er den ganzen Tag wie einen Schatz gehütet hat, mit einem anderen Kind teilen soll, sagt: „Ich freue mich, wenn es dir auch Spaß macht – möchtest du auch mit meinem Was-auch-immer spielen?"

Verdorbenheit ist ein geistlicher Zustand – unsere Bereitschaft, andere zu verletzen oder Verletzungen zuzulassen, wenn es uns hilft, Ziele wie Sicherheit, Befriedigung unseres Egos oder Erfüllung unserer Wünsche zu erreichen.

Wir wollen tun, was richtig ist, aber wir sind eben so „gestrickt", das zu tun, was falsch ist. Wie ein Glas so geschaffen ist, dass es zerbrechen, und Nitroglycerin, dass es explodieren kann, sind wir darauf angelegt, unter den richtigen Bedingungen das Falsche zu tun. Diese Veranlagung nennt man Verdorbenheit. Sie steckt hinter unseren Etiketten mit der Aufschrift „wie besehen". Sie ist der Grund, warum jeder „irgendwie seltsam" ist. Unsere Seltsamkeit hat nicht nur etwas mit psychischer Exzentrik oder mit Verletzungen zu tun, die andere uns beigebracht haben.

Die Reformatoren nannten diese Veranlagung „völlige Verderbtheit", weil sie jeden Teil von uns beeinträchtigt – unser Verhalten, unser Denken und unsere Gefühle. Wir können diesen Zustand aus eigener Kraft nicht beheben. Wir sind gefallen und wir können nicht mehr aufstehen. Und die Folgen sind schrecklich.

Adam und Eva lernten Scham und den Schmerz kennen, von sich selbst, voneinander, von Gott und von der Schöpfung entfremdet zu sein.

Menschen fragen sich manchmal: „Warum hat Gott dem Mann und der Frau verboten, von diesem Baum zu essen? Wenn es so eine Regel nicht gegeben hätte, hätten sie sie auch nie brechen können."

Aber mit diesem Detail der Geschichte macht Gott etwas, das in Gemeinschaft fundamental wichtig ist: Gott gibt dem Mann und der Frau eine Wahl. Echte Gemeinschaft wird nie jemandem aufgezwungen.

Der Mann und die Frau entscheiden, dass es etwas gibt, dass sie mehr haben wollen als die Gemeinschaft mit Gott. Sie vertrauen ihm nicht. Sie gehorchen ihm nicht. Und der Hurrikan erfasst die Gemeinschaft. Sünde beschädigt Gemeinschaft immer. Wut verletzt Menschen. Stolz setzt Menschen herab. Verlangen missbraucht Menschen. Betrug setzt sich über Menschen hinweg. Sünde zerstört immer Beziehungen.

Adam hört Gottes Schritte zur gewohnten Zeit im Garten. Zuvor hatte ihn dieses Geräusch immer mit Freude erfüllt. Zuvor war er, wenn er diese Schritte hörte, immer in die Richtung gerannt, aus der sie kamen – wie ein Kind, das „Papa ist zu Hause" spielt, wenn sich um fünf Uhr nachmittags die Haustür öffnet.

Aber dieses Mal wird Adam von Gefühlen überflutet, die er bisher nicht gekannt hat. Das Geräusch, das bisher nichts als gespannte Ungeduld und Freude auslöste, löst nun Erschrecken und Scham aus. Dieses Mal rennt er nicht in Richtung der Schritte, sondern von ihnen weg. Nun kennt er Scham und Furcht. Dieses Mal versteckt er sich.

Es besteht ein Unterschied zwischen Einsamkeit und Verstecken. Einsamkeit ist ein Geschenk Gottes. Sie existierte schon vor dem Sündenfall. Man versteht darunter die Erfahrung, ein einzigartiger Mensch zu sein, der die Fähigkeit hat, zu denken, zu fühlen, zu bewerten und sich zu entscheiden. Einsamkeit bereichert den

Beitrag, den wir zur Gemeinschaft leisten können. Der Dichter Rainer Maria Rilke schrieb: „Liebe besteht darin, dass sich zwei Einsamkeiten beschützen, berühren und einander grüßen."[6] Die Fähigkeit zur Einsamkeit ist ein Zeichen von Stärke.

Verstecken dagegen ist ein Fluch. Es existiert erst seit dem Sündenfall. Verstecken wird von Scham motiviert und geht einher mit Verstellen und Täuschen. Verstecken ist ein Ausdruck von Furcht und Angst. Es mindert immer den Beitrag, den wir zur Gemeinschaft leisten können.

Adam versteckt sich. Und Gott fragt: „Adam, wo bist du?"

Das ist eine der erstaunlichsten Fragen in der Bibel. Warum stellt Gott diese Frage? Der Psalmist schrieb, dass er, egal, wohin er sich wandte, doch nie aus der Reichweite von Gottes Wissen gelangen konnte: „Versteckte ich mich in der Totenwelt – dort bist du auch" (Psalm 139,8). Der Gedanke, dass Adam versucht, sich vor Gott zu verstecken, wäre lustig, wenn er nicht so traurig wäre – wie ein Vierjähriger, der in einer Telefonzelle mit Sherlock Holmes Verstecken spielt. Doch hier fragt der allwissende Schöpfer des Himmels und der Erde nach dem Aufenthaltsort eines Menschen, der nicht einmal den Garten verlassen hat. Warum nutzt Gott nicht seinen Röntgenblick, um Adam zu lokalisieren?

Der Grund ist, dass es natürlich nicht wirklich um Adams geografischen Aufenthaltsort geht. Es handelt sich bei dieser Frage nicht um die Bitte um eine Information, als ob Gott ein globales Suchsystem für seine Geschöpfe bräuchte. Es ist vielmehr eine Einladung.

Gott erlaubt Adam, sich zu verstecken.

Gott bietet ihm die Möglichkeit an, sich selbst zu zeigen.

Gott hat die unverfrorene Gnade, Adam als Person zu behandeln, obwohl Adam sich ihm widersetzt hat. Gott handelt so, weil niemand – nicht einmal er selbst – eine andere Person mit Gewalt zu einer Beziehung zwingen kann.

Eines der Merkmale, die eine gesunde Gemeinde von einer Sekte unterscheiden (oder auch von einer ungesunden Gemeinde), ist authentische Gemeinschaft, in der Menschen nie gezwungen oder manipuliert werden, etwas von sich preiszugeben. Ein Freund von mir war einmal Teil einer Kleingruppe, in der der Leiter versuchte, die Teilnehmer dazu zu bringen – ohne dass die Zeit dafür reif war –, intime Details über ihre Finanzen oder ihr früheres Sexualleben zu berichten: „Was – du vertraust den anderen Mitgliedern deiner Gruppe nicht? Du bist zu narzisstisch, um offen darüber zu sprechen?" Wenn Sie sich in einer Beziehung oder einer Gruppe befinden, in der so etwas passiert, dann *rennen* – nicht *gehen* – Sie in die andere Richtung. Man kann jemanden durch Druck dazu bringen, mit den anderen konform zu gehen, aber man kann ihn nicht dazu bringen, Gemeinschaft zu leben. Dallas Willard schreibt: „Gott hat den einzigen Schlüssel zu den innersten Teilen der menschlichen Seele in die Hände dieses Menschen gelegt und wird ihn nie von sich aus an sich nehmen oder einem anderen Menschen geben. Sie mögen in der Lage sein, die Seele eines anderen Menschen zu zerstören, aber Sie werden sie nie gegen seinen Willen aufschließen."[7]

„Adam, wo bist du?"

Adam antwortet: „Ich hörte dich kommen und bekam Angst ... Da habe ich mich versteckt" (Genesis 3,10). An dieser Stelle wird in der Bibel zum ersten Mal Angst erwähnt. Vor dem Sündenfall gab es keine Angst!

Gott fragt: „Wer hat dir gesagt, dass du nackt bist? Hast du etwa von den verbotenen Früchten gegessen?"

Adam denkt darüber nach, wie wichtig es ist, Verantwortung für das eigene Handeln zu übernehmen, nimmt seinen ganzen Mut zusammen – und antwortet: „Die Frau." Schlimmer noch, er sagt: „Die Frau, die *du* mir an die Seite gestellt hast" (Genesis 3,12). Mit anderen Worten: „Herr, wessen Idee war es denn, diese Frau zu erschaffen? Als es nur mich und die Tiere gab, war alles in bester Ordnung." Adam hat sich zu diesem Zeitpunkt schon weit von seiner Rede vom „Sie gehört zu mir!" im vorangegangenen Kapitel (Genesis 2,23) entfernt.

Hier finden sich nun also die ersten Schuldzuweisungen in der Geschichte der Menschheit. Ob die beiden das letzte verheiratete Paar waren, das sich gegenseitig Schuldzuweisungen machte? Schuldzuweisung, Leugnen, Ausflüchte – das alles sind Formen des Versteckens, die den Menschen seit jenem Tag kennzeichnen. Selbst nachdem Adam seinen Körper aus dem Versteck bewegt hat, versucht er immer noch, wenigstens einen Teil seiner Schuld zu verstecken. Er gibt vor, unschuldiger zu sein, als er tatsächlich ist.

Adam und Eva verstecken sich nicht nur vor Gott. Sie verstecken sich auch voreinander, sowohl körperlich (das ist die Geschichte mit den Feigenblättern) als auch geistlich.

Einen anderen zu kennen und von ihm gekannt zu werden – was immer die größte Freude des Menschen war – wird nun zu der Sache, vor der sich die Menschen am meisten fürchten.

Und das Verstecken wird allgegenwärtig. Auch dies ist ein Vermächtnis des Hurrikans.

Ein Mann, der verzweifelt Arbeit sucht, bewirbt sich bei einem Zoo, wo es angeblich ein paar offene Stellen gibt.

„Nun, es ist vielleicht etwas ungewöhnlich, aber ich habe da etwas für Sie", sagt der Zoodirektor. „Unser Gorilla ist vor einiger Zeit gestorben, und uns fehlt das Geld, um ihn zu ersetzen. Wenn Sie bereit wären, ein Affenfell zu tragen und einen Affen zu verkörpern, haben Sie den Job."

Es fühlt sich für den Mann nicht besonders authentisch an, aber er kommt zu dem Schluss, dass ein Job ein Job ist, und so unterschreibt er den Arbeitsvertrag. Nach ein paar schrecklichen Tagen ist er voll in seiner Rolle und wird schon bald zu einer der Hauptattraktionen des Zoos. Eines Morgens schwingt er sich mit etwas zu viel Begeisterung von einer Liane zur nächsten – geradewegs über die Mauer in den nächsten Käfig, der von einem riesigen afrikanischen Löwen bewohnt wird.

Der Mann kann den heißen Atem des Löwen auf seinem Gesicht spüren. Er weiß, dass es um ihn geschehen ist. Reflexartig beginnt er, um Hilfe zu rufen, als der Löwe plötzlich eindringlich flüstert: „Halt den Mund, du Idiot, oder wir sind beide unsern Job los!"

Die Neigung, sich zu verstecken, ist so stark, dass Psychologen manchmal vom „Hochstapler-Phänomen" sprechen. Diese Bezeichnung beschreibt das verbreitete Gefühl, dass ich ausgespielt hätte, wenn andere herausfinden würden, dass ich bis zu einem gewissen Grad nur schauspielere. Je ausgefeilter wir daran arbeiten, Eindruck zu schinden, desto stärker sind wir in unserer Isolation gefangen. Aber wir wurden nicht erschaffen, um so zu leben. Der Apostel Paulus schreibt, dass Liebe in echter Gemeinschaft aufrichtig sein muss. Der Verfasser der Apostelgeschichte schreibt, dass sich die Menschen „mit großer Freude und reinem Herzen" (Apostelgeschichte 2,46) in der neuen Gemeinschaft trafen; sie hörten auf, vorzugeben, etwas anderes zu sein, als sie tatsächlich waren.

Stellen Sie sich vor, wie Ihr Leben aussähe, wenn alle Täuschung daraus verschwinden würde. Stellen Sie sich die Freiheit und die Erleichterung vor, nicht ständig versuchen zu müssen, andere davon zu überzeugen, Sie seien schlauer oder besser, als Sie tatsächlich sind. Lassen Sie uns also gemeinsam drei Phasen von Offenheit betrachten, die uns zu einem größeren Maß an Authentizität führen.

1. Zurückhaltende Kommunikation

Manche Menschen – vor allem manche Psychologen – sagen, man solle immer alles äußern und jedem Gedanken und jedem Gefühl Ausdruck verleihen. Ich halte dies weder für weise noch für biblisch.

Es gibt Situationen, in denen wir bewusst auswählen sollten, was wir sagen und was nicht. Eine dieser Situationen ist gekommen, wenn Tante Erika fragt: „Wie schmeckt dir mein Bohnen-Frühstücksfleisch-Frischkäse-Himbeergötterspeise-Salat?“[8]

In einer solchen Situation müssen Sie nicht sagen: „Liebe Tante Erika, ich könnte höflich sein und in oberflächlichen Allgemeinplätzen sprechen, aber ich möchte dir gegenüber völlig authentisch sein. Ich bin mir bewusst, dass ich im Zentrum meines Wesens – in dem Zentrum, neben dem sich dein Salat nun befindet – Abscheu und Ekel empfinde. Tante Erika, was hast du dir bloß dabei gedacht? Man sollte dich für den Rest deines Lebens nie wieder in eine Küche lassen!“

In dieser Situation sollten Sie höflich und oberflächlich bleiben. Im Beruf kann es sehr angebracht sein, zurückhaltend zu sein. Ich möchte keinen Makler engagieren, der zu den Leuten, deren Haus ich kaufen möchte, sagt: „Nun, hier ist das Angebot, das wir Ihnen machen. Aber ich möchte Ihnen gegenüber ganz offen und transparent sein – keine Spielchen. Meine Klienten wären auch bereit, 20 000 mehr zu bezahlen, wenn das nötig sein sollte, um das Haus zu bekommen.“

Sie werden immer wieder auf Menschen treffen, denen gegenüber Sie ausgesprochen zurückhaltend sein sollten. Der Verfasser der Sprüche schreibt (Sprüche 20,19): „Wer jedes Gerücht weiterträgt, plaudert auch Geheimnisse aus. Darum meide Leute, die zu viel reden!“

Die Verfasser der Bibel raten Menschen dazu, weise zu entscheiden, was sie offen sagen wollen und was nicht. Sie sollten vor allem einem nicht vertrauenswürdigen Menschen gegenüber keine zu große Offenheit an den Tag legen. Es *gibt* Situationen, in denen zurückhaltende Kommunikation angebracht ist. Aber dort werden Sie keine echte Gemeinschaft erleben.

2. Alltagsauthentizität

Nichts ist einnehmender oder anziehender als ein Mensch, der sich so sicher darin fühlt, von Gott geliebt zu werden, dass er in einer Haltung der Offenheit und Transparenz ohne Falschheit leben kann. Diese Eigenschaft gehört zu denen, durch die ich mich besonders zu meiner Frau hingezogen fühlte. Ich möchte Ihnen ein Beispiel dafür geben, wenn Sie versprechen, dass das unter uns bleibt.

Einer der entscheidendsten Augenblicke in einer Beziehung ist der, wenn der Mann die Frau zum ersten Mal ohne Make-up sieht. Make-up ist die Kunst des „Gesichts-Managements“. Sie möchten nicht, dass jemand Ihr tatsächliches, ungeschmücktes Gesicht sieht. Deshalb gibt es Make-up, das Augen größer, Lippen voller, Nasen nasenmäßiger erscheinen und Ihr Gesicht die Flecken und Falten leichter verstecken lässt.

Nancy und ich waren seit ein paar Monaten befreundet. Ich kam unangekündigt in ihre Wohnung und sie und ihre Mitbewohnerin waren gerade beim Tapezieren. Nancy trug Jeans und ein verwaschenes braunes Sweatshirt. Ich sah sie zum ersten Mal ohne Kontaktlinsen; sie trug eine übergroße Schildpattbrille. Ihre Haare waren überall und sie trug kein bisschen Make-up – keinen Lippenstift, nichts.

Plötzlich sah ich sie auf eine Art und Weise, auf die ich sie noch nie zuvor gesehen hatte.

Und ich wusste, dass ich sie wirklich attraktiv fand, weil ich dachte: *Ich mag sie, wenn sie so aussieht. Ich mag ihr Gesicht so völlig ohne Make-up.*

Aber wir versuchen nicht nur, unsere körperlichen Macken zu verstecken. Die meisten von uns arbeiten hart daran, die Fehler zu verbergen, die unseren Charakter entstellen. Abgesehen von ihrer körperlichen Transparenz – kein Make-up – gehört zu den Dingen, die mich am meisten zu Nancy hinziehen und die ich am meisten an ihr bewundere, eine Art geistliche Transparenz.

Nur der Vollständigkeit halber möchte ich erwähnen, dass sie, genau wie ich, kein perfekter Mensch ist. Wir führen eine sehr menschliche Ehe mit ihren Höhen und Tiefen. Und doch fand ich bei Nancy eine besondere Art Freiheit – die Fähigkeit, authentisch zu sein und nicht die Notwendigkeit zu verspüren, etwas vorzuspielen. Sie hat die für sie ganz natürliche Bereitschaft, andere Menschen wissen zu lassen, wer sie ist, was sie denkt und was in ihr vorgeht, und zwar ohne sich großartig Sorgen zu machen, wer die anderen sind oder welche Konsequenzen diese Offenheit haben könnte.

Ich denke, ich war von dieser Eigenschaft vor allem deshalb angezogen, weil es in mir einen Teil gibt, der darum kämpft, diese Freiheit ebenfalls zu erleben. Ich finde mich oft in Situationen wieder, in denen ich gerne weniger überlegt oder kalkuliert handeln würde; Situationen, in denen ich unbedingt – und so subtil wie möglich – herausfinden möchte, was mein Gegenüber wohl von mir denkt; Situationen, in denen ich Meinungen äußere, bei denen ich mir der Zustimmung anderer sicher bin oder in denen ich Geschichten erzähle, die mich schlauer, stärker oder erfolgreicher erscheinen lassen, als ich tatsächlich bin.

Ich trage zu viel Make-up.

Authentizität ist einer der Bereiche, in denen ich am stärksten wachsen möchte.

Der Apostel Paulus verwendete im Brief an die Gemeinde in Korinth eine wunderschöne Formulierung, als er erklärte, wie es für Menschen möglich ist, „mit unverhülltem Gesicht" in Gemeinschaft zu leben. Paulus verwendete diese Formulierung, als er die Begegnung von Mose mit Gott am Berg Sinai nacherzählte.[9] Was damit gemeint ist, ist: Moses Gesicht leuchtete.

Heutzutage sprechen wir davon, dass glückliche Menschen glühende Gesichter haben. Und es gibt ein Wort, das konstant verwendet wird, um eine Braut zu beschreiben: strahlend.

Moses Gesicht strahlte. Vermutlich waren seine Zeitgenossen davon sehr beeindruckt. Es verbreitete sich wie ein Lauffeuer: „Mose hat ein leuchtendes Gesicht." Wenn die Leute ihn ansahen, dachten sie: *Wow!* Er war etwas Besonderes.

Eines Morgens wachte Mose auf, schaute in den Spiegel, vielleicht während er sich rasierte, und stellte fest, dass sein Gesicht nicht mehr so stark glühte. Er verlor sein Strahlen, wie ein sonnengebräunter Mensch seine Bräune im September verliert.

Er wusste, dass die Leute von nun an weniger beeindruckt sein würden, wenn sie sein Gesicht sahen. Er war nicht mehr etwas so Besonderes.

Paulus schreibt, dass Mose „sein Gesicht jedes Mal mit einem Tuch bedeckte. Denn die Israeliten sollten nicht sehen, dass der Glanz wieder verschwand." Die Neutestamentler sind sich nicht einig, was Paulus damit wirklich aussagen wollte. Aber ich frage mich, ob Mose nicht teilweise die Leute im Glauben lassen wollte, dass er geistlich strahlender war als sie. Deshalb trug Mose ein Tuch.

Wir wissen nicht, wie lange er es trug oder wann er endlich doch entschied, es abzunehmen. Ich vermute, dass er die Entscheidung traf, als seine Frau zu ihm sagte: „Mose, nimm endlich dieses blöde Tuch ab. Du kannst damit doch niemanden täuschen!" Vielleicht fügte sie auch hinzu: „Ich persönlich bin froh, dass dein Gesicht nicht mehr strahlt. Ich konnte nachts überhaupt nicht mehr schlafen; es war, als ob man mit einem riesigen Glühwürmchen ins Bett geht. Nimm das Tuch endlich ab!"

Was für eine Erleichterung muss es gewesen sein, es abzunehmen – die Menschen sehen zu lassen, dass er wieder ganz der alte Mose war.

Paulus schreibt weiter, dass wir etwas sehr Mutiges tun können, wenn wir uns der Liebe Gottes sicher sind. Wir müssen nicht mehr vorgeben, strahlender zu sein, als wir tatsächlich sind. Wir können mit „unverhülltem Gesicht" leben.

Kein Verheimlichen. Keine Masken. Kein Versteckspiel.

Wir reden hier über mehr als nur das Erlangen emotionaler Gesundheit. Unser Problem liegt nicht einfach darin begründet, dass wir schüchterne Kinder sind, die sich verstecken, wenn sie sich eigentlich zeigen sollten. Wenn wir unser wahres Selbst zeigen, kuriert dies alleine nicht unser tieferes Gefallensein – das wäre, als hätte Hitler gesagt: „Nun, ich bin eben ein Völker mordender Psychopath, aber so bin ich einfach, ob es Ihnen nun gefällt oder nicht." Wir brauchen nicht nur Selbstenthüllung. Wir brauchen Vergebung, Heilung und Gnade.

Aus diesem Grund ging Jesus ans Kreuz. Am Kreuz werden das volle Ausmaß unserer Sünde und das volle Ausmaß von Gottes Gnade enthüllt. Der einzige Ort, an dem Enthüllung wirklich sicher ist, ist der Fuß des Kreuzes.

Richard Foster schreibt: „Ohne das Kreuz wäre die Beichte nur eine psychologische Heilmethode. Aber sie ist mehr. Sie umschließt einen objektiven Wandel unseres Verhältnisses zu Gott und einen subjektiven Wandel in uns. Sie ist Mittel zur Heilung und zur Umwandlung unseres inneren Menschen."[10]

Ich möchte Ihnen eine persönliche Frage stellen: Was ist Ihr Tuch? Was verstecken Sie hinter Ihrem Tuch, damit andere es nicht sehen und nichts davon erfahren?

Manche Menschen verstecken sich hinter oberflächlichen Gesprächen. Sie machen eine Menge Smalltalk und sind vielleicht sogar gut darin. Sie können sich völlig ungezwungen über das Wetter, ihre Arbeit oder ihre Lieblingsmannschaft unterhalten. Aber ihre Worte sind nur ein Schutzschild. Sie verstecken ihr Herz.

Manche Menschen verstecken sich hinter Humor. Sie verstehen es sehr gut, andere zum Lachen zu bringen. Aber im Laufe der Zeit stellen Sie fest, dass sie immer dann einen Witz anbringen, wenn das Gespräch ernsthafter oder persönlicher wird. Sie verstecken sich hinter einem lachenden Gesicht. Paul Tournier schreibt:

„Jeder von uns bemüht sich nach Kräften, sich hinter einem Schutzschild zu verstecken. Für den einen ist es ein geheimnisvolles Schweigen, das einen undurchdringlichen Rückzugsort darstellt. Für andere ist es oberflächliches Geschwätz. […] *Der eine versteckt sich hinter seiner Schüchternheit, damit man nichts fin-*

den kann, das man ihm sagen kann; ein anderer versteckt sich hinter einer aufgesetzten Selbstsicherheit, die ihn unverwundbar erscheinen lässt.“[11]

Manche Menschen setzen ihre Intelligenz als Tuch ein. Andere ihre Unwissenheit. Manche hüllen sich in Geschäftigkeit, in ihre Arbeit, ihre überwältigende Kompetenz und ihren Erfolg. Manche Menschen haben Hightech-Tücher mit Fernsteuerung oder Mouse. Absurderweise hüllen sich die Menschen in Kirchengemeinden in geistliche Tücher. Sie zitieren Bibelverse oder sprechen davon, „inneren Frieden zu haben“ oder dass „Gott alles unter Kontrolle“ hat. Sie sagen Dinge, die unanfechtbar scheinen, aber nichts anderes sind als schützende Wassergräben, und keine Brücken zu Beziehungen bauen. Es mag ein Buntglas-Tuch sein, aber es ist dennoch ein Tuch.

Was ist Ihr Tuch? Wenn Sie sich nicht sicher sind, können es Ihnen sicher die Menschen sagen, die Ihnen am nächsten stehen.

Wenn Sie ein Tuch über Ihr Herz werfen, wenn Sie wirklich gut darin werden, herauszufinden, was sich andere Menschen wünschen, und es ihnen dann bieten, wenn Sie Ihre Fähigkeit perfektionieren, immer das richtige Bild abzugeben, dann werden Sie sicher einige Menschen beeindrucken. Aber Sie werden jeden Tag etwas weniger strahlen und etwas weniger lebendig sein.

Sie mögen vielleicht Menschen beeindrucken, aber Sie werden keine Freunde finden. Denn interessanterweise werden wir gerade von Menschen angezogen, die mit unverhülltem Gesicht leben.

Ein Freund von mir sagte, was wir an Kindern so lieben, sei, dass sie noch nicht gelernt haben, ihr Mienenspiel zu kontrollieren. Egal, ob der Eisverkäufer kommt, sie Spinat essen müssen oder sich ein Ungeheuer unter ihrem Bett befindet – ihr Gesicht sagt uns immer, was in ihnen vorgeht.

Wenn wir älter werden, lernen wir, unser Gesicht zu kontrollieren. Wir bringen ihm bei, sich zurückzuhalten und abzuschirmen. Wir trainieren unser Gesicht und bringen ihm bei, zuversichtlich zu schauen, wenn wir die Angst im Herzen spüren, und fromm zu schauen, wenn unser Herz wild vor Versuchung oder Schuld pocht.

Oft bewundern wir Menschen, die gelernt haben, ihr Gesicht unter Kontrolle zu halten.

Aber anziehend finden wir solche Menschen nicht.

Wir finden Menschen mit unverhüllten Gesichtern anziehend.

Alan McGinnis schreibt, dass Papst Johannes XXIII., eine der beliebtesten religiösen Führungspersönlichkeiten des 20. Jahrhunderts, unter anderem auch deshalb überall auf Wohlwollen stieß, weil er sich nicht verstellen konnte. „Er gab nie vor, mehr zu sein, als er tatsächlich war.“[12] Er kämpfte sein Leben lang mit seinem Gewicht. Er war der Sohn einer armen Bauernfamilie. Nachdem er zum Papst gewählt worden war, war eine seiner ersten Amtshandlungen der Besuch eines großen Gefängnisses in Rom. Als er den Häftlingen seinen Segen erteilte, machte er die Bemerkung, dass er zum letzten Mal im Gefängnis gewesen war, um seinen Cousin zu besuchen.

Als der Papst einmal bei einer Feier eingeladen war, betrat eine Frau in einem tief ausgeschnittenen Kleid den Raum. Johannes merkte später an: „Das ist eines der schwierigen Dinge am Papstamt. Wenn auf einer Feier eine solche Frau den Raum betritt, schauen gewöhnlich alle auf die Frau. Wenn ich aber bei dieser Feier anwesend bin und so eine Frau den Raum betritt, schauen alle auf mich.“

Mit unverhülltem Gesicht zu leben bedeutet, sich fest vorzunehmen, nicht vorgeben zu wollen, mehr zu sein, als man tatsächlich ist. Das heißt, ich will:

- aufgeben zu versuchen, allen Menschen in meinem Umfeld zu gefallen.
- den Mut haben, das zu sagen, was mir wirklich wichtig ist, was ich wirklich mag und liebe, selbst wenn mein Gesprächpartner anderer Ansicht ist oder meine Meinung missbilligt.
- offen zugeben, wenn ich etwas falsch gemacht habe, statt der Versuchung nachzugeben, es unter den Teppich zu kehren, es noch geradezubiegen oder dem Ganzen eine positive Wendung zu geben.

> Das Tragische an Masken ist, dass wir sie tragen, um andere Menschen dazu zu bringen, positiv über uns zu denken, aber andere finden uns nur dann anziehend, wenn wir die Masken abnehmen.

Wenn Sie sich nach einer Beziehung sehnen, in der Menschen offenen und ehrlichen Austausch mit Ihnen haben, müssen Sie nur einen einzigen Schritt gehen. Um es mit den Worten von Sidney Jourard zu sagen, der sich Jahre mit diesem Thema auseinander gesetzt hat: „Offenheit erzeugt Offenheit."[13] Selbstenthüllung birgt enorme Kraft. Ein Therapeut sagte einmal, dass der wirkungsvollste Weg, einen Patienten dazu zu bringen, sich zu öffnen, darin bestehe, ihm ein Geheimnis zu erzählen, mit dem der Patient den Therapeuten verletzen könne, wenn er das Vertrauen missbrauche.

3. Tiefe Offenheit mit ein paar vertrauten Freunden

Dies führt uns zur tiefsten Ebene der Offenheit, in der wir einem anderen Menschen von den Seiten unseres Lebens erzählen, an denen wir am verletzlichsten sind. Auf dieser Ebene wagen wir es, Einblick in sehr persönliche Bereiche zu geben, in denen wir versagt haben oder die uns peinlich sind. Man sollte sich nicht allzu leichtfertig auf diese Ebene der Offenheit begeben. Einer der großen Autoren zum Thema „Freundschaft", der englische Abt Aelred von Reivaulx, schrieb im 12. Jahrhundert, dass wir alle Menschen lieben, aber nur einem nachweislich vertrauenswürdigen Freund „die Geheimnisse des Herzens" anvertrauen sollen.[14]

Alan McGinnis stellt fest, dass Jesu absolute Transparenz sein Leben so einzigartig und anziehend machte[15]. Anders als so viele Führungspersönlichkeiten, die zu ihren Nachfolgern auf Distanz bleiben – unnahbar, unzugänglich, verschlossen –, lebte Jesus ein normales Leben. Er ließ sich von seinen Freunden auch in Augenblicken unverstellter Freude, Trauer, Wut oder Müdigkeit sehen.

Die Nachfolger Jesu mussten nie Vermutungen darüber anstellen, ob er sich freute oder enttäuscht war. Als sich sein Leben dem

Ende näherte, versuchte er sie nicht davon zu überzeugen, dass er voller Optimismus war. Er war so transparent; er riskierte es, offen zu sein und sagte: „Ich bin so bedrückt, ich bin mit meiner Kraft am Ende“ (Markus 14,34).

Jesus war der einzige erwachsene Mensch, der nie gelernt hat, seinen Gesichtsausdruck unter Kontrolle zu halten.

Um sicherzugehen, dass seine Jünger verstanden, dass er diese Strategie der Selbstoffenbarung bewusst gewählt hatte, sagte er ihnen kurz vor seinem Tod: „Ich nenne euch nicht mehr Diener; denn ein Diener weiß nicht, was sein Herr tut. Vielmehr nenne ich euch Freunde; denn ich habe euch alles gesagt, was ich von meinem Vater gehört habe“ (Johannes 15,15).

Jesus lebte tiefe Offenheit gegenüber ein paar vertrauten Freunden vor.

Wie sieht es in Ihrem Leben mit diesem Konzept der Offenheit aus? Gibt es einen Menschen, der alles über Sie weiß?

Jeder Mensch auf diesem Planeten trägt ein paar tiefe Geheimnisse mit sich herum:

- Vielleicht haben Sie Dinge getan, für die Sie sich zutiefst schämen, oder Entscheidungen getroffen, die so viel Schmerz verursacht haben, dass Sie nicht einmal daran denken wollen.
- Vielleicht sind Dinge geschehen, die in Ihren Augen so schrecklich sind, dass Sie nicht darüber sprechen können.
- Vielleicht sind damit Gefühle wie Depression oder Angst verbunden, die so tief in Ihnen verwurzelt sind, dass Sie nicht wissen, wie Sie damit weiterleben können.
- Vielleicht gehören dazu Verhaltensmuster oder Angewohnheiten, die Sie nicht ablegen können – und Sie fühlen sich deshalb so schwach.

Jeder Mensch trägt Verletzungen, Schrammen oder Wunden mit sich herum. Seit dem Sündenfall neigen wir dazu, uns zu verstecken, als ob unser Leben davon abhinge – nur damit niemand davon erfährt.

Und das ist genau der falsche Weg.

Unser Leben hängt davon ab, dass wir uns finden lassen. Wenn wir uns weiterhin verstecken, gibt es keine Heilung.

Das gilt nicht nur auf der seelischen, sondern auch auf der körperlichen Ebene. Aktuelle Forschungen haben ergeben, dass es einen Zusammenhang zwischen Offenheit und körperlicher Gesundheit gibt. Timothy Jones stellt fest, dass Menschen, die Dinge bekennen, die sie falsch gemacht haben, und die über negative Verhaltensweisen sprechen, die sie beschäftigen, sowohl kurzfristig als auch langfristig körperliches Wohlbefinden erfahren.[16] Und der Wissenschaftler James Pennebaker schreibt: „In uns scheint es einen gewissen Drang zu geben, der uns Dinge bekennen lässt. Unsere Gedanken und Gefühle nicht offen zu legen, kann sich auf ungesunde Weise auswirken. Sie offen zu legen, kann sich positiv auswirken."[17]

Das klingt ganz ähnlich wie das, was im Buch Jakobus steht: „Überhaupt sollt ihr einander eure Verfehlungen bekennen und füreinander beten, damit ihr geheilt werdet" (Jakobus 5,16).

Aber aus dem Versteck herauszukommen, ist nicht nur für unseren Körper wichtig; auch unsere Seele hat es nötig. Gott stellt uns noch immer geduldig die Frage, die er schon vor so langer Zeit im Paradies stellte: „Adam, wo bist du? Hörst du mit dem Versteckspiel auf? Kommst du zurück in die Gemeinschaft?"

Vielleicht tragen Sie seit Jahren ein Geheimnis mit sich herum. Sie versuchen, nicht daran zu denken – aber es ist immer da. Es hält Sie davon ab, Liebe in Ihrer ganzen Fülle zu erfahren.

Selbst wenn Ihnen ein Mensch sagt, er liebe Sie, sagen Sie sich innerlich: *Ja, aber du weißt nicht die ganze Wahrheit über mich. Du würdest so etwas nicht sagen, wenn du mich wirklich kennen würdest.*

Deshalb ist es für Ihr Leben von grundlegender Bedeutung, dass Sie andere Menschen kennen und von ihnen gekannt werden:

Sie können nicht voll und ganz geliebt werden, wenn der andere Sie nicht voll und ganz kennt. Sie können nur völlig geliebt werden, wenn der andere Sie durch und durch kennt.

Aus diesem Grund stand die Praxis des Sündenbekenntnisses immer im Zentrum der großen Erweckungsbewegungen. Sünde bringt uns dazu, uns zu verstecken und von anderen zurückzuziehen, wodurch die Gemeinschaft zerstört wird. Durch das Sündenbekenntnis kehren wir in die Gemeinschaft zurück. Wir kommen aus unserem Versteck heraus. Dietrich Bonhoeffer schrieb: „In der Beichte geschieht der Durchbruch zu Gemeinschaft. [...] Steht ein Christ in der Gemeinschaft der brüderlichen Beichte, so ist er nirgends mehr allein.“[18]

Zwei Worte beschreiben diese tiefe Ebene der Offenheit: Selbstoffenbarung und Sündenbekenntnis. Die Übergänge zwischen beiden sind natürlich fließend, aber beide sind hilfreich. Der Begriff der *Selbstoffenbarung* stammt aus dem Bereich der Therapie. Dazu zählt nicht nur, Dinge auszusprechen, die wir falsch gemacht haben, sondern auch Dinge zur Sprache bringen, die nicht traditionell in den Bereich der Sündenbekenntnis fallen: etwa Scham über die eigene körperliche Erscheinung oder Wut über erlittenen sexuellen Missbrauch. Solche Geheimnisse müssen ans Licht gebracht werden.

Sündenbekenntnis dagegen ist ein geistlicher und moralischer Begriff. Dazu gehört, Verfehlungen konkret beim Namen zu nennen – als Teil eines Prozesses der Umkehr und Versöhnung. Das Bekenntnis erinnert uns daran, dass wir nicht nur Anteilnahme und Heilung, sondern auch Reinigung und Vergebung brauchen. Ich glaube, dass es von entscheidender Bedeutung ist, anderen Menschen Sünden zu bekennen, und zwar nicht nur weil Gott es als Voraussetzung für Vergebung einfordert, sondern auch weil eine enorme Kraft darin liegt, von einem anderen Menschen durch und durch gekannt zu werden und zugesprochen zu bekommen, dass Gott uns vergeben hat. Wie Bonhoeffer – dessen Vater Professor der Psychiatrie war – es formuliert: „Vor dem Psychologen darf ich nur krank sein, vor dem christlichen Bruder darf ich Sünder sein.“[19]

Wenn sich Menschen auf dieser tiefen Ebene zu öffnen beginnen, wird echte Gemeinschaft – wie Gott sie für uns geplant hat – möglich.

Vor diesem Hintergrund muss ich an ein Ehepaar aus meinem Bekanntenkreis denken. Der Ehemann hatte große Probleme mit seinem triebhaften Sexualverhalten. Auf Geschäftsreisen schaute er sich einschlägige Filme an. Er hatte Geheimnisse, von denen er wusste, dass sie seiner Ehe schaden würden.

Seiner Frau von seinen Geheimnissen zu erzählen, gehörte zu den schwierigsten Dingen, die er jemals tat. Er schämte sich so sehr, dass er es nicht schaffte, ihr in die Augen zu blicken, als er ihr seine Kämpfe offenbarte. Er bat sie um Vergebung. Er versprach ihr, sich in einer vertrauenswürdigen Beratung Hilfe und Unterstützung zu suchen. Er sagte, er würde alles tun, was nötig sei, um dieses Verhalten abzulegen.

Er hatte im Vorfeld versucht, sich ihre Reaktion vorzustellen. Er hatte sich hundert verschiedene Szenarien ausgemalt. Er wusste, sie würde verletzt sein; er dachte, sie würde überrascht sein. Er hoffte, sie würde ihm vergeben; er fürchtete, sie würde ihn verachten. Aber ihre Reaktion war völlig anders, als er sich jemals erträumt hatte.

Sie schwieg. Ihre Augen füllten sich mit Tränen. Dann begann sie, ihm stockend ihre Geschichte zu erzählen. Es stellte sich heraus, dass auch sie Geheimnisse hatte. Während ihrer Schulzeit hatte ein Jugendpastor seine Vertrauensposition missbraucht und sich auf eine sexuelle Beziehung zu ihr eingelassen. Sie hatte die Last der Schuld und des Bedauerns über diese Beziehung – alleine – 15 Jahre lang getragen.

Weil ihr Ehemann die Entscheidung gefällt hatte, sich zu öffnen, bekam auch sie den Mut, ihm gegenüber offen zu sein.

Sich auf dieser Ebene zu offenbaren war unschön, peinlich, riskant und schmerzhaft. Aber dieses Ehepaar erlebte Heilung, Nähe und Vertrautheit auf einer tiefen Ebene wie nie zuvor.

Wenn sie sich nicht voreinander geöffnet hätten, wären sie vielleicht 40 oder 50 Jahre miteinander verheiratet, aber bis zu ihrem Tod bis zu einem gewissen Grad Fremde gewesen.

Dieses Ehepaar würde Ihnen sagen, dass die Entscheidung, offen zu sein, das größte Geschenk für ihre Beziehung war. Nach Jahren des Versteckspiels lernten sie endlich zumindest ein wenig, was es bedeutet, „voreinander nackt“ zu sein und sich „nicht zu schämen“.

Einer der wichtigsten Schritte, den Sie gehen sollten, wenn Sie sich nach einem Leben in Gemeinschaft sehnen, ist der Folgende:

Bemühen Sie sich darum, in Ihrem Leben einen Menschen zu haben, der alles von Ihnen weiß.

Natürlich geht das nicht von heute auf morgen. Aus einer emotionalen Notlage heraus oder auf Grund schlechten Urteilsvermögens oder einer Verletzung spricht man manchmal zu schnell und auf einer zu persönlichen Ebene mit einem Menschen, den man nicht richtig kennt. Es gibt ein paar Warnsignale, die Sie darauf hinweisen, wann Sie mit einem Menschen oder in einer Kleingruppe eher zurückhaltend sein sollten.

- ▷ *Unangebrachter Humor:* Manche Menschen werden bei tiefer Ehrlichkeit verlegen und versuchen, ihre Verlegenheit durch etwas Humor zu überspielen, um Distanz zu schaffen. Oder sie machen sich über die Person lustig, die sich öffnet. Wenn das geschieht, können Sie sehen, wie Menschen ihre Masken wieder anlegen.
- ▷ *Verurteilende Aussagen oder voreilige Ratschläge:* Einer meiner Freunde sprach mit seiner Kleingruppe einmal über seine Probleme mit Lust. Er war bemerkenswert offen. Er riskierte etwas. Die umgehende Reaktion eines anderen Mannes aus seiner Gruppe lautete jedoch: „Ich kann damit überhaupt nichts anfangen.“ Ich hätte ihn am liebsten gefragt: „Was für ein hormonschwacher, libidounterdrückter, leidenschaftsloser Roboter bist du eigentlich? Vielleicht bist du uns geistlich gar nicht so weit voraus? Vielleicht hast du einfach keinen Sextrieb. Du hast ein Sextrieb-Problem.“
- ▷ *Vertrauensbruch:* Wenn Sie jemandem etwas im Vertrauen erzählen, vertrauen Sie ihm ein Stückchen Ihres Herzens an. Es kostet viel Disziplin, dies zu achten, und manchen Menschen fehlt dazu einfach die charakterliche Reife. Prüfen Sie die Fähigkeit eines Menschen, kleine, im Vertrauen erzählte Dinge bei sich zu behalten, bevor Sie ihm größere anvertrauen. Um es mit den Worten Bonhoeffers zu sagen: Ein vertrauenswürdiger Freund bewahrt „das Geheimnis unserer Beichte, wie Gott es bewahrt“[20].

Da wir dieses Kapitel mit einem Kinderspiel begonnen haben, mag es passend sein, es auch mit einem Kinderspiel abzuschließen. Dieses Spiel ist unter anderem unter dem Namen „Vertrauensspiel" bekannt.

Man braucht dazu zwei Personen – eine Person, die vertraut, und eine Person, der vertraut wird. Die Person, die vertraut, steht etwa zwei Schritte vor der anderen und lässt sich nach hinten fallen. Das Spiel richtig zu spielen bedeutet, sich völlig verletzlich zu machen – kein Blick nach hinten, keinen Fuß nach hinten setzen, um sich abstützen zu können, falls der andere nicht hält. Ihr Leben liegt in den Händen dessen, dem Sie vertrauen.

Warum spielt man so ein riskantes Spiel? Wir spielen es, weil wir tief in uns wissen, dass das Leben nicht lebenswert ist, wenn wir nicht vertrauen können. Wir spielen es, weil unsere Fähigkeit zu vertrauen jedes Mal ein wenig gestärkt wird, wenn wir uns fallen lassen und gehalten werden.

Ich glaube, dass Beziehungen unausweichlich stagnieren und sterben, wenn Menschen nicht mehr das Risiko auf sich nehmen, sich voreinander zu öffnen. Ich war einmal Teil einer Kleingruppe, die immer öder wurde. Es war nicht schrecklich; es nahm keiner dadurch Schaden. Es war nur etwas steril. Selbst wenn wir über unsere Familien und unser Privatleben sprachen, fiel es uns schwer, nicht an der Oberfläche zu bleiben.

Eines Nachmittags sprach eines der Mitglieder über ein wichtiges Projekt, das nicht gut lief. Seine Augen füllten sich mit Tränen, als er über seine Angst zu versagen sprach.

Er übernahm die Rolle der Person, die den anderen vertraut.

Es ist immer riskant, dies zu tun. Risiko gehört unausweichlich zu authentischer Selbstoffenbarung dazu.

In gewissem Sinne kann man Beziehungen mit dem Radfahren vergleichen. Beziehungen stehen nie still. Beziehungen bewegen sich immer – entweder in die Tiefe oder hin zu Oberflächlichkeit. Ein Mensch, der alles für sich behält, ist wie das Tote Meer – er stagniert und stirbt ab.

Es scheint so, dass Beziehungen – Ehen, Freundschaften, Kleingruppen – ein hohes Maß an risikobereiter Offenheit erfordern, wenn sie frisch und fruchtbar bleiben wollen.

Aber wenn wir das Vertrauensspiel spielen, suchen wir nach Treue. Wir suchen nach einem loyalen Herzen.

Im Spiel ist das Fallenlassen optional, vermeidbar. Im tatsächlichen Leben aber befinden wir uns in einer gefallenen Welt. Wir alle fallen, wir fallen oft und wir fallen manchmal hart. Wenn wir versuchen, mit unserem Fallen alleine zurechtzukommen, und wenn wir es geheim halten wollen, wird es uns schließlich zerstören.

Gott hat uns einen besseren Weg gegeben. Er hat eine Gemeinschaft aufgebaut, in der Menschen mit unverhülltem Gesicht leben können. Es ist wirklich möglich zu leben, ohne sich zu verstecken. Man braucht dazu nur Vertrauen.

Tanzen lernen

1. Denken Sie an eine Situation, in der ein Mensch Ihr Vertrauen verletzte. Was geschah? Wie leicht oder schwer fällt es Ihnen heute, anderen Menschen zu vertrauen?

2. Bewerten Sie sich auf der folgenden Skala:

   Verstecken — Offenheit

   Wo stehen Sie heute? Wo würden Sie gerne stehen?

3. Nach welchen Eigenschaften suchen Sie bei vertrauenswürdigen Menschen?

4. Sowohl Einsamkeit als auch Verstecken führen dazu, dass man alleine ist. Wie definieren Sie diese Begriffe für sich? Welchen Einfluss haben sie Ihrer Ansicht nach auf Gemeinschaft?

5. Ein Tuch ist etwas, hinter dem man sich verstecken kann. Was ist Ihr Tuch:

   ▷ oberflächliche Gespräche,
   ▷ Humor,
   ▷ Intelligenz,
   ▷ Geschäftigkeit/Erfolg,

- ▷ Schüchternheit,
- ▷ Geistlichkeit?

6. Was können Sie konkret tun, um in einer engen Beziehung etwas mehr über sich zu offenbaren?

7. Denken Sie an eine Gemeinschaft, zu der Sie gehören: beispielsweise eine Kleingruppe oder Ihre Familie. Finden sich dort Dynamiken, die Ihre Vertrautheit behindern? Z.B.:

   - ▷ unangebrachter Gebrauch von Humor,
   - ▷ Vertrauensbruch,
   - ▷ verurteilende Aussagen,
   - ▷ voreilige Ratschläge.

   Wie können Sie damit am besten umgehen?

8. Achten Sie im Laufe des Tages einmal darauf, ob Sie sich vor anderen „verhüllen" und eine Maske aufsetzen. Praktizieren Sie heute „Redefreiheit". Beobachten Sie, wie gut es Ihnen gelingt, ein Gefühl der Offenheit und Transparenz zu entwickeln.

Kapitel 5

Legen Sie Ihre Steine aus der Hand: Annahme

„Ich liebe Gott wirklich nur in dem Maß, in dem ich den Menschen liebe, den ich am wenigsten liebe."
Dorothy Day[1]

„Sie können davon ausgehen, dass Sie Gott nach Ihrem Bild geschaffen haben, wenn sich herausstellt, dass Gott dieselben Menschen hasst wie Sie."
Anne Lamott[2]

Vor ein paar Jahren besuchte ich ein kleines Museum auf Nantucket Island, das einer Freiwilligen-Organisation gewidmet ist, die vor vielen Jahrhunderten gegründet wurde. Zu jener Zeit waren Seereisen extrem gefährlich. Auf Grund der Stürme entlang der felsigen Küste von Massachusetts verloren viele Menschen ihr Leben in direkter Küstennähe. Also machte es sich eine Gruppe von Freiwilligen zur Aufgabe, Leben zu retten. Sie schlossen sich zur so genannten *Humane Society* zusammen.

Die Mitglieder bauten kleine Hütten entlang der Küste. Sie ließen das Meer ununterbrochen beobachten. Immer wenn ein Schiff sank, wurde die Nachricht rasch weitergegeben, und diese Organisation tat alles in ihrer Macht Stehende, um so viele Menschenleben wie möglich zu retten.

Die Mitglieder setzten ihr eigenes Leben nicht für Geld oder Anerkennung aufs Spiel, sondern weil sie das menschliche Leben hoch achteten. Um sich daran zu erinnern, was auf dem Spiel stand, formulierten sie ein Motto:

„Du musst hinausgehen, aber du musst nicht wiederkommen."

Klingt nicht nach einem Slogan, der viele Freiwillige anzog, oder? Aber er war erfolgreich.

Es ist faszinierend, Berichte über Menschen zu lesen, die alles – selbst ihr Leben – riskierten, um Menschen zu retten, denen sie nie zuvor begegnet waren.

Im Laufe der Zeit veränderte sich einiges. Irgendwann begann die amerikanische Küstenwache, die Aufgabe der Rettung Schiffbrüchiger zu übernehmen. Eine Zeit lang arbeiteten Küstenwache und Lebensrettungsgesellschaft Hand in Hand. Schließlich setzte sich aber der Gedanke durch: „Überlasst die Sache den Profis. Sie sind besser ausgebildet. Sie werden dafür bezahlt."

Die Freiwilligen hörten auf, die kleinen Hütten mit Beobachtern zu besetzen. Sie suchten die Küstenlinie nicht mehr nach in Not geratenen Schiffen ab. Sie sandten keine Teams mehr aus, die Schiffbrüchige retteten.

Aber etwas Seltsames geschah: Sie schafften es nicht, sich aufzulösen. Die Lebensrettungsgesellschaft existiert noch heute. Ihre Mitglieder treffen sich in regelmäßigen Abständen zum gemeinsamen Essen. Sie waren gerne zusammen.

Sie waren bloß nicht mehr im Lebensrettungsgeschäft.

Sie und ich wurden geschaffen, um Leben zu retten. Wir haben das nicht immer vor Augen, weil man vor lauter Ichbezogenheit blind dafür werden kann, aber die Menschen um uns herum erleiden Tag für Tag Mini-Schiffbrüche: Eine Freundin wird von ihrem Chef fertig gemacht, ein Kind versagt in der Schule, eine Ehefrau streitet sich mit ihrem Mann und ihre Enttäuschung über ihre Ehe wächst wieder ein wenig mehr, ein Arbeitskollege trifft eine dumme finanzielle Entscheidung, eine Schülerin wird nicht zum Abschlussball eingeladen, ein Mitglied der Gemeinde wird beim Lügen ertappt.

Die Rettungsleinen, die wir in der Regel anzubieten haben, sind Worte. Jedes Wort, das wir aussprechen, hat die Macht, einem Menschen entweder ein wenig Leben zu schenken oder einen kleinen Teil seines Geistes und seiner Lebendigkeit zu zerstören. Wir haben die Fähigkeit, dem anderen Annahme, Liebe und Hoffnung zu vermitteln; wir haben aber auch die Fähigkeit, den anderen zu verurteilen, zu verdammen und zu verletzen.

„Nehmt euch gegenseitig an", schreibt der Apostel Paulus

(Römer 15,7). Wie sieht dieses Annehmen aus? Es ist eine bemerkenswerte Handlung, schwer zu definieren, aber unmissverständlich, wenn wir es erleben. Einen anderen Menschen anzunehmen bedeutet, *für* ihn zu sein. Es bedeutet anzuerkennen, dass es eine ganz tolle Sache ist, dass dieser Mensch lebt, und das Beste für ihn zu wollen. Es bedeutet natürlich nicht, alles gutzuheißen, was dieser Mensch tut. Es bedeutet vielmehr, beständig das Beste für seine Seele zu wollen, unabhängig davon, was er tut.

Jesus, eine Frau und ein Haufen Steinewerfer

Dies ist die Geschichte einer Frau, die dabei war unterzugehen, einer Gruppe von Männern, die vergessen hatten, dass sie eigentlich im Lebensrettungsgeschäft waren, und die Geschichte des Einen, der die Schiffbrüchigen rettet, die ihm so viel bedeuten.

Wir lesen von dieser Frau im 8. Kapitel des Johannes-Evangeliums. Sie war einst eine junge Braut mit vielen Träumen vom Leben als Ehefrau. Sie hatte vielleicht davon geträumt, einen Ehemann zu haben, der sie liebte, mit dem sie gemeinsam beten und zum Gottesdienst gehen konnte. Sie hatte davon geträumt, Kinder zu haben und eine Familie zu gründen.

Aber irgendwie lief es nicht so, wie sie sich das vorgestellt hatte. Sie war von ihrer Ehe enttäuscht. Vielleicht war es die Schuld ihres Ehemannes, vielleicht war es ihre eigene; vermutlich – wie es meist der Fall ist – war es die Schuld von beiden.

Irgendwann begegnete die Frau einem anderen Mann. Er nahm sie wahr. Er schien den Dingen zuhören zu wollen, die sie zu sagen hatte. Für ein schmerzendes Herz ist das etwas sehr Wichtiges, wie die folgende Geschichte zeigt:

„Meine seit langem verwitwete Großtante hatte eine Liebesaffäre, als sie in den Siebzigern war. Korpulent, mit schütterem Haar, Hände und Beine arthritisch verkrümmt, entsprach sie nicht dem Bild einer romantisch angebeteten Geliebten. Aber sie wurde geliebt – von einem Mann, der auch in den Siebzigern war und in einem Altersheim lebte […]. *Um mir zu erklären, was diese Beziehung für sie bedeutete, erzählte meine Tante mir von einem Ge-*

spräch. Eines Abends war sie mit Freunden essen gegangen. Als sie nach Hause kam, rief ihr Freund an, und sie berichtete ihm von dem Essen. Er hörte ihr interessiert zu und fragte dann: ‚Was hast du angehabt?' Als sie mir davon erzählte, fing sie an zu weinen: ‚Weißt du, wie lange es her ist, dass jemand mich gefragt hat, was ich angehabt habe?'"[3]

Die Frau in Johannes' Geschichte begegnete vielleicht einem Mann, dem sie wichtig zu sein schien. Anfangs war alles ganz unschuldig. Eines Tages aber überschritten sie eine Linie. Vielleicht war es eine Berührung, die zu lange anhielt. Vielleicht war es ein Blick, der ein verbotenes Versprechen enthielt. Vielleicht war es das Aussprechen von Geheimnissen, die das Vertrauen ihres Ehemannes verletzten.

An jenem Tag überschritt sie eine Linie. Vielleicht war es ihr nicht einmal bewusst oder sie dachte in jenem Augenblick nicht darüber nach. Der Teufel zieht es immer vor, solche Augenblicke möglichst im Dunkeln und verschwommen zu lassen, damit uns kaum bewusst wird, wofür wir uns eigentlich entscheiden.

Aber sie entschied sich.

Dann überschritt sie weitere Linien, bis sich alles zu einer richtiggehenden Affäre auswuchs. Sie begab sich in einen Zustand geistlicher Verzweiflung, auch wenn sie sich dessen zu diesem Zeitpunkt noch nicht bewusst war.

Solange es ein Geheimnis war, war es, als lebte sie zwei Leben in unterschiedlichen Welten.

Wenn sie sich in der einen Welt befand, konnte sie so tun, als existiere die andere Welt nicht. Sie dachte nicht daran, was das für ihre Kinder bedeuten könnte. Sie dachte nicht daran, welchen Schaden es ihrer Seele zufügen konnte – aber es schadete ihr!

Unkontrollierte Sünde zieht immer weitere Sünde nach sich:

Sie war immer eine ehrliche Frau. Als sie ihren Mann das erste Mal darüber anlog, wohin sie ging, um mit dem anderen Mann zusammen sein zu können, klopfte ihr Herz, sie wurde rot, und sie war sich sicher, ihr Mann spürte, dass sie nicht die Wahrheit sagte.

Inzwischen war sie Expertin darin, ihren Mann und ihre Kinder zu täuschen, und konnte lügen, ohne dass man es ihr ansah. Es fiel ihr nicht einmal mehr auf, geschweige denn ihrem Ehemann. Sie wurde zur Lügnerin.

Als sie zum ersten Mal in der Synagoge saß und die Schriftlesung hörte, nachdem sie mit dem anderen Mann geschlafen hatte, war sie sicher, dass alle anderen ihr die Schuld vom Gesicht ablesen konnten. Sie dachte, dass alle es herausfinden würden. Sie dachte, Gott würde sie mit einem Blitz erschlagen. Sie schwor Gott, diesen Mann nie wieder zu sehen.

Aber niemand fand es heraus. Es gab kein Gewitter. Gott tat nichts.

Inzwischen konnte sie zur Synagoge gehen, ohne überhaupt an ihre Affäre zu denken. Sie dachte auch nicht viel an Gott. Sie versuchte einfach, während der Gebete an andere Dinge zu denken.

Sie wurde zur Heuchlerin.

Solange ihr Geheimnis bewahrt blieb, dachte sie kaum über diese Dinge nach. Ab und zu wachte sie nachts schweißgebadet auf, aber das ging normalerweise wieder vorüber. Sie nahm im Grunde nicht richtig wahr, was mit ihr geschah.

Dann kommt dieser Abend. Sie ist mit dem Mann zusammen, von dem wir nicht wissen, wie viele Male sie schon mit ihm zusammen gewesen ist. Aber dieses Mal passiert es. Die Tür geht auf. Draußen warten Männer, die sie beobachtet haben, und nun kommen sie herein. Sie schreit, sie weint, sie bettelt um Gnade.

Sie würde alles geben, um die Zeit zu dem Augenblick zurückzudrehen, bevor sie die erste Linie überschritten hat. Aber sie kann es nicht. Man kann nie zurückgehen. Dieser unwirkliche Nebel, in dem sie lebte, ist nun weggerissen. Wie beim Sündenfall öffnen sich nun auch ihre Augen. Sie sieht sich selbst nackt und schämt sich. Sie will sich verstecken, hat aber keinen Ort, an den sie gehen kann.

Plötzlich erkennt sie, warum sie an diesen Punkt angelangt ist: Sie hat eine Wahl getroffen. Sie hat dieses Leben gewählt.

Aber das ist nicht alles. Sie wurde verwundet und war verletzt und hatte Bedürfnisse, die nicht gestillt wurden. Aber sie ist nicht bloß Opfer. Sie hat tausend Entscheidungen getroffen, die unausweichlich und unaufhaltsam in einen Augenblick wie diesen münden mussten.

Sie würde sich auf der Stelle umbringen, wenn man sie lassen würde – aber man lässt sie nicht.

Sie wickeln sie in Betttücher und führen sie weg.

Wie der Gelähmte wird auch sie von einer Gruppe Männer zu Jesus gebracht, während dieser gerade zu einer Menschenmenge spricht. Nur dass sie nicht auf einer Matte liegt, sondern in Tücher gewickelt wurde. Die Männer, die sie herbeibringen, sind auch nicht ihre Freunde, sondern ihre Feinde. Und sie wird nicht zu Jesus gebracht, um geheilt, sondern um getötet zu werden.

Jesus hat sich gerade hingesetzt, um die Menschen zu lehren. Zu jener Zeit signalisierte ein Rabbi den offiziellen Beginn seiner Lehrzeit, indem er sich hinsetzte. Wenn jemand aufstehen musste, um etwas zu sehen, so taten dies die Zuhörer. Auf diese Weise konnte ein Lehrer stundenlang sprechen. (Ich als Prediger und Redner halte das für eine sehr gute Einrichtung.)

Johannes möchte uns hier darauf hinweisen, dass es sich nicht um eine private Unterredung handelt, bei der nach einer konstruktiven Lösung gesucht werden soll. Diese Männer sind mehr als bereit, diese Frau öffentlich zu demütigen, weil es ihnen, ehrlich gesagt, im Grunde darum geht, Jesus eins auszuwischen. Im Text heißt es, dass sie nach einer Gelegenheit suchen, ihn anzuklagen. Also klagen sie diese Frau an und versuchen, ihn so in eine Situation zu bringen, die ihnen etwas gegen ihn in die Hand gibt. Sie haben nicht viel Spaß im Leben, aber es macht ihnen Spaß, Menschen anzuklagen, die sie nicht mögen.

„Lehrer", sagen sie, als ob sie ihn achten würden, „diese Frau wurde beim Ehebruch ertappt …"

Das Gesetz sprach eine deutliche Sprache über die Konsequenzen, wenn jemand „auf frischer Tat ertappt" wurde. Indizienbeweise reichten nicht aus. „Wenn eine Anklage vor Gericht nur von einem einzigen Zeugen gestützt wird, darf die angeklagte Person nicht schuldig gesprochen werden, gleichgültig, um was für ein Vergehen es sich handelt", hatte Mose gesagt (Deuteronomium 19,15). „Erst auf Grund von zwei oder drei Zeugenaussagen darf ein Schuldspruch gefällt werden."

Das bedeutet, dass sich zwei oder mehr dieser Männer einige Zeit lang in der Nähe des Hauses dieser Frau (bzw. des Mannes) aufgehalten hatten. Sie beobachteten ihre Fenster. Wir wissen nicht, wie lange sie beobachteten und wie viel sie sahen. Aber der kaltblütige Vorsatz ihres Ausspionieren verrät uns einiges über ihre Verachtung für diese Frau – und für Jesus.

Bibelwissenschaftler weisen darauf hin, dass man den betroffenen Mann nicht ebenfalls zu Jesus brachte, obwohl es im Gesetz heißt, dass auch er gesteinigt werden sollte. Man spekuliert darüber, dass sich die religiösen Führer mit diesem Mann abgesprochen haben, um die ganze Sache anzetteln zu können, und ihn deshalb laufen lassen, als sie die Frau festhalten.

Auf jeden Fall bringen sie die Frau zu Jesus: „Diese Frau wurde auf frischer Tat beim Ehebruch ertappt. Das Gesetz schreibt vor, dass solche Frauen zu steinigen sind. Nun, was sagst du?"

Die Männer denken bei sich: *„Jetzt haben wir ihn. Wenn er barmherzig ist, haben wir ihn, weil er das Gesetz nicht achtet; wenn er sagt: ‚Steinigt sie', werden ihm die Leute das nie vergeben."* Davon abgesehen haben die römischen Besatzer den jüdischen Behörden verboten, Todesurteile zu vollziehen. Wenn Jesus also sagt: „Steinigt sie", bekäme er Schwierigkeiten mit den Römern.

Hier steht diese Frau – zitternd vor Schuld und Furcht – und wünscht sich den Tod, im Glauben, er stünde ihr direkt bevor. Aber ihre Ankläger sehen sie nicht einmal. Alles, was sie denken, ist: *Jetzt haben wir ihn*. Sie stehen da, mit Steinen in den Händen, und warten nur auf ihr Stichwort.

Bevor wir uns die Geschichte weiter ansehen, bevor Sie diese Männer zu schnell verurteilen, möchte ich Ihnen eine Frage stellen: Hatten Sie schon einmal einen Stein in Ihrer Hand?

Sünden des Geistes

Historisch betrachtet haben christliche Philosophen Sünde immer in zwei Kategorien eingeteilt: in die „Sünden des Fleisches" und in die „Sünden des Geistes". Sünden des Fleisches betreffen in der Regel ein körperliches Verlangen, das außer Kontrolle geraten ist: Lust, Habgier, Völlerei, Trunksucht, Faulheit. Unser Fleisch ist gefallen genug, dass wir, wenn man uns genug Zeit lässt, fast alles in unserem Leben zum Götzen machen können: *Playboy*-Hefte,

Sahnetorten, BMWs oder sogar die Fernbedienung des Fernsehers. Wie im Fall der Frau in unserer Geschichte führen diese Götzen unausweichlich zu anderen Sünden: Täuschung, Betrug, Verzweiflung.

Die zweite Kategorie bilden die so genannten „Sünden des Geistes". Diese Sünden haben weniger mit unserer Biologie als vielmehr mit unserer Seele zu tun. Sie tragen Namen wie Stolz, Arroganz, Selbstgerechtigkeit und Kritiksucht. Sie sind im Allgemeinen nicht so schillernd wie die Sünden des Fleisches. Sie beschwören nicht annähernd so viel Klatsch herauf – vielleicht, weil Klatsch an sich schon zu den Sünden des Geistes zählt. Eine Gemeinde übt selten wegen einer dieser Sünden des Geistes Gemeindezucht aus. Wenn ich höre, dass ein Pastor eine Gemeinde aus „moralischen Gründen" verlassen musste, können Sie ziemlich sicher sein, dass es dabei nicht um Stolz geht. Heutzutage empören sich Gemeinden nicht mehr über Sünden wie Arroganz oder Selbstgerechtigkeit.

Aber Jesus war empört. Das Neue Testament beinhaltet eine auffallend große Anzahl von Geschichten, in denen das Dreiergespann aus „Sünder des Fleisches", „Sünder des Geistes" und Jesus vorkommt. Zum Beispiel die Geschichte des Pharisäers und der Sünderin, die Jesus die Füße salbt, die Geschichte des Pharisäers und des Steuereinnehmers, die Geschichte des verlorenen Sohnes und seines älteren Bruders und – ja – die Geschichte der religiösen Führer und der Frau, die beim Ehebruch ertappt worden war.

In all diesen Geschichten wussten die Menschen, die „Sünden des Fleisches" begangen hatten, dass sie in großen Schwierigkeiten steckten. Sie sahen in Jesus aber auch einen Menschen, zu dem sie Hilfe suchend kommen konnten. Sie kamen schließlich nach Hause.

In all diesen Geschichten waren aber die Menschen, die durch Stolz und Arroganz schuldig wurden, alle gleichermaßen blind. Sie dachten, es sei möglich, Gott zu lieben und gleichzeitig Menschen zu verachten. Sie hielten sich tatsächlich für wahre Vorbilder an geistlicher Reife, weil sie keine Sünden des Fleisches begingen. Sie hatten keine Vorstellung davon, dass ihre Sünde ihre Fähigkeit zu lieben beeinträchtigte – wodurch die Sünden des Geistes zu den gefährlichsten und destruktivsten Sünden werden.

Wir regen uns am meisten über die Sünden des Fleisches auf. *Jesus* aber war am meisten über die Sünden des Geistes empört.

C. S. Lewis schrieb:

„Die Sünden des Fleisches sind schlimm, aber sie sind nicht die schlimmsten.

Die schlimmsten Lüste sind alle rein geistlicher Art: die Lust daran, andere ins Unrecht zu setzen, herumzukommandieren und sie von oben herab zu behandeln, [...] *sich an der Macht zu berauschen und Hassorgien zu feiern. Denn zwei Mächte im Menschen versuchen, ihn von seiner eigentlichen Bestimmung abzuhalten: das Animalische und das Teuflische. Das Teuflische ist das Schlimmere von beiden. Deshalb kann ein kalter, selbstgerechter Heuchler, der regelmäßig zur Kirche geht, der Hölle näher sein als die Hure.“*[4]

Ich frage mich, ob die Herzen dieser Gesetzeslehrer, als sie noch junge Männer waren und sich für ihren Lebensweg entschieden, für Gott und andere Menschen schlugen. Waren sie nicht von Liebe motiviert? Aber im Laufe der Zeit geschah etwas mit ihnen. Ihr Schriftstudium erfüllte sie mit Stolz. Ihre Bemühungen, der Schrift zu gehorchen, erfüllten sie mit Verachtung für diejenigen, die weniger fromm waren. Ihre Begabung erfüllte sie mit Ungeduld gegenüber denjenigen, die schwächer waren.

Ihre geistliche Macht erfüllte sie mit Verachtung für die Schwachen. Und sie wurden zum Sklaven ihres kalten Herzens, wie ein Drogenabhängiger zum Sklaven von Crack oder Kokain werden kann.

Das Heimtückische an den Sünden des Geistes ist, dass sich die Betroffenen dessen nicht bewusst sind. Bei den Sünden des Fleisches merkt man irgendwann, dass man falsch gehandelt hat. Aber die Sünden des Geistes sind einem oft nicht einmal bewusst.

Sie gehen einfach nur mit einem Stein in der Hand durchs Leben:

- verurteilende Gedanken,
- eine überlegene Haltung,
- ungeduldige Worte,
- bittere Wut,
- wenig Raum für Liebe.

Menschen stehen um Sie herum – zitternd vor Schuld, Furcht, Zerbrochenheit, Verlorenheit –, aber Sie sind so in Ihrer Selbstgerechtigkeit gefangen, dass Sie diese Menschen nicht einmal wahrnehmen. Oder schlimmer noch: Sie sehen sie, sind aber nicht bewegt. Sie merken es nicht einmal – Sie sind nicht mehr im Lebensrettungsgeschäft.

Eine Kirche aus Steinewerfern

Ich mache mir darüber viele Gedanken. Ich habe mein ganzes Leben in der Kirche verbracht. Ich liebe die Kirche, aber manchmal frage ich mich: Warum produzieren Kirchengemeinden so viele Steinewerfer?

Ich denke besonders an eine Gemeinde, zu der ich vor vielen Jahren gehörte und in der viele Menschen – nicht alle, aber zu viele – einfach kalt waren. Sie tanzten nicht, sie lachten nicht, sie besaßen kaum die Fähigkeit, sich zu freuen.

Aber es gab etwas, woran sie Spaß hatten: die geistliche Unterlegenheit anderer zu verurteilen.

- Irgendjemandes Kinder waren etwas wild – und sie nahmen Steine in die Hand.
- Irgendjemand hatte Eheprobleme – ein weiterer Stein.
- Der Verantwortliche für den Bereich Musik wählte das falsche Lied aus oder spielte es zu laut – wieder ein Stein.

Irgendjemand überschritt eine Linie, verletzte ein ungeschriebenes Gesetz, hatte ein Problem – und die Nachricht davon breitete sich schnell aus. Die Leute nahmen Steine auf. Tatsache ist – auch wenn sie das niemals zugegeben hätten –, dass das Aufsammeln von Steinen ihnen Energie verlieh. Sie freuten sich darauf.

Natürlich geschieht so etwas nie offen. Es sieht meist etwa folgendermaßen aus: Eine Frau wird beim Ehebruch ertappt. Andere Frauen in der Gemeinde sprechen darüber: „Weißt du es schon? Was für eine Schande: die armen Kinder. Wie kann sie nur?!" Sie schütteln den Kopf, schnalzen mit der Zunge und geben sich sorgfältig den Anschein besorgter Enttäuschung.

Innerlich denken sie, was sie nicht aussprechen würden: *Ich konnte sie noch nie leiden. Ich war immer neidisch auf sie. Sie ist viel attraktiver als ich – ich habe mich in ihrer Gegenwart immer wie eine graue Maus und wenig begehrenswert gefühlt.* Direkt unter der Oberfläche finden sich schlecht verborgene Gefühle wie selbstgefällige Befriedigung und eine gewisse Überlegenheit, zu den „Treuen" zu gehören.

Die Steine mögen auf Hochglanz poliert sein, aber sie haben dieselbe tödliche Wirkung.

Vor einiger Zeit arbeitete ich in einer Baptistengemeinde, die plötzlich einen gewaltigen Zulauf kirchenferner Menschen hatte. Diese Menschen hatten manchmal eine Vorliebe für eine bestimmte Art von Musik, Sprache, Lebensstil und Getränken, die für Leute, die ihr ganzes Leben in der Kirche verbracht hatten, wie ein unangenehmer Schock wirkte. Also luden wir einen Experten ein – einen Professor für neutestamentliche Bibelwissenschaft, bekannt als „Dr. B." –, der uns etwas über Gemeinschaft und Gnade erzählen sollte.

Eine alteingesessene Steinewerferin beschwerte sich bei Dr. B. darüber, wie wenig sie von den Neuzugängen hielt, und fragte: „Sollten die nicht erst ihre Angelegenheiten in Ordnung bringen, bevor sie in eine Gemeinde kommen?"

Dr. B. kann bei diesem Thema ziemlich leidenschaftlich werden und er tat es bei dieser Gelegenheit. „Wenn Sie zu einer Gemeinde gehören wollen, in der solche Menschen nicht willkommen sind und nicht einmal einen Schatten über die Schwelle werfen, werden Sie in jeder Stadt viele solcher Gemeinden finden. Sie können diese Gemeinden besuchen, wenn Sie wollen. Aber wer wird diejenigen willkommen heißen, die der Kirche fern stehen? Was ist mit den" – und hier spulte Dr. B. auswendig eine lange Reihe von Adjektiven ab, an die ich mich nur teilweise erinnern kann –, „was ist mit den Ketten rauchenden, Sexfilme schauenden, ‚Playboy' lesenden, Whiskey saufenden, ihre Frauen schlagenden, ihre Kinder vernachlässigenden SOBs?“[5]

Es gab eine lange Pause. Die Leute erwarteten diesen Begriff nicht von einem Professor für Neues Testament. In das Schweigen hinein fragte einer der Diakone der Gemeinde aus dem Hintergrund: „Sie meinen Baptistensöhne?“[6]

Wer wird die Baptistensöhne willkommen heißen?

Philip Yancey stellt an den Anfang seines Buches „Gnade ist nicht nur ein Wort“ eine Geschichte, die er von einem Freund gehört hatte:

„Eine Prostituierte kam in einem erbärmlichen Zustand zu mir. Sie hatte keine Wohnung, war krank und außer Stande, ihr zweijähriges Töchterchen durchzubringen. Unter heftigem Weinen erzählte sie mir, sie hätte ihre Tochter (die gerade erst zwei Jahre alt war!) Männern mit abartigen sexuellen Praktiken angeboten. In einer Stunde verdiente sie durch die Prostitution der Tochter mehr, als sie selber in einer ganzen Nacht anschaffen konnte. Sie müsse das tun, erklärte sie, weil sie sonst kein Geld für Drogen hätte. Ich ertrug es kaum, diese schmutzige Geschichte anzuhören. [...]

Dann fragte ich sie schließlich, ob sie je daran gedacht habe, in einer Kirche um Hilfe zu bitten. Ich werde nie den Ausdruck von purem, naivem Schock vergessen, der über ihr Gesicht huschte. ‚Kirche?‘, rief sie. ‚Was soll ich denn da? Ich fühle mich sowieso schon schlimm genug. Da würde ich mich nur noch schlechter fühlen!‘“[7]

Warum liefen damals die Frauen so oft zu Jesus, wenn sie heute so oft von seinen Nachfolgern davonlaufen? Wie könnte eine kleine Gemeinschaft aussehen, wenn keines ihrer Mitglieder einen Stein aufnähme?

So stehen sie also da. Diese Frau, die auf ihren Tod wartet, ihre Ankläger mit Steinen in den Händen, und dieser Mann, Jesus. Die Steinewerfer fragen ihn: „Was sagst du dazu?“

Dann tut Jesus etwas Merkwürdiges. Er bückt sich und fängt an, in den Sand zu schreiben. Interessanterweise ist das die einzige Stelle in den Evangelien, in der wir erleben, dass Jesus schreibt –

und er schreibt nicht auf Papyrus oder Papier, sondern auf Sand, wo die Worte schnell verloren gehen.

Das Schreiben ärgert die Steinewerfer. Sie finden Jesu Verhalten seltsam. Im Fernsehen gibt es einen Detektiv namens Columbo. Man ist sich nie sicher, ob er wirklich bemerkt, was sich um ihn herum ereignet. Jesus macht es ähnlich wie Columbo. Er scheint ihnen überhaupt keine Aufmerksamkeit zu schenken. Also setzen ihn die Gesetzesgelehrten unter Druck: „Du bist der Rabbi, also mach schon. Was sagst du dazu?“

Jesus richtet sich auf und sagt: „Steinigt sie, so wie das Gesetz es vorschreibt. Nur eine Regel sollt ihr dabei befolgen: Wer von euch ohne Sünde ist, werfe als Erster einen Stein auf sie.“ Und dann bückt Jesus sich wieder und schreibt weiter in den Sand.

Was schrieb Jesus da? Leider berichtet Johannes uns nichts darüber. Aber das hielt die Wissenschaftler nicht davon ab, Vermutungen anzustellen:

- Es war im Römischen Recht üblich, den Urteilsspruch zuerst aufzuschreiben und dann vorzulesen; manche gehen davon aus, dass Jesus dies tat, um seine richterliche Autorität auszudrücken.
- Manche gehen davon aus, dass Jesus die Zehn Gebote niederschrieb.
- Es gibt eine weitere Möglichkeit. Vielleicht malte er Strichmännchen wie manche Leute, die in Meetings oder beim Telefonieren herumkritzeln.
- Ein faszinierender Gedanke stammt aus dem 5. Jahrhundert und besagt, dass Jesus die Sünden der religiösen Führer dieser Gruppe aufschrieb. Beispielsweise: „Länger als zur Beweiserbringung nötig am Fenster stehen und dem Vollzug des Ehebruchs zusehen …“

Vielleicht notiert er die Sünden der Leute, die in diesem Kreis aus Selbstgerechtigkeit um ihn herumstehen, eine nach der anderen.

Egal, was er schreibt, egal, was er tut, er konfrontiert die Männer mit einer Entscheidung: „Werft eure Steine, wenn ihr wollt. Vollzieht das Urteil. Verdammt sie. Es liegt an euch. Geht nur sicher, dass ihr selbst sündlos seid. Denkt einfach daran, dass Menschen mit Sünde – gefallene Menschen – nicht in der Position sind, Steine werfen zu dürfen. Wenn sündige Menschen anfangen, andere zu verurteilen, sprechen sie schließlich das Urteil über sich selbst."

Mag sein, dass Jesus ihre Sünden niederschreibt. Aber er schreibt sie in den Sand, wo sie schnell wieder ausgelöscht werden können. Und dann geschieht etwas Erstaunliches.

Irgendjemand lässt seinen Stein fallen. Dann ein weiterer, schließlich ein Dritter. Die Älteren und Weiseren zuerst, wie es bei den Juden üblich war, so erfahren wir.

Vielleicht werden ihre Herzen ein wenig weicher und sie werden ein wenig menschlicher. Vielleicht erinnern sie sich daran, wie es ist, wenn man dort steht und Vergebung braucht. Keiner der Steine wird vor Wut geworfen.

In der Gemeinschaft Jesu ist kein Raum für Steinewerfer. Wir sind alle zu zerbrochen. Philip Yancey sagt, dass die Zuhörer Jesu die Menschen in zwei Kategorien eingeteilt hätten: in Sünder (wie diese Frau) und in die Gerechten (wie diese Männer). Doch Jesus ersetzt diese Kategorien in einem Geniestreich durch zwei andere: in Sünder, die geständig sind, und in Sünder, die leugnen.[8]

Unsere Steine fallen lassen

Haben auch Sie Steine in der Hand, die Sie fallen lassen müssen?

> Andere zu kritisieren und zu verurteilen ist so tief in uns verwurzelt, dass manche Menschen sich überhaupt nicht vorstellen können, ohne diese Verhaltensweise funktionieren zu müssen.

Wir *müssen* Menschen einfach wissen lassen, wie wenig wir sie schätzen – besonders diejenigen, die wir nicht mögen. Und natürlich werden wir durch das Gefühl der Überlegenheit, das solche Verurteilungen in uns auslösen, reichlich belohnt.

Dallas Willard beschreibt die bemerkenswerten Verhaltensweisen, die er in der Herkunftsfamilie seines Schwagers erlebte:

„Unter ihnen herrschte ein Geist, dem ich bisher noch nirgendwo begegnet bin und dem ich vielleicht auch nie mehr begegnen werde. Sie verurteilten einander nicht. Sie arbeiteten hart, waren fast übermäßig rechtschaffen und zeigten ihren Kindern, dass falsches Verhalten Konsequenzen hat. Aber ich sah oder spürte bei ihnen nie den leisesten Funken von Verurteilung oder verurteilender Schuldzuweisung. [Sie] *zeigten mir, wie man ein starkes und gutes Leben führen konnte, ohne andere zu verurteilen, zu bestrafen oder zu kontrollieren.* […] *Wenn wir Freundschaft mit dem Jesus schließen, der nun im Universum wirkt, stehen wir in einer neuen Realität, in der die Verurteilung anderer einfach irrelevant ist."*[9]

Der Apostel Paulus schreibt, dass es unter denen, die in Christus Jesus sind, keine „Verurteilung" mehr gibt (Römer 8,1). „Gott selbst ist für uns, wer will sich dann gegen uns stellen?", fragt er wenig später (Römer 8,31).

Halten Sie Steine in der Hand, die Sie fallen lassen sollten? Die vielleicht gegen Ihre Mutter oder Ihren Vater gerichtet sind, gegen einen Ex-Ehepartner, einen Vorgesetzten, einen Arbeitskollegen oder gegen jemanden, der Sie verletzt hat? Sie tragen den Stein schon so lange mit sich herum, dass Sie sich gar nicht mehr daran erinnern können, wie es war, ohne ihn zu leben.

Legen Sie den Stein aus der Hand.

Und das bedeutet vielleicht, dass Sie auch handeln müssen:

- ▷ Wenn Sie Gerüchte verbreitet haben – gehen Sie zu der Person, mit der Sie gesprochen haben, und entschuldigen Sie sich. Stellen Sie Dinge richtig.
- ▷ Wenn Ihr Herz gegenüber einem Menschen verhärtet ist – erweisen Sie diesem Menschen in irgendeiner Weise einen Dienst. Sprechen Sie mit niemandem darüber. Bitten Sie Gott, Ihr Herz zu verändern.
- ▷ Wenn Sie sich einem Menschen gegenüber schlecht verhalten haben – gehen Sie zu dieser Person. Heute. Bitten Sie um Vergebung.

Manchmal werden Steine auch innerhalb von Familien geworfen. Vielleicht sind es nur kleine Kieselsteine, aber es wird zu einer Gewohnheit, die die Steinewerfer oft selbst nicht einmal mehr wahrnehmen. C. S. Lewis fragt:

„Wer war noch nie der verlegene Gast an einem Familientisch gewesen, wo Vater oder Mutter ihre erwachsenen Kinder mit einer Unhöflichkeit behandelten, die im Umgang mit anderen jungen Leuten einfach das Ende der Bekanntschaft bedeutet hätte? Sie stellen Behauptungen auf, von denen sie im Gegensatz zu ihren Kindern nichts verstehen, fallen ihnen ins Wort, widersprechen ihnen ins Gesicht, ziehen Dinge ins Lächerliche, die die Jungen ernst nehmen, […] *machen beleidigende Anspielungen auf die Freunde ... Und dann klagen sie: ‚Warum gehen sie immer aus? Warum sind sie lieber in jedem andern Haus als hier, zu Hause?‘ Die Antwort fällt nicht schwer: Wer zieht nicht Freundlichkeit der groben Unhöflichkeit vor?“*[10]

Dorothy Bass schreibt über eine Familie, die eine neue Möglichkeit fand, den Sabbat zu ehren. Sie kam überein, dass es an Sonntagen keine Kritik in ihrem Haus geben sollte. Die auffälligste Folge, so berichtet Bass, war die Tatsache, dass die Freunde der Kinder die Sonntage zunehmend in ihrem Haus verbrachten.[11]

Paul Tournier war ein brillanter Denker und Autor, vielleicht sogar der einflussreichste christliche Therapeut des 20. Jahrhunderts. Ärzte aus der ganzen Welt reisten zu seinem Haus in Genf, um von ihm zu lernen. „Es ist immer ein bisschen peinlich für Studenten, wenn sie zu mir kommen und meine ‚Techniken‘ studieren wollen“, sagte er einmal, „weil sie immer enttäuscht von mir weggehen. Alles, was ich tue, ist, Menschen anzunehmen.“[12]

Wie ich bereits sagte, bedeutet einen Menschen anzunehmen nicht, sein Verhalten immer gutzuheißen. Wir werden sehen, dass auch Jesus nicht viel von der Vergangenheit dieser Frau hielt. Ebenso wenig ist Annahme dasselbe wie Toleranz. Jemand mag mich tolerieren – mag sich mit meiner Existenz und vielleicht sogar mit meinen Fehlern abfinden –, aber darin findet sich keine Heilung. Menschen brauchen mehr als Toleranz. Bertrand Russell schrieb: „Ein gewisses Pflichtgefühl ist bei der Arbeit sinnvoll, aber Gift für persönliche Beziehungen. Menschen wollen gemocht und nicht mit geduldiger Resignation ertragen werden.“[13]

Dies ist einer der Gründe, warum Jesus Menschen so anzog. Im Allgemeinen begegnen wir denen, die uns überlegen sind, mit Achtung; von ihnen mit geduldiger Resignation ertragen zu werden, ist das Beste, worauf wir hoffen können. Weise Menschen ertragen Dumme nicht mit sehr viel Freude; Stars fahren normalerweise nicht im selben Bus wie drittklassige Spieler: Aber als verkorkste Sünder zum einzigen sündlosen Menschen kamen, der jemals lebte, ertrug er sie nicht einfach nur mit geduldiger Resignation. Er mochte sie aufrichtig.

Annahme ist ein Akt des Herzens. Jemanden anzunehmen bedeutet, ihm zu versichern, dass Sie es für etwas sehr Schönes halten, dass er lebt.

Wir kommunizieren dies auf vielfältige Weise, aber am wirkungsvollsten ist es, dem anderen geduldig und aufmerksam zuzuhören, wenn er seine dunklen Geheimnisse offenbart. Eine Mutter ärgert sich über ihre Kinder und über die Anforderungen, die diese an sie stellen. Als sie das merkt, fühlt sie sich schuldig und ist sicher, dass sie dadurch zum Ungeheuer wird. Ein Geschäftsmann merkt, dass er sich wünscht, eine Affäre mit einer Verkäuferin einzugehen, die 20 Jahre jünger ist als er. Ein Pastor stellt fest, dass er insgeheim Zweifel an dem Gott hat, den er anderen verkündigt. Ein 15-jähriger Junge fühlt sich stark von anderen Männern angezogen. Er weint und betet, aber die Gefühle verschwinden nicht, und er verachtet sich selbst.

Diese Menschen erzählen ihre Geheimnisse niemandem, weil sie sich sicher sind, dass das Steinewerfen dann sofort losgehen würde. Sie wissen dies, weil sie oft Felsbrocken auf sich selbst werfen. Wenn sie Glück haben, finden sie jemanden, der ihnen zuhört und das Gesicht nicht voller Abscheu abwendet. Jemanden, der ihnen zuhört und ihnen dabei mehr als nur geduldige Resignation entgegenbringt. Jemanden, der die Dunkelheit sieht und sie doch weiter liebt. Jemanden, der keine Steine in der Hand hat, um sie damit zu bewerfen.

Die Frau aus unserer Geschichte fand einen solchen Mann. Am Ende der Ereignisse bleiben nur Jesus und die Frau übrig – und ein Haufen Steine. Jesus konnte nun zum Steinewerfer werden. Er hätte das Recht dazu.

Stattdessen tut er etwas Wunderbares. Er fragt die Frau: „Wo sind all die Steinewerfer? Hat dich keiner verurteilt?"

Jesus möchte nicht wirklich wissen, wo die anderen sind. Er will auf etwas anderes hinaus. Er sagt im Grunde: „Du und diese Männer, ihr unterscheidet euch nicht allzu sehr voneinander. Sie sind zerbrochene Sünder; du bist eine zerbrochene Sünderin. Wegen ihrer geistlichen Überlegenheit sitzt ihr alle im selben Boot. Ist denn kein einziger sündloser Steinewerfer mehr übrig, um dir das zu geben, was du verdienst?"

„Keiner, Herr."

„Na gut. Dann werde ich das auch nicht tun. Es gibt keine Verurteilung mehr."

„Geh und sündige von jetzt an nicht mehr!"

Jesus lässt es jedoch nicht dabei bewenden. Er hat noch etwas zu sagen – noch ein Columbo-Augenblick: „Da ist noch etwas …"

Dann spricht Jesus die Worte, die sie ins Herz treffen und zurück ins Leben bringen. Sie erfüllen sie mit Schmerz, weil sie ihr zeigen, dass er alles über ihre Vergangenheit weiß. Sie erfüllen sie mit Hoffnung, weil sie ihr sagen, dass es jemanden gibt, der an sie glaubt. Diese Worte werden sie begleiten, bis sie alt, voller Falten und grau ist, umgeben von einem Ehemann, Kindern und Enkelkindern, die sie lieben. Jesus sagt: „Geh und sündige von jetzt an nicht mehr."

Dies ist eine sehr wichtige Sache: Annahme bedeutet nicht, irgendein Verhalten zu tolerieren, das sie aus eigenem Entschluss praktiziert.

Manche Menschen gehen davon aus, Annahme bedeute, dass eine missbrauchte Ehefrau das ganze Leid tolerieren muss, das ihr Ehemann ihr zufügt; dass eine besorgte Frau schweigend zuschauen muss, wenn ihre Freundin Entscheidungen trifft, die ihr Leben zugrunde richten können.

Einen anderen Menschen anzunehmen bedeutet nicht, dass wir uns weigern, die Dinge anzusprechen, die anderen Menschen Schaden zufügen und ihre Seele verletzen können.

Jean Vanier schreibt: „Unsere Schwächen und die der anderen anzunehmen ist genau das Gegenteil von nachlässiger Selbstgefälligkeit. Es ist keine fatalistische und hoffnungslose Annahme. Es ist vielmehr ganz wesentlich eine Sorge um die Wahrheit."[14]

Wenn es uns nicht gelingt, einen anderen Menschen mit etwas zu konfrontieren und die Wahrheit in Liebe anzusprechen, kann dies für die Gemeinschaft letztlich ebenso fatal sein wie die Verurteilung des anderen. Um Bonhoeffer zu paraphrasieren: „Im täglichen, ernsthaften Leben mit dem Kreuz Christi verliert der Christ den Geist des menschlichen Verurteilens auf der einen Seite und der teilnahmslosen Nachlässigkeit auf der anderen Seite. Stattdessen bekommt er den Geist der göttlichen Strenge und der göttlichen Liebe."

Zwischen „sich ein Urteil bilden" und „verurteilend sein" liegen Welten. Dallas Willard schreibt:

„Wenn wir vermeiden wollen, andere Menschen zu verurteilen, müssen – und können *– wir die gängige Praxis des Entscheidens und Unterscheidens, wie Dinge sein sollen, nicht aufgeben. Wir* können *uns dennoch darin schulen, andere für ihre Fehler zur Verantwortung zu ziehen, und mit ihnen darüber sprechen – und sie sogar zu Strafen verdonnern, wenn wir uns in einer ihnen übergeordneten Position befinden, und zwar ohne ihren Wert als Menschen anzugreifen oder sie als Ausschussware zu brandmarken."*[15]

Jesus nahm die Frau an. Er vergab ihr ihre Sünden – man kann einen Menschen unmöglich annehmen, wenn man ihm die Vergebung verweigert. Aber diese Annahme und Vergebung kostete ihn selbst einen hohen Preis. Indem er sie verteidigte, machte er sich mächtige Feinde. Er hatte diesbezüglich keine Illusionen. Wie Kenneth Bailey sagt: „Sie werden mit einem größeren Stock kommen. Jesus wird verletzt, weil er so handelt, wie er handelt – für sie. Jesaja schrieb: ‚Durch seine Wunden sind wir geheilt.'"[16]

„Geh und sündige von jetzt an nicht mehr.“ Jesu Annahme ist umsonst und unverdient – aber sie verlangt auch etwas. Damit die Frau das volle Ausmaß dieser Annahme erleben kann, muss sie einen neuen Lebensstil führen. Dieselbe Gnade, die sie von den Sünden ihrer Vergangenheit befreit, fordert sie dazu auf, frei von ihnen in die Zukunft zu gehen.

Erstaunlicherweise gelingt es radikaler Annahme, was Verurteilung, Kritik und Überheblichkeit nicht schaffen: Leben zu verändern. Stellen Sie sich vor, was in unserer kleinen Welt geschehen könnte, wenn wir so mit Menschen umgingen, wie Jesus ihnen begegnete. Was würde geschehen, wenn wir aufhören würden, den Wert anderer Menschen anzugreifen und sie unsere Verachtung spüren zu lassen? Stellen Sie sich vor, Sie wären als ein Mensch bekannt, der nie einen Stein aufhebt.

Dann werden auch wir Teil von Jesu Gemeinschaft der radikal gelebten Annahme. Dann werden wir mit ihm im Lebensrettungsgeschäft tätig sein. Dann werden auch wir – in kleinerem Stil – den Einen widerspiegeln, der am Kreuz das Motto der *Humane Society* praktisch vorlebte: „Du musst hinausgehen, aber du musst nicht wiederkommen.“

Tanzen lernen

1. Wann haben Sie einen Fehler gemacht oder versagt und erlebt, wie Ihnen jemand seine Annahme gezeigt hat – statt Sie zu verurteilen, wie Sie es erwartet hatten?

2. Diese Übung soll Ihnen helfen, über Ihre Erfahrungen mit Gemeinschaft nachzudenken. Sie können diese Frage auf eine Freundschaft, eine Kleingruppe oder Ihre Ehe beziehen. Denken Sie daran, wie Sie miteinander umgehen. Markieren Sie auf der folgenden Skala den Punkt, der am besten beschreibt, wie intensiv Sie in dieser Beziehung Gemeinschaft (er-)leben.

Verurteilung/	Liebe/	Teilnahmslosigkeit/
Verachtung	Wahrheit	Ausweichen

3. Welchen Schritt müssen Sie als nächsten gehen, um besser zu lernen, die Wahrheit in Liebe auszusprechen?

4. Warum bringen Ihrer Meinung nach auch Kirchengemeinden Steinewerfer hervor?

5. Halten Sie im Augenblick Steine in Händen?

6. Welche Menschen oder Probleme neigen dazu, den Steinewerfer in Ihnen zu aktivieren? Warum?

7. Denken Sie an die Worte, die Sie heute ausgesprochen haben. Haben Sie den Menschen in Ihrem Umfeld Leben gespendet? Erstellen Sie eine Liste von Worten oder Handlungen, die für Sie am stärksten Annahme kommunizieren. Verbringen Sie eine gewisse Zeit damit, sie gegenüber den Menschen zu praktizieren, die Ihnen heute begegnen.

Kapitel 6

Die Kunst, Menschen zu lesen: Empathie

„Du sagst, du weißt,
wie es in einem Menschen aussieht.
Und wie in Hunderten anderer Dinge.
Wage es, es auszusprechen und mir etwas über mich selbst zu erzählen."
Robert Frost[1]

Es gibt ein Buch, das zu einer bestimmen Zeit Ihres Lebens für Sie das wichtigste Buch der Welt war. Es ist kein sonderlich gut geschriebenes Buch; es gibt keine einzige Zeile, die man zitieren würde. Es ist kein Buch, das man gut auswendig lernen könnte, und ich bezweifle, dass man den Autor ausfindig machen könnte. Aber abgesehen von der Bibel ist es vermutlich das am weitesten verbreitete Buch in unserer Gesellschaft.

Es trägt den Titel „Die Straßenverkehrsordnung". Es gab eine Zeit in Ihrem Leben, in der Sie sich voller Eifer darum bemühten, dieses Buch zu studieren und seinen Inhalt zu lernen.

Dieses Buch ist wieder frisch in meine Erinnerung gerückt, weil ich diese Woche einen Anruf von meiner Tochter erhielt, die seit kurzem den Führerschein hat. Sie rief mich von unterwegs an. Sie kann nun ganz alleine Auto fahren.

Wenn Sie also irgendwann einmal in Chicago unterwegs sein sollten und ein rothaariges Mädchen herumfahren sehen, dann sollten Sie sehr, sehr vorsichtig sein.

Bevor Sie Ihren Führerschein bekommen, müssen Sie ein gewisses Maß an Kompetenz unter Beweis stellen. Sie müssen die gängigsten Verkehrszeichen kennen und zeigen, dass Sie sie lesen und richtig auf sie reagieren können. Diese Verkehrszeichen sind so wichtig, dass sie so gestaltet wurden, dass man nicht einmal Worte braucht, um sie verstehen zu können.

- Wenn Sie einen Pfeil in U-Form in einem roten Kreis sehen, durch den eine rote Linie verläuft, bedeutet das „Wenden verboten".
- Wenn Sie zwei Linien sehen, die sich zu einer einzigen Linie vereinigen, bedeutet das, dass sich zwei Fahrspuren zu einer einzigen Spur verengen.
- Wenn Sie die Zahl „130" an einer Autobahn sehen, hat das im Allgemeinen keine große Bedeutung.

Verkehrszeichen sind nicht immer hilfreich. Ken Davis erzählt davon, dass auf der *Trail Ridge Road*, einer der höchstgelegenen befestigten Straßen der Vereinigten Staaten, die bis auf 3 713 Meter führt, ein Schild auf dem Gipfel steht, das offensichtlich von einem übereifrigen Mitarbeiter des Staates Colorado aufgestellt wurde. Der volle Text des Schildes lautet „HÜGEL".

Davis fügt hinzu:

„Daneben ist das Bild eines Hügels gemalt, falls man den Fehler begeht, die 25 Kilometer lange Abfahrt als große Bodenwelle wahrzunehmen.

Wo wir von Bodenwellen reden – wer ist dafür zuständig, wo Schilder aufgestellt werden? Meist muss ich mich erst vom Autodach abkratzen, um dann das Zeichen ‚Bodenwelle' zu erblicken. Ich vermute doch sehr, dass solche Schilder eigentlich als Warnung, weniger als Feststellung gedacht sein sollten. Was so ein Zeichen leistet, ist nichts anderes als der Rückschluss auf die Person, die es dort aufgestellt hat."[2]

Aber im Allgemeinen verbirgt sich hinter den Straßenschildern der Gedanke, dass es möglich ist – zumindest theoretisch –, immer zu wissen, was man tun sollte, wenn man hinter dem Lenkrad sitzt. Die Schildermacher versuchen, die Vermutung abzuschaffen.

Beziehungskunde

Wäre es nicht schön, wenn es nicht nur Straßenschilder, sondern auch Schilder für Menschen gäbe?

Sie kommen an Ihren Arbeitsplatz, und um den Hals Ihres Chefs hängt ein riesiges Schild: „Hatte heute Morgen dicken Streit mit seiner Ehefrau – mit Vorsicht zu genießen."

Sie stecken Ihr Kind spätabends ins Bett, sind hundemüde und versucht, die Prozedur möglichst schnell über die Bühne zu bringen, als Sie das Schild sehen: „Werden zu schnell groß – Tempo reduzieren."

Sie sind mit jemandem verabredet, den Sie nicht besonders gut kennen: „Ernstlich und atemberaubend gestört – rennen Sie um Ihr Leben. Rückwärtsfahren kann schwere Schäden an den Bremsen verursachen." Oder auf dem Schild steht einfach: „Abgrund."

Was wäre, wenn wir alle in der Schule das Fach Beziehungskunde hätten und eine Art Führerschein erwerben müssten, bevor wir uns alleine auf Beziehungen einlassen dürften?

Man könnte dann von der Beziehungspolizei aus dem Verkehr gezogen werden, wenn man zu schnell, zu lange oder zu laut spricht, wenn man es nicht schafft, komplett und mit Bedacht am Stoppschild anzuhalten, bevor man in eine richtiggehende Konfrontation rauscht, oder wenn man sich doch durchmogeln wollte, obwohl alle Zeichen „Straße gesperrt" sagten.

Es wäre eine große Hilfe, wenn die Menschen Schilder um den Hals trügen, auf denen stünde, wie man sich ihnen gegenüber verhalten sollte, wenn wir uns durch unser Beziehungsleben zu navigieren versuchen.
Tatsächlich tragen sie solche Schilder. Wir müssen nur lernen, sie zu lesen.

Salomo sagt: „Der Lebensgeist ist Gottes Lampe; mit ihr durchleuchtet er das Menschenherz und seine Gedanken" (Sprüche 20,27).

Für die Verfasser der Bibel war eine der fantastischsten Eigenschaften Gottes, dass er nicht nur das Äußerliche, Offensichtliche des Menschen betrachtet. Er nimmt das Herz wahr. Er achtet auf den Geist. „Herr, du durchschaust mich, du kennst mich bis auf den Grund", sagt der Psalmist. „[...] du kennst meine Pläne von ferne. [...] jeder Schritt, den ich mache, ist dir bekannt" (Psalm 139,1–3).

Da wir nach dem Bild Gottes und für die Gemeinschaft erschaffen wurden, tragen wir ein klein wenig von dieser Fähigkeit auch in uns. Gott möchte, dass wir einander kennen, dass wir darauf achten, was sich unterhalb der Oberfläche abspielt, und darauf hören, was im Herzen des anderen passiert.

Und hier ist der Schlüssel dazu: Das Herz (die Gefühle) eines Menschen fasst sich normalerweise nicht in Worte. Überwiegend drückt es sich auf subtilere Weise aus: Körpersprache, Tonfall der Stimme, Gesichtsausdruck, Gestik. Ein Mensch kann nervös lachen, mit eingesunkenen Schultern dasitzen oder lebhaft und voller Energie sprechen. Menschen senden Ihnen in erster Linie durch ihre Körpersprache unablässig Tausende von Signalen: „Sprechen Sie weiter. Hören Sie auf zu reden. Ich fühle mich gestresst. Ich bin nicht Ihrer Meinung. Ich genieße unsere Begegnung. Ich bin gelangweilt. Ich wünschte, ich wäre in Milwaukee. Ich wünschte, *Sie* wären in Milwaukee."

Ich glaube, dass Gott uns unseren Körper zum Teil auch deshalb gab, weil unser Körper uns eine brillante Möglichkeit bietet, die Sprache unseres Herzens zu sprechen. In der Bibel finden sich dazu viele Beispiele.

Der Verfasser des Buches Genesis schrieb, dass Kain finster zu Boden blickte, als er auf Abel eifersüchtig war (Genesis 4,5).

Gott fragte ihn: „Warum bist du zornig? Warum starrst du auf den Boden?"

Gott las in Kains Gesicht.

Dallas Willard wies darauf hin, als er schrieb:

„Die Neigungen und Gefühle, die unser Leben bestimmen – ob bewusst oder unbewusst –, wohnen in ziemlich konkreten Teilen unseres Körpers und offenbaren sich anderen Menschen durch unsere Körpersprache – dadurch, wie wir die entsprechenden Kör-

perteile ‚tragen'. Sie regieren nicht nur unsere unmittelbaren Reaktionen, sondern lassen sich von aufmerksamen Menschen in unserer Umgebung auch sehr genau lesen und bestimmen wiederum, wie diese Menschen auf uns reagieren. Wir tragen unsere Seele quasi am Jackenaufschlag, selbst wenn wir uns dessen nicht bewusst sind, und dadurch wird die Qualität unserer Beziehung zu anderen Menschen bestimmt."[3]

Der Wissenschaftler David Stern nennt diese Fähigkeit, Menschen zu lesen und entsprechend darauf zu reagieren, die Fähigkeit, sich aufeinander einzustellen.[4] Menschen mit einer Beziehungsintelligenz sind Fachleute darin. Sie können es zwischen Müttern und ihren Babys erleben. Das Baby nimmt eine Rassel, klappert damit und lacht und die Mutter gibt ihm einen kleinen Schubs mit der Schulter. Das Baby quietscht vor Vergnügen, und die Mutter lächelt es an und drückt es ein wenig, oder sie versucht, mit ihrer Stimme das Quietschen des Babys nachzumachen.

Die Mutter hat sich auf das eingestellt, was im Herzen dieses kleinen Kindes vorgeht. Sie gibt dem Kind das Gefühl einer emotionalen Verbindung, die diesem zu erkennen hilft, dass seine Gefühle verstanden werden. Stern fand heraus, dass Mütter dies etwa einmal pro Minute mit ihrem Kind machen.

Wenn dies gut gelingt, wachsen die Kinder mit der Fähigkeit auf, ihre eigenen Gefühle zu lesen, sich ihrer Gefühle selbst bewusst zu sein und sich auch auf andere Menschen einzustellen.

Gefährlich daran ist, dass Menschen, die andere Menschen nicht gut lesen können, sich dessen im Allgemeinen nicht bewusst sind. Es ist, als ob sie emotional nicht in der Lage seien, Töne zu unterscheiden. Haben Sie schon einmal neben jemandem gestanden, der ein schlechtes Ohr und eine laute Stimme hatte? Wenn ein Mensch ohne musikalisches Gehör in einem Raum voller Menschen mit gutem Gehör falsch singt, wer merkt dann wohl nicht, dass jemand den Ton nicht trifft?

Das gilt auch für Menschen, die auf emotionaler Ebene die „Töne" nicht treffen. Solche Menschen sind sich nicht bewusst, dass sie etwas falsch machen. Aus diesem Grund ist Beziehungsintelligenz so wichtig. Am Arbeitsplatz vermitteln bestimmte Menschen immer Ärger, Kritik oder Entmutigung. Sie mögen die technische Seite ihres Jobs perfekt beherrschen. Sie mögen in vielem Recht haben. Sie mögen auch viele Aufgaben gut erledigen. Aber andere Menschen meiden ihre Gegenwart. Sie bleiben beruflich auf einer niedrigen Stufe stehen und wundern sich, warum. Sie haben das Gefühl, übergangen und isoliert zu werden. Sie stellen fest, dass Beziehungen auf eine Mauer stoßen. Beförderungen und berufliche Chancen werden auf einer bestimmten Ebene gestoppt. Andere Menschen distanzieren sich nach einer gewissen Zeit von ihnen. Das kann unter Umständen ziemlich schmerzhaft sein.

Tatsache ist, dass sie Dinge tun, die Menschen davon abhalten, vertraute Beziehungen zu ihnen einzugehen – aber sie merken es nicht! Ihre Isolation ist für sie ein großes Geheimnis.

Die gute Nachricht lautet, dass man Beziehungsintelligenz lernen kann. Fördern Sie diese Fähigkeit, machen Sie es richtig, und Sie werden regelmäßig die Gelegenheit haben, Menschen positiv zu beeinflussen, zu trösten, herauszufordern und zu lieben. Sie werden Freundschaften schließen, in denen Offenheit und Vertrautheit an der Tagesordnung sind. Sie werden von Arbeitskollegen umlagert werden. Sie werden als Freund oder Vater oder Mutter erfolgreicher sein.

Beziehungsregeln

Ich möchte mit Ihnen im Folgenden ein paar Beziehungsregeln betrachten. Sie gehören zu den wichtigsten Signalen, die Menschen aussenden, um uns Anhaltspunkte für den Umgang mit ihnen zu geben. Ich beziehe mich dabei im Wesentlichen auf die Forschungsergebnisse, die David Givens in seinem Buch *The Nonverbal Dictionary of Gestures, Signs and Body language Cues*[5] zusammengestellt hat. Aber ich möchte sie so präsentieren, wie sie Ihnen tatsächlich auf Ihrem Weg begegnen können.

Welche wichtigen Schilder sollte man lesen können, um die Kunst, Menschen zu lesen, zu beherrschen?

1. Schild: Stopp!

Wir fangen mit einem ganz einfachen Schild an. Menschen senden ständig folgende Signale aus: „Hören Sie auf zu reden. Hören Sie auf, mir Ratschläge zu erteilen. Hören Sie auf, so zu schwafeln. Hören Sie auf, mich zu kritisieren. Hören Sie auf zu tratschen. Hören Sie auf, sich verbal in den Mittelpunkt zu stellen – stopp!"

In der Regel senden Menschen diese Signale mit den Augen. Augenkontakt ruft starke Emotionen hervor. In normalen Gesprächen hält er selten länger als drei Sekunden, bis einer oder beide der Gesprächspartner den starken Drang verspüren, den Blick abzuwenden. Menschen, die einander mögen, neigen zu länger anhaltendem Blickkontakt. Liebende schauen sich so lange in die Augen, dass sie „in den Augen des anderen ertrinken". Aber wenn jemand Sie dazu bringen möchte, mit dem Reden aufzuhören, wird er den Augenkontakt auf ein absolutes Minimum reduzieren.

Zeit für ein Geständnis:

> Sind Sie schon einmal über eine klar beschilderte Kreuzung in einem Gespräch gefahren, ohne dass die Räder vorher völlig und eindeutig zum Stillstand gekommen waren? Ich finde es erstaunlich, wie viele Menschen solche nonverbalen Stoppschilder überfahren.

Vor einigen Jahren steckten meine Familie und ich mit einer Frau und deren achtjährigem Sohn in einem Raum fest, als wir während eines Elterntages an der Schule jeweils auf ein Familienmitglied warteten. Wir waren einander nie zuvor begegnet. Eine Stunde lang hörte diese Mutter nicht auf zu sprechen. Sie erzählte uns von sich, von ihrem Ehemann, ihren Kindern, ihren Nachbarn und den Kindern der Nachbarn. Nach einer Stunde wussten wir mehr über sie als über manche unserer eigenen Verwandten.

Nicht, dass wir keine Signale aussandten. Wir taten es. Niemand suchte den Augenkontakt mit ihr, weil wir Angst hatten, sie dadurch noch zu ermutigen. Niemand nickte mit dem Kopf als

Reaktion auf das, was sie sagte. Unsere Körper waren von ihr abgewandt. Wir scharrten mit den Füßen, wir spielten mit den Fingern, wir taten alles, außer nach draußen zu gehen und uns ein großes Schild mit der Neonaufschrift „Nun holen Sie doch endlich mal Luft!" zu besorgen. Sie konnte nicht aufhören. Man hatte den Eindruck, sie hatte ein starkes verbales Abführmittel eingenommen und hatte ihre Worte nun nicht mehr unter Kontrolle.

Schließlich kam ihre Tochter. Sie und ihr Sohn standen auf, um zu gehen, aber sie redete weiter wie ein Wasserfall: „Also, wir müssen gehen, Kinder. Ich muss noch ein paar Sachen für das Abendessen besorgen, wir müssen euren Vater abholen und – oh ja – ich muss noch ein paar Knöpfe kaufen."

Dann sprach ihr Sohn die einzigen Worte, die er während des gesamten Nachmittags sagte: „Mutter, du brauchst ein paar Knöpfe für deinen Mund."

Wir hatten alle das dumpfe Gefühl, dass dies vermutlich das Reden des Heiligen Geistes war.

Möglicherweise besteht das wichtigste Werkzeug, das Sie Ihrem Beziehungsintelligenz-Werkzeugkasten hinzufügen können – zumindest in der Begegnung mit manchen Menschen – in ein paar Knöpfen für Ihren Mund. Achten Sie bei Ihren Begegnungen auf nonverbale Stoppschilder: Menschen fangen an wegzuschauen; sie hören auf, Ihnen kleine verbale Hinweise zu geben, dass sie Ihnen zuhören; sie lehnen sich zurück; sie hören auf, auf Sie einzugehen, und stellen keine Fragen mehr. Sagen Sie sich dann nicht: „Ich habe sie in Grund und Boden geredet – jetzt gehören sie mir!"

Hören Sie auf zu sprechen! Geben Sie den anderen eine Chance.

Wenn Sie nonverbale Zeichen dauerhaft übergehen, mögen Sie in dieser Zeit ein Publikum haben, aber Sie verschenken die Chance, sich mit einem Menschen anzufreunden.

Vielleicht haben Sie in dieser Hinsicht keine Probleme, aber Sie kennen jemanden, dem man die Sprecherlaubnis entziehen sollte. Vielleicht ein guter Freund, ein Familienangehöriger oder ein Arbeitskollege. Tun Sie dieser Person einen Gefallen. Nehmen Sie sie beiseite und geben Sie ihr eine behutsame Nachhilfestunde zum Thema „nonverbale Stoppschilder".

Es gibt einen weiteren Grund, warum man dieses Stoppschild beachten sollte, und dieser hat etwas mit geistlichem Wachstum zu tun. Salomo formulierte es in seinen Sprüchen folgendermaßen: „Ein Mensch, der viel redet, versündigt sich leicht; wer seine Zunge im Zaum hält, zeigt Verstand" (Sprüche 10,19).

Diese bemerkenswerte Aussage macht deutlich, dass es einen direkten Zusammenhang gibt zwischen der Anzahl der Worte, die Sie aussprechen, und der Anzahl der Sünden, die Sie begehen. Sie macht ebenfalls deutlich, dass die einfachste Möglichkeit, Ihre Sünden zu reduzieren, darin besteht, nicht mehr so viel zu reden.

Bill Hybels schrieb in „Aufbruch zum Leben", dass man den Eindruck hat, der Autor der Sprüche wolle uns sagen, dass wir das Verhältnis zwischen Worten und Sünden berechnen können.[6]

Lassen Sie es uns also versuchen. Lassen Sie uns einen Sündenvorhersage-Index erzeugen. Gehen wir der Einfachheit halber davon aus, dass wir am Tag durchschnittlich 10 000 Wörter sprechen. Wie viele Sünden sind darin enthalten? Es ist etwas schwer zu berechnen, aber wir haben einen Anhaltspunkt. William Backus führt Forschungsergebnisse an, nach denen ein durchschnittlicher Mensch in unseren Breitengraden 200 Mal am Tag lügt.[7]

Und Lügen ist nur eine Form verbaler Sünde. Fügen Sie Klatsch hinzu, Verleumdung, Wutausbrüche, Angeberei, Beleidigungen, Schmeicheleien, gebrochene Versprechen, Eindruckschinden – Sie merken schon: Allmählich summiert es sich. Lassen Sie uns also einen geschätzten Sündenquotienten von 1 000 pro Tag annehmen. Daraus ergäbe sich ein Verhältnis von zehn Worten pro Sünde. Wenn Sie also Ihr Redevolumen um die Hälfte reduzieren, senken Sie den Sündenfaktor auf 500.

Wenn Sie am Tag nur zehn Wörter sprechen würden, wären Sie bei einer Sünde. Und wenn Sie es auf neun oder noch weniger Wörter brächten, wären Sie ein Heiliger!

Offensichtlich besteht das Ziel des Lebens nicht darin, zu Menschen zu werden, die Sünden aus dem Weg gehen, indem sie einfach schweigen. Aber bevor Sie diese Aussage aus den Sprüchen komplett zu den Akten legen, sollten Sie wissen, dass manche kluge Männer der frühen Kirche – bekannt als die Wüstenväter – die Praxis des Schweigens sehr stark als geistliche Übung empfahlen. Hauptgrund dafür war, dass es schwer ist zu sprechen, ohne dabei zu sündigen. Henri Nouwen berichtet uns, dass Arsenius, ein wohlhabender römischer Senator, der seinen sozialen Status aufgab, um Mönch zu werden, einst betete: „Herr, führe mich auf den Weg des Heils", und dann hörte er eine Stimme sagen: „Schweige."[8]

Wenn wir der Anweisung dieses Spruches folgen, lernen wir erstaunliche Dinge. Wir können leben, ohne das letzte Wort haben zu müssen. Wir können leben, ohne zu versuchen, das, was andere über uns denken, unter Kontrolle zu haben. Wir können leben, ohne aus jedem Streit als Sieger hervorzugehen, ohne jede Entscheidung zu bestimmen, ohne immer die Aufmerksamkeit auf uns zu ziehen.

Und noch ein letzter Hinweis zu diesem Punkt: Seien Sie weise, wenn Sie schweigen.

Wenn Sie ein Ehemann sind, der abends von der Arbeit nach Hause kommt, und Ihre Frau möchte wirklich auf Sie eingehen und fragt, wie Ihr Tag war, dann sollten Sie vielleicht lieber nicht sagen: „Ein Mensch, der viel redet, versündigt sich leicht."

Denn wenn die Frau klug ist, kontert sie mit Sprüche 25, Vers 11: „Wie goldene Äpfel auf silbernen Schalen, so sind treffende Worte im richtigen Augenblick." Das bedeutet so viel wie: „Sag was, sonst gehe ich los und kaufe mir was Neues zum Anziehen."

Wenn wir aufhören zu reden, haben wir die Möglichkeit, uns der Fähigkeit zu widmen, die für den Aufbau vertrauter Beziehungen am wichtigsten ist: dem Zuhören. Jakobus schreibt im Neuen Testament das wohl am häufigsten verletzte Gebot der gesamten Bibel, nämlich dass wir stets bereit sein sollen zu hören, uns aber Zeit lassen sollen, bevor wir reden (vgl. Jakobus 1,19). Zuhören, so schreibt Daniel Goleman, ist die wichtigste Beziehungsfähigkeit, die ein Mensch erlernen kann. „Scharfsinnige Fragen stellen, interessiert und verständnisvoll sein, nicht unterbrechen, auf Andeutungen eingehen" sind Methoden der Kommunikation, die anderen Menschen vermitteln, dass sie wichtig sind.[9] Jesus war für seine Zeitgenossen unter anderem deshalb so anziehend, weil er zwar der großartigste Lehrer war, der jemals lebte, aber gleichzeitig auch enorm viel Zeit damit verbrachte, den Menschen zuzuhören. Er hörte vor allem den Menschen zu, mit denen sich sonst niemand abgab, etwa Zachäus, dem Zöllner (Lukas 19,1–10), oder dem Gelähmten am See Bethesda (Johannes 5,1–15).

Paradoxerweise versuchen wir, Menschen damit zu beeindrucken, dass wir schlaue oder witzige Dinge sagen. Aber nichts verbindet Menschen stärker miteinander als das Gefühl, dass man ihnen eingehend und aufmerksam zugehört hat.

Wir sprechen nicht zufällig davon, jemandem Aufmerksamkeit zu *schenken;* Aufmerksamkeit ist die wertvollste Währung, die wir besitzen.

2. Schild: Achtung, Nüchternheitskontrolle voraus!

Im Straßenverkehr ist Nüchternheit eine schlichte Notwendigkeit. Aber im Leben ist eine Haltung von freudloser, gedrückter, düsterer Ichbezogenheit tödlich. Dieses Schild könnte man also einfach als Aufforderung verstehen: „Bitte aufheitern!"

Salomo weist schon darauf hin: „Ein freundlicher Blick erfreut das Herz" (Sprüche 15,30). Aktuelle Studien haben ergeben, dass die Ansteckungskraft von Freude so groß ist, dass wir, wenn wir nur das Bild eines lächelnden Menschen sehen – „freundlicher Blick" –, dazu neigen, zurückzulächeln. Lächeln und Lachen produzieren Endorphin, Enzephalin, Dopamin, Noradrenalin und Adrenalin. Sprüche 15, Vers 30 scheint also auf rein psychologischer Ebene zutreffend zu sein.

Es gibt Menschen (so hat man mir erzählt), die wirklich keine Schokolade mögen. Es gibt Teetrinker, die dem Aroma von frisch aufgebrühtem Kaffee am Morgen ausgesprochen leicht widerstehen können. Aber ein Hunger ist allen Menschen gemeinsam – Ihnen ist noch nie ein Mensch begegnet, der sich nicht nach *mehr Freude* sehnt. Der Dichter W. H. Auden schrieb: „Bei den Menschen, die ich mag oder bewundere, finde ich keinen gemeinsamen Nenner, wohl aber bei den Menschen, die ich liebe: Sie alle bringen mich zum Lachen."[10]

Wenn Menschen gestresst, besorgt, überbeansprucht, einsam oder ängstlich sind, tragen sie, öfter als Sie annehmen werden, dieses Schild gleich unter der Oberfläche: „Ich brauche Freude – bitte heitere mich auf!"

Den Ausdruck authentischen Glücklichseins nennen Wissenschaftler ein „zygomatisches Lächeln". Es hat seinen Namen von den Muskeln gleichen Namens, die es produzieren. Kennzeichen eines zygomatischen Lächelns sind hochgezogene Mundwinkel sowie Krähenfüße rund um die Augen. Hier ist die Verbindung von menschlichem Körper und menschlichem Geist wirklich erstaunlich. Wir können willentlich ein höfliches Grinsen oder ein Kameralächeln produzieren. In solchen Fällen zwingen wir unsere Mundwinkel nach oben, aber man sieht keine Krähenfüße.

Das höfliche Lächeln kann künstlich erzeugt werden; aus diesem Grund sieht das Lächeln, das Menschen für Fotografen aufsetzen, meist etwas gezwungen aus. Aber das zygomatische Lächeln ist schwer zu imitieren. Dieses Lächeln reicht bis in die Augen. Die Unterscheidung setzt bereits früh ein; fünf Monate alte Babys zeigen das Augenmuskel-Lächeln, wenn sich ihre Mutter nähert, aber ein Lächeln ohne den Augenmuskel, wenn sich eine fremde Person nähert.

Menschen, die sich selbst nicht so ernst nehmen, machen den Menschen in ihrem Umfeld damit ein großes Geschenk. Im Gegensatz dazu haben Menschen, die sich schwer tun, sich zu freuen, echte Probleme, wenn sie versuchen, in der Gemeinschaft zu leben.

Ich war vor einiger Zeit mit einem Mann in einem Restaurant, den ich hier Allan nennen möchte. Allan gehört zu den intelligentesten Menschen, die ich kenne. Er hat mit seinem Beruf eine Menge Geld verdient, war aber immer von Theologie fasziniert und wollte noch einen Abschluss darin erwerben. Ihm machte das Studium wirklich Spaß, aber die Menschen um ihn herum hatten das Gefühl, dass es ihm überwiegend darum ging, Recht zu haben. In der Highschool war er Mitglied des Debattierclubs gewesen und den hatte er nie wirklich verlassen.

Allan geht an eine Unterhaltung heran wie ein Staatsanwalt, der die Beweise ordnet, um seinen Fall zu gewinnen. Er ist Experte darin, Menschen, die nicht seiner Meinung sind, logische Fehler nachzuweisen – vor allem seiner Frau, deren Selbstwertgefühl im Laufe ihrer Ehe immer weiter abnahm. Er gewinnt viele Dispute. Er hat die Gabe des Sarkasmus. Er hat eine Art zu sprechen – durch Stimmlage, abwertende Gesten, die Art, wie er seinen Kopf hält –, die Ungeduld, kühle Verachtung oder Herablassung signalisiert. Er nimmt sich, seine Meinungen und sein Ansehen todernst.

Auf der anderen Seite ist er sehr einsam. Er denkt nicht viel über seine Einsamkeit nach und er würde sich selbst auch nicht als einsam bezeichnen. Er pflegt gelegentlich Beziehungen zu ähnlich gesinnten Menschen, aber diese Beziehungen gehen nie sehr tief und halten auch nie sehr lange. Er gewinnt weiterhin Diskussionen und verliert Freunde. Er scheint nicht zu erkennen, dass die Menschen, die mit ihm zusammen sind, immer ein paar emotionale blaue Flecken davontragen, die er ihnen zufügt.

Allan bat mich um ein Treffen, weil er einen nun zehnjährigen Sohn hat, der ihn verrückt macht. Er möchte seinem Sohn seine Liebe zeigen; aber zu oft spricht aus ihm nur seine Ungeduld darüber, dass sein Sohn nicht so schlau ist wie er. Er sieht nun in den Augen seines Sohnes den Schmerz und die Verletzungen, die seine Arroganz verursacht haben. Er sieht nun endlich, dass er einer sehr schweren Sucht erlegen ist: seinem Bedürfnis, Recht zu haben. Und er weiß nicht, ob er jemals davon freikommen wird.

Einer meiner Freunde sagt, dass es zu den schwierigsten Dingen im Leben zählt, Recht zu haben und niemanden damit zu verletzen. Wenn Sie daran den leisesten Zweifel haben, denken Sie nur an die Zeiten in der Schule zurück, als Sie neben dem besten Schüler der Klasse saßen. Haben Sie es genossen? Recht zu haben (oder genauer gesagt, das Bedürfnis, Recht zu haben) ist eine schreckliche Belastung. Das Erstaunliche an Jesus ist, dass er immer Recht hatte, aber dadurch niemanden verletzte.

Vielleicht befinden Sie sich in einer Macht- oder Autoritätsposition und können Ihren Willen durchsetzen, wenn Sie wollen. Vielleicht sind Sie Abteilungsleiter, Vater oder Mutter oder haben einfach eine dominante Persönlichkeit. Sie können andere platt walzen, wenn Sie wollen, eine Menge Diskussionen gewinnen und sich gut dabei fühlen, aber Sie werden nicht viele Freunde haben.

Wenn Sie aber bereit sind, locker zu lassen, können selbst Ihre Fehler zu Brücken werden. Die Gemeinde, in der ich arbeite, zeichnet die meisten Gottesdienste auf Video auf, deshalb habe ich Hunderte von Predigten auf Video. Jedoch nur eine von ihnen wird immer wieder gezeigt.

Dieses Video zeigt den Beginn eines unserer Gottesdienste. Eine Schülertanzgruppe hatte den Gottesdienst gerade eröffnet und ich sollte als Überleitung zur Anbetungszeit Psalm 150 vorlesen. Dabei handelte es sich um eine Entscheidung, die erst in letzter Minute gefällt worden war, deshalb musste ich aus dem Stegreif lesen, aber ich las ihn mit großer Leidenschaft: „Halleluja! Lobt Gott in seinem Heiligtum, lobt ihn in seiner mächtigen Feste!" Der Psalm besteht aus einer Aneinanderreihung von Aufforderungen, Gott anzubeten, die sich durch alle Instrumente des Orchesters zieht. Meine Stimme baute sich in stetigem Crescendo auf, und am Ende des Psalms schrie ich die letzte Zeile quasi heraus, wobei ich nur ein einziges Wort nicht korrekt aussprach: „Let everything that has breasts, praise the Lord."[11]

Einen Augenblick lang herrschte absolute Stille. Ein und derselbe Gedanke ging durch 4 000 Gehirne: *Hat er gerade gesagt, was ich denke, dass er gesagt hat? In der Gemeinde? Ist das irgendeine aufregende neue Übersetzung, die ich im Gemeinde-Buchladen bekommen kann?*

Aber dann gab es kein Halten mehr. Alle lachten so heftig und so lange, dass ich nichts sagen konnte. Es war zygomatisch. Schließlich ging ich von der Bühne und der Gottesdienst ging zum nächsten Teil über.

Ich predige seit acht Jahren in dieser Gemeinde. Von allen Texten, die ich ausgelegt, und von allen Predigten, die ich gehalten habe, ist das der einzige Ausschnitt, der immer wieder auf Konferenzen und in Seminaren gezeigt wird. Immer wieder.

Es ist eine erstaunliche Wahrheit: Voll und ganz Recht zu haben bringt selten so viel Leben in Menschen wie ganz einfach Mensch zu sein. Vor einiger Zeit druckte eine Psychologie-Zeitschrift einen

Artikel mit dem Titel „Die Wirkung eines idiotischen Fehlers auf die steigende zwischenmenschliche Anziehungskraft“. Der überraschende Schluss: „Jemanden, den Sie mögen oder bewundern, bei etwas Dummem oder Tollpatschigem zu erleben, wird Sie dazu bringen, diese Person noch mehr zu mögen.“[12] Menschen hungern nach Menschen, die ihnen Freude verschaffen. Wir lachen etwa 30-mal häufiger, wenn wir mit anderen Menschen zusammen sind, als wenn wir alleine sind. Menschen, die gute Laune haben, lachen etwa 100- bis 400-mal am Tag. (Gehen Sie im Geist schnell Ihren Tag durch.) Andere Menschen erleben einen ganzen Tag, ohne auch nur einmal gelächelt zu haben.

3. Schild: Achtung, Baustelle!

Als unsere Kinder klein waren, gab es zwei Worte in unserer Sprache, die ich wie keine anderen hasste. Manchmal hieß es „leicht zusammenzubauen“, aber es war nie leicht. Riegel A passte nie in Schlitz B.

Einmal kauften wir für Weihnachten dummerweise drei „leicht zusammenzubauende“ Geschenke. Um etwa ein Uhr morgens, nach zweieinhalb Stunden voller Frust und Ärger, fragte ich schließlich meine Frau: „Brauchst du dabei etwas Hilfe?“

Jede Beziehung, die Sie jemals eingegangen sind und die Sie noch eingehen werden, trägt auf der Verpackung die Aufschrift „Muss noch zusammengebaut werden“.

Natürlich wäre uns allen lieber, unsere Beziehungen würden ganz von alleine wachsen und gedeihen, ohne dass wir ihnen irgendwelche Aufmerksamkeit schenken müssten, aber das tun sie nicht.

Jede Beziehung ist eine Baustelle.

Zu Beginn unserer Ehe hatten Nancy und ich ziemlich idealistische Vorstellungen davon, wie unser Garten aussehen sollte. Wir fragten Freunde, die einen wunderschönen Garten hatten, ob sie uns bei der Planung eines Gartens helfen könnten, der schön war, aber nur „wenig Pflege“ brauchte. Sie waren bereit, uns einen solchen Garten zu planen, aber es stellte sich jedes Mal heraus, dass sich unsere Vorstellung von „wenig Pflege“ nicht mit ihrer Vorstellung deckte. Wenn wir ehrlich waren, bedeutete „wenig Pflege“ für uns letztlich „keine Pflege“. Und es gibt einfach keinen Garten, der keine Pflege braucht. Überall, wo lebende Dinge im Spiel sind, brauchen sie Pflege.

Das gilt genauso für menschliche Gärten. Ohne angemessene Aufmerksamkeit neigen Beziehungen dazu, sich auseinander zu leben. Konflikte bleiben ungelöst. Arbeitsteams brechen auseinander. Kleingruppen verlieren innerlich den Kontakt zueinander. Familien neigen zu geschäftiger Betriebsamkeit. Sportmannschaften tendieren zum Tabellenende.

Wenn Sie Teil einer Familie, einer Freundschaft, eines Vereins, einer Organisation, einer Abteilung, einer Kleingruppe oder einer Gemeinde sind, sind Sie Teil einer „emotionalen Wirtschaftsgemeinschaft“, wie Daniel Goleman es nennt.[13] Jede einzelne Interaktion mit einer anderen Person tauscht nicht nur Informationen aus oder führt Aufgaben durch, sondern beeinflusst auch die Stimmung und Einstellung des anderen. Die emotionale Wirtschaftsgemeinschaft ist „die Summe der unter uns ausgetauschten Emotionen“. Emotionen sind ansteckender als eine Grippe. Diese Dynamik hat so viel Kraft, dass in einer Studie, in der drei Probanden zwei Minuten lang schweigend in einem Kreis sitzen mussten, die Person, die emotional am ausdrucksstärksten war, ihre Stimmung, ohne ein Wort zu sprechen, auf die anderen beiden Personen übertragen hatte. „In jeder dieser Sitzungen entsprach die Stimmung, mit der die emotional ausdrucksstärkste Person hineinging, der Stimmung, in der die anderen beiden die Sitzung verließen – egal, ob glücklich, gelangweilt, ängstlich oder ärgerlich“, schreibt Goleman.

Immer, wenn zwei Menschen miteinander in Kontakt treten, fühlen sie sich beim Auseinandergehen entweder besser und energiegeladener oder schlechter und erschöpfter. Es ist, als trügen wir unsere eigenen kleinen Bankautomaten mit uns herum und würden bei jeder Begegnung entweder Einzahlungen oder Abbuchungen auf die Vitalitätskonten der Menschen in unserem Umfeld vornehmen.

Das gilt auch für Begegnungen von Menschen und Tieren. Aus diesem Grund haben Menschen Haustiere und aus diesem Grund wirken manche Tiere Leben spendender als andere. Entsprechend der ihnen verliehenen Weisheit gibt es einen Unterschied zwischen Hunden und Katzen. Ein Hund sagt: „Du liebst mich, fütterst mich, gibst mir ein Dach über dem Kopf, sorgst für mich – du musst Gott sein." Eine Katze sagt: „Du liebst mich, fütterst mich, gibst mir ein Dach über dem Kopf, sorgst für mich – ich muss Gott sein."

In Ihrem Leben gibt es Hundemenschen und Katzenmenschen. Eine gute Frage für Familien, Gemeinden, Organisationen und Kleingruppen lautet: „Welche Stimmungen dominieren in unserer ‚emotionalen Wirtschaftsgemeinschaft'? Furcht, Freude, Ärger, Beschwerden, Hoffnung, Entmutigung oder Anteilnahme?"

Beziehungsintelligente Menschen stellen sich auch die Frage: „Wer trägt am meisten zu unserer emotionalen Wirtschaftsgemeinschaft bei?"

Goleman nennt solche Menschen „Leimmenschen" – die Personen, die eine Gemeinschaft zusammenhalten. In den baptistischen Kreisen, in denen ich aufwuchs, nannten wir diese Menschen „Pfeiler der Gemeinde". Aber es gab auch diejenigen, die der emotionalen Wirtschaftsgemeinschaft Energie entzogen. In den baptistischen Kreisen, in denen ich aufwuchs, nannten wir diese Personen … Diakone.

Das ist der Grund, warum manche Menschen am Arbeitsplatz eine Besprechung anberaumen, und Sie freuen sich darauf, egal, um welches Thema es geht. Wenn andere Personen eine Besprechung ansetzen, dann überlegen Sie sich sofort eine Entschuldigung, die es Ihnen ermöglicht, früher zu gehen. Dabei ist nicht ausschlaggebend, ob die Personen fachlich perfekt sind, sondern ob sie in der emotionalen Wirtschaftgemeinschaft ein Guthaben haben oder eher Schuldner sind. Wie Anne Lamott schreibt, gibt es bestimmte Menschen,

„deren Gesellschaft Sie lieben, deren Gedanken Sie aufgreifen möchten, deren begleitende Kommentare Ihre Aufmerksamkeit fesseln, die Sie laut lachen lassen. […]

Wenn Sie einen solchen Freund haben, kann er zu Ihnen sagen: ‚Hey, ich möchte zur Mülldeponie in Petaluma fahren – willst du mitkommen?', und Sie können sich ehrlich gesagt nichts vorstellen, das Sie lieber tun würden. Dagegen kann Ihnen ein langweiliger oder nerviger Mensch anbieten, Sie zu einem teuren

Essen auszuführen und danach Karten für eine teure Show zu kaufen, und wenn Sie ganz ehrlich sind, würden Sie lieber zu Hause bleiben und zusehen, wie Ihre Götterspeise fest wird. "[14]

4. Schild: Straßensperrung

Man nutzt oft die von Wissenschaftlern so genannte „räumliche Orientierung", um die Qualität einer Beziehung zu beurteilen. Unser Oberkörper richtet sich auf und wendet sich unwillkürlich den Menschen zu, die wir mögen und denen wir uns nahe fühlen. Wir neigen dazu, uns in ihre Richtung zu beugen. Aber jemand, der sich in einem Gespräch unwohl fühlt, wird sich allmählich von seinem Gesprächspartner wegdrehen. Die Tendenz, die Dynamik einer Beziehung durch „verwinkelte Distanz" auszudrücken, ist so stark, dass es oft möglich ist, an einem Konferenztisch die Person mit dem höchsten Status oder der meisten Macht allein durch die Zahl der ihr zugewandten Körper auszumachen.

Menschen mit hoher Beziehungsintelligenz nehmen dies wahr und reagieren intuitiv darauf. Sie bauen Beziehung auf, indem sie ihre Körperhaltung und ihre Bewegungen auf den anderen abstimmen. Sie zeigen dadurch, dass sie mit der anderen Person „synchron" gehen, indem sie deren Tonfall und Sprechtempo spiegeln.

Manche Menschen sind aber auch völlig blind für solche Zeichen. Manchmal sieht man einen Vater oder eine Mutter, die ihrem Kind eine Gardinenpredigt halten, beispielsweise nach einem Fußballspiel oder nach der Zeugnisvergabe. Es ist offensichtlich, dass das Kind aus irgendeinem Grund emotional überwältigt oder völlig ausgeschaltet wird; es schaut in die andere Richtung, lässt den Kopf hängen und antwortet nur einsilbig oder überhaupt nicht.

Dieses Gespräch dient keinem produktiven Zweck: Es ist eine reine Katharsis-Übung für die Eltern. Das Kind sendet das Signal aus: „Straßensperrung".

Ich erinnere mich noch, wie ich mit unserem Hund die Hundeschule besuchte. Es war eine faszinierende Lernerfahrung. Der Trainer sagte manchmal, dass ein Hund etwas einfach nicht lernen wolle. Menschen, die im Umgang mit Tieren geschult sind, können die Anzeichen dafür lesen: ihre Augen, die Haltung, ein gewisser

Grad an Unruhe und so weiter. (Die verbalen Fähigkeiten von Hunden sind allesamt schlecht, also müssen Sie sich auf die nonverbalen Hinweise konzentrieren.) Der Hundetrainer erklärte uns, dass weise Hundebesitzer nicht versuchen, irgendetwas zu erzwingen. Dabei musste ich an einige meiner kürzlich erfolgten elterlichen Interventionen denken. Autsch!

Eltern mit hoher Beziehungsintelligenz sagen sich in solchen Momenten: „Ich muss einen anderen Zugangsweg finden." Vielleicht bedeutet das, dass sie dasselbe Gespräch zu einem anderen Zeitpunkt führen. Vielleicht bedeutet es, einen anderen Weg zu finden, dieses Thema zu besprechen. Vielleicht braucht es weniger Worte und dafür mehr Fragen.

Eine der bemerkenswertesten Aussagen der Bibel stammt von Jesus, der sagte: „[...] ich stehe vor der Tür und klopfe an! Wenn jemand meine Stimme hört und öffnet, werde ich bei ihm einkehren. Ich werde mit ihm das Mahl halten und er mit mir" (Offenbarung 3,20).

Menschen mit hoher Beziehungsintelligenz wissen, dass Gott jedem Menschen den Schlüssel zur Tür des eigenen Herzens gegeben hat. Man kann sich keinen Einlass erzwingen. Nicht einmal Jesus erzwingt sich den Weg hinein; er steht an der Tür und respektiert unsere Entscheidung. Wir mögen das *Verhalten* eines Menschen erzwingen oder manipulieren können, aber nicht sein Herz.

Menschen mit hoher Beziehungsintelligenz werden Fachleute darin, die Zeichen für einen Beziehungsverlust innerhalb einer Gemeinschaft zu lesen:

- einen Rückgang der moralischen Maßstäbe,
- das Vorhandensein ungelöster Konflikte,
- der Missbrauch von Humor – Sarkasmus oder Spott transportieren spitze Botschaften innerhalb eines Teams,
- die Bildung von Fraktionen und Splittergruppen,
- unangemessenes Konkurrenzdenken,
- Beschwerden über Mitglieder der Gemeinschaft gegenüber Dritten statt direktes Zugehen auf die betreffende Person,
- ein Mangel an Höflichkeit.

Den Zustand einer emotionalen Wirtschaftsgemeinschaft erkennen zu können ist eine große Begabung. Niemand konnte dies so gut wie Jesus. Er war einfach mit seinen Freunden unterwegs, spürte sofort Spannungen unter ihnen und setzte gezielt Fragen ein, um Probleme an die Oberfläche zu befördern und daraus zu lernen (Markus 9,33): „Worüber habt ihr euch unterwegs gestritten?"

Sie fragen sich nun vielleicht, wann die anderen Menschen in Ihrem Umfeld reif genug, gesund genug oder normal genug sind, um ein genau eingestellter Roboter werden zu können, damit Sie nicht mehr an Ihren Beziehungsfähigkeiten arbeiten müssen. Doch das wird nie der Fall sein. Die Menschen, die Sie kennen, werden nie so normal sein. Sie auch nicht. Jeder ist irgendwie seltsam.

Menschen mit einer hohen Beziehungsintelligenz stellen sich regelmäßig folgende Frage: „Welche Art von Gemeinschaft wollen wir sein? Wie gut sind wir darin?" Sie werden zu Experten, die erkennen, wenn eine Straße gesperrt ist.

5. Schild: Arbeiten am Seitenstreifen

Jeder Mensch stellt einen bestimmten Anspruch an seine Freunde, auch wenn dieser oft unausgesprochen bleibt. Er lautet: „Motiviere mich. Appelliere an das Beste in mir. Glaube an mich. Ermutige mich, wenn ich versucht bin, aufzugeben. Sag mir die Wahrheit, und erinnere mich an das, was mich ausmacht. Hilf mir, mein gesamtes Potenzial auszuschöpfen. Sag mir wieder neu, wozu Gott mich berufen hat, was ich noch werden soll.

Inspiriere mich."

Sie können sich gar nicht vorstellen, was es für Menschen bedeutet, wenn Sie dieses Bedürfnis erfüllen. Tatsache ist, dass die meisten Menschen im Leben regelrecht erschlagen werden:

- ▷ erschlagen von ihrem Versagen,
- ▷ erschlagen von ihrem Job,
- ▷ erschlagen von ihren Familien,
- ▷ erschlagen von ihren Enttäuschungen,
- ▷ erschlagen von den Stimmen in ihrem Inneren.

Dies zeigt sich auch am Körper eines Menschen. Meist geschieht es mit den Schultern. Das Schulterzucken ist ein subtiles, aber universelles Zeichen der Resignation, Unsicherheit und Kapitulation. Gestraffte Schultern dagegen lassen auf Selbstvertrauen und Sicherheit schließen. Eingezogene Schultern sind ein Zeichen für Unterwürfigkeit. Schultern sprechen manchmal auch aus, was sich unsere Lippen nicht zu sagen trauen. Wir sagen vielleicht: „Ja, ich bin sicher", aber gleichzeitig signalisieren unsere hochgezogenen Schultern: „Ich bin mir gar nicht so sicher."

Wenn jemand die Fähigkeit hat, mit allem fertig zu werden, was das Leben ihm bringt, sprechen wir davon, dass er breite Schultern hat. Wir zeigen unsere Stärke, wenn wir schwierige Lasten schultern. Wir wurden nicht geschaffen, um mit hängenden Schultern, die unsere Niederlage signalisieren, durchs Leben zu gehen.

Am Anfang stehen unsere strahlenden Träume, großen Hoffnungen, edlen Vorsätze und manchmal verblassen sie einfach im Kampf um das bloße Überleben. Wir haben die besten Absichten, werden aber vom Leben auf den Boden der Tatsachen zurückgeholt. Wir vergessen den Menschen – Freund, Vater oder Mutter, Diener, Gebender –, der wir eigentlich sein wollten. Tief im Herzen eines jeden Menschen, mit dem Sie zusammenarbeiten, -spielen, -leben, hängt ein Schild, auf dem Sie, wenn Sie sich die Zeit dazu nehmen, lesen können:

„Inspiriere mich." *Fordere mich zum Wachstum heraus, und feiere mit mir, wenn ich mich weiterentwickelt habe. Hilf mir, die Lasten zu schultern, die mir das Leben auferlegt.*

Und Sie können dies tun. Erinnern Sie sich an den oben zitierten Satz aus Sprüche 25, Vers 11: „Wie goldene Äpfel auf silbernen Schalen, so sind treffende Worte im richtigen Augenblick."

Sie sind von Menschen umgeben, deren Leben Sie bereits durch ein einziges Wort berühren können. Manchmal ist es nur ein kleines Wort. In einem Jahr war beispielsweise anlässlich des Unabhängigkeitstages am 4. Juli in der *Chicago Tribune* der volle Wortlaut der Unabhängigkeitserklärung abgedruckt. Als ich den Text in der Zeitung entdeckte, sagte ich zu meinen Kindern ziemlich forschfröhlich: „Wer von euch das heute auswendig lernt, bekommt 100 Dollar von mir."

Mallory nahm sofort Augenkontakt mit mir auf, richtete ihren Körper auf, straffte die Schultern und schenkte mir ein zygomatisches Lächeln. Sie nahm sich die Zeitung und legte sie bis fünf Uhr nachmittags nicht mehr aus der Hand. Sie lernte den gesamten Text an einem einzigen Tag auswendig. (Ich hätte das Geld nie als Belohnung ausgesetzt, wenn ich damit gerechnet hätte, dass mich jemand tatsächlich ernst nehmen würde!)

Als sie fertig war und den gesamten Text für mich aufgesagt hatte, hatte sie das Gefühl, wirklich etwas geleistet zu haben. Ihr Gesicht glühte, weil sie eine große Herausforderung gemeistert hatte. Dieses Gesicht blickte mich Beifall heischend an.

Dieses Gesicht wollte jemanden sagen hören: „Gut gemacht!"

Am meisten wollte dieses Gesicht 100 Dollar, aber Mallory wollte auch hören: „Gut gemacht!" Ein Wort zum richtigen Augenblick.

Wir wurden nicht dazu erschaffen, um mit eingezogenen Schultern durchs Leben zu gehen. Wir wurden erschaffen, um mit straffen Schultern zu leben. Aber niemand von uns wird das auf Dauer aus sich heraus schaffen. Es ist ein Geschenk, das wir einander machen können.

Am Ende des Filmes „Apollo 13" steht das Leben von drei Astronauten in einem Raumschiff weit von der Erde entfernt auf dem Spiel. Ihr Schicksal liegt in der Hand einer kleinen Gemeinschaft von Ingenieuren in Houston, die sich plötzlich im Lebensrettungsbusiness befinden. Einer der Ingenieure sagt zu seinen Vorgesetzten, er habe Angst, dass dies die schlimmste Katastrophe in der Geschichte der NASA werden könne. Die Figur, die von Ed Harris gespielt wird, richtet sich daraufhin auf, strafft die Schultern und entgegnet: „Ganz im Gegenteil – bei allem Respekt –, ich glaube, das wird unsere Glanzstunde werden."

Während des gesamten Films hat die von Ed Harris gespielte Figur seinem Team die scheinbar unlösbaren Probleme vorgelegt, die ihnen zur Verfügung stehenden Hilfsmittel aufgezählt und erklärt, was alles auf dem Spiel steht: „Das Scheitern der Mission steht nicht zur Debatte.“ Immer wieder können Sie sehen, wie sich die Schultern der Teammitglieder straffen, wenn er zu ihnen spricht; sie schwitzen, sie beten, sie arbeiten, immer spornt er sie an, immer glaubt er, dass sie es schaffen können.

Es ist nicht sicher, ob die Raumkapsel der Hitze beim Wiedereintritt in die Erdatmosphäre standhalten kann. Die Spannung steigt, als während des Wiedereintritts für vier Minuten kein Funkkontakt zur Besatzung der Apollo 13 besteht. Es geht um Leben und Tod. Das Schweigen dauert eine Ewigkeit. Die ganze Welt hält den Atem an: Werden die Männer es nach Hause schaffen?

Schließlich kommt aus dem Schweigen, durch ein Grollen der atmosphärischen Störungen hindurch, eine Stimme: „Hier ist Apollo.“ Die Männer sind sicher. Sie sind zu Hause.

Die Menschen im Kontrollzentrum hüpfen auf und ab. Ingenieure, die ein Gefühl erst erkennen, wenn sie direkt mit dem Kopf darauf gestoßen werden, tanzen, umarmen sich und klopfen sich gegenseitig auf die Schultern. Die Menschen, die sich den Film im Kino anschauen, lachen und weinen vor Freude.

Als ich diese Szene sah, dachte ich über Jesu Aussage nach, dass im Himmel große Freude über einen einzigen Sünder herrscht, der umkehrt. Ich dachte über die Freude nach, die herrschen wird, wenn Gottes Traum von Gemeinschaft endlich völlig Wirklichkeit geworden ist. An den Tag, an dem selbst die zurückhaltendsten Menschen auf der Welt – Ingenieure, Buchhalter, Schweden und Baptisten – lachen und sich umarmen, tanzen und singen, weinen und im Himmel jubeln werden.

Dann, inmitten dieses Chaos, schwenkt die Kamera zurück auf Ed Harris im Kontrollzentrum der NASA. Dieser steht einfach da, von Emotionen so übermannt, dass er keine Worte findet. Und man erkennt, wenn man ihn so sieht, dass sein gesamtes Leben – seine Arbeit als Wissenschaftler, seine Träume und seine Mühen, alle seine Gedanken – auf diesen einen brillanten Augenblick hinführte. Und man erkennt, dass er vielleicht zwar noch viele Jahre leben, ein alter Mann werden und viele Dinge erreichen wird, dass dies aber seine Glanzstunde war.

Um uns herum gibt es zahllose Menschen, die sich um den Wiedereintritt bemühen und deren Leben oder Tod auf dem Spiel steht. Jeder Mensch, den wir kennen, braucht jemanden, der an ihn glaubt, jemanden, der ihn erinnert: Das könnte deine Glanzstunde werden.

Sie sind Hüter des menschlichen Geistes. Sie haben die Macht, zu manipulieren und zu erzwingen. Sie können andere meiden und ignorieren, wenn Sie wollen. Aber Sie können auch adeln und inspirieren.

Sie können den Kopf heben und an alles appellieren, was gut, ehrenvoll und heilig ist. Sie können fehlbare und begrenzte Menschen in Ihrem Umfeld daran erinnern, dass ihnen ihr Leben und ihre Berufung als heiliges Vermächtnis anvertraut ist, dass ihre größten Anstrengungen vonnöten sind und dass selbst ihr schlimmstes Versagen eines Tages vergessen sein wird.

Und das alles, weil der Gekreuzigte, der die Lasten der gesamten Menschheit auf seinen Schultern trug, der von den Toten auferstand, eines Tages wiederkommen und alles ehren wird, was gut ist, und alles gutmachen wird, was falsch gelaufen ist.

Jesus sagte, dass seine Nachfolger erkennen werden, wann er wiederkommt. Sie werden die Zeichen deuten können.

Tanzen lernen

1. „Menschen senden unablässig Botschaften, ohne ein einziges Wort zu sprechen. In der Regel verwenden sie dazu Körpersprache." Wie gut verstehen Sie es, Menschen zu „lesen"? Nehmen Sie sich ein paar Tage Zeit, um wahrnehmen zu üben, was Menschen durch ihren Gesichtsausdruck, ihre Körpersprache und den Tonfall ihrer Stimme sagen.

2. Von wem haben Sie am besten gelernt, sich auf andere Menschen einzustellen?

3. Wie erkennen Sie emotionale Stoppschilder? Wann neigen Sie dazu, sie zu ignorieren?

4. Welche Menschen tragen am meisten zu Ihrer „emotionalen Wirtschaftsgemeinschaft" bei? Wie können Sie sicherstellen, dass Sie möglichst viel Zeit mit diesen Personen verbringen können? Welche Menschen entziehen Ihnen am meisten Energie?

5. Welche Beziehung ist zur Zeit eine „Baustelle"? Was können Sie tun, um sie wieder auf stabiles Fundament zu stellen?

6. Wie reagieren Sie auf Schilder mit der Aufschrift „Straßensperrung", die Ihnen beispielsweise ein Arbeitskollege oder Ihr Kind entgegenhält?

7. Bitten Sie einen guten Freund, Ihnen zu sagen, an welchem emotionalen Straßenschild Sie am stärksten arbeiten sollten.

8. Halten Sie nur heute Ausschau nach einem Menschen, der Inspiration braucht. Bitten Sie Gott, Ihnen dabei die richtigen Worte oder Gesten zu schenken.

Kapitel 7 Mat. 18,15

Es lohnt sich, für Gemeinschaft zu kämpfen: Konflikte

„Gemeinschaften brauchen Spannungen,
wenn sie wachsen und sich vertiefen wollen.
Spannungen entstehen oft aus Konflikten. [...]
Eine Spannung oder ein Problem kann anzeigen,
dass sich Gottes Gnade aufs Neue nähert.
Aber man muss weise und mit menschlichen Augen
danach Ausschau halten."
Jean Vanier[1]

Ich möchte Sie im Voraus warnen: Sie werden jetzt gleich etwas lesen, das eine entwürdigende Selbstenthüllung enthält. Wenn Sie guten Geschmack oder einen empfindlichen Magen haben, sollten Sie den Text bis zur ersten Zwischenüberschrift in diesem Kapitel überspringen.

(Das wäre mir jedenfalls am liebsten.)

Vor vielen Jahren, als unsere Kinder alle noch jünger als fünf Jahre waren, unternahmen wir eine lange Autofahrt. Alle drei Kinder schliefen, was bedeutete, dass meine Frau, die normalerweise den ganzen Tag mit ihnen zu Hause verbrachte, endlich ein paar Minuten der Stille hatte.

Was mir immer sehr peinlich ist, ist die Tatsache, dass ich derjenige bin, der unterwegs die meisten Pinkelpausen braucht. Jede andere Person in dieser Familie hat eine Speicherkapazität, die ich ehrlich gesagt unmenschlich finde. Es ist, als ob man mit vier Kamelen unterwegs ist.

Irgendwann sagte ich also zu meiner Frau: „Ich muss anhalten."

„Nein“, entgegnete sie, „das tust du nicht. Die Kinder schlafen alle. Wenn du dieses Auto anhältst, werden sie aufwachen. Dann ist es mit der Ruhe vorbei. Wenn du mich liebst und wenn du wirklich ein Mann bist, dann hältst du dieses Auto nicht an.“

Ich hielt so lange aus, wie ich konnte (30 Sekunden), und stoppte dann an der nächsten Tankstelle.

Ich kam leise ins Auto zurück und zog die Tür ganz sachte ins Schloss. Klick. Aber vom Rücksitz kam eine winzige Bewegung.

„Das Baby ist wach“, sagte Nancy. Das war alles. Vier Worte, dann Schweigen. Aber glauben Sie, dass sie mir einfach eine neutrale Information über den Bewusstseinszustand unseres Babys geben wollte?

Wenn man jemanden gut kennt, lernt man, zwischen den Zeilen zu lesen: „Das Baby ist wach. Es wäre nicht wach, wenn du nicht wärst. Es wäre alles ruhig, wenn du nicht wärst. Ich, ihre Mutter, die tagein, tagaus mit drei Kindern zu Hause ist, die mich hin- und herzerren und ‚Mama, Mama, Mama‘ rufen, als wäre es irgendein fernöstliches Mantra – ich hätte einmal einen seltenen Augenblick von Ruhe und Frieden erleben können, wenn du die Rückhaltekapazität eines Sechsjährigen hättest und nicht nur um dein eigenes Wohlbefinden besorgt wärst, sondern auch um die zum Überleben notwendigen emotionalen Bedürfnisse deiner Frau und deiner Kinder.“

Und das alles in nur vier Worten: „Das Baby ist wach.“

Ein paar Monate später befanden wir uns wieder einmal auf einer langen Autofahrt, dieses Mal durch die Wüste von Arizona. Es war ein glühend heißer Tag. Die Kinder schliefen. Ich hatte den Fehler gemacht, eine Megapackung Eistee zu erwerben und zu konsumieren. Die Natur nahm ihren grausamen Lauf.

„Ich muss anhalten“, sagte ich.

„Ich muss nicht anhalten“, erwiderte Nancy.

„Ich habe ein leidenschaftliches, brennendes Bedürfnis anzuhalten. Glaub mir, wenn es eine Möglichkeit gäbe, nicht anzuhalten, würde ich nicht anhalten.“

Wir hatten diesen Dialog schon früher geführt.

Aber dieses Mal durchbrach Nancy den Kreis. Sie fühlte sich in meine Situation ein und in ihre Augen stieg ein schreckliches, kreatives Glitzern. Sie fand eine Lösung, die unseren beiden Bedürfnissen gerecht wurde und für jeden von uns Vorteile hatte. Sie drückte mir die inzwischen leere Megapackung Eistee in die Hand. „Du hast es versprochen."

„Größere Liebe hat kein Mensch ..."[2]

Die Kunst, mit Konflikten umzugehen

Die größte Herausforderung, mit der Gemeinschaften sich konfrontiert sehen, besteht im richtigen Umgang mit Ärger und Konflikten. Eine kürzlich veröffentlichte FBI-Statistik besagt, dass alle 24 Sekunden ein Gewaltverbrechen verübt wird, alle 48 Sekunden eine schlimmere Körperverletzung, alle 23 Minuten ein Mord. Mord ist heute in Nordamerika die häufigste Todesursache bei jungen Männern und Frauen. Häusliche Gewalt ist die Hauptursache, wegen der Frauen die Notaufnahme von Krankenhäusern aufsuchen. Während des Vietnamkrieges wurden mehr Frauen zu Hause als Männer auf dem Schlachtfeld getötet.[3]

Der Schaden, der durch Wutausbrüche angerichtet wird, beschränkt sich nicht auf körperliche Gewalt. Der falsche Umgang mit Wut spielt bei fast jeder Scheidung eine große Rolle (50 Prozent aller Ehen in Amerika werden geschieden) und richtet großen Schaden in vielen anderen Ehen an, in denen die Partner zumindest emotional, wenn auch nicht gesetzlich voneinander getrennt sind. Eltern, die nicht lernen, mit ihrer Wut umzugehen, fügen ihren Kindern Verletzungen zu. Diese wachsen dann auf und wiederholen dieselben Verhaltensmuster. Viele Jobs fallen Problemen mit dem Umgang mit Ärger zum Opfer: Eine Chefin bekam den Spitznamen „Old Faithful" – nicht etwa, weil sie verlässlich war, sondern weil man sich darauf verlassen konnte, dass sie mindestens einmal im Monat einen Wutausbruch bekam.

Aber noch wichtiger ist es, sich Gedanken darüber zu machen, wie bedeutsam dieser Bereich in Gottes Augen ist. Es ist sowohl bemerkenswert als auch entsetzlich, dass es in unseren Gemeinden heute im Großen und Ganzen keine Skandale mehr wegen zerbrochener Beziehungen und Feindschaften zwischen Gemeindegliedern gibt. In meiner Kindheit wusste ich von vielen Gemeinden, in denen die Sünden, die Menschen wirklich in Schwierigkeiten brachten, mit ihrem Lebensstil zu tun hatten: heimlich eine Zigarette rauchen, ein Bier trinken, die falschen Kinofilme ansehen oder die falsche Musik hören. Selbst wenn Sie heute hören, dass ein Pastor aus „moralischen Gründen" von einer Gemeinde seines Amtes enthoben wurde, können Sie darauf wetten (wenn Ihnen das Wetten nicht untersagt wäre), dass „moralisch" entweder Sex oder Geld bedeutet. Ein Mangel an Liebe löst bei uns noch keinen Skandal aus.

Bei Jesus schon. Liebe war ihm am wichtigsten. Die gesamte Lehre der göttlichen Offenbarung lässt sich in dem einen Satz zusammenfassen: Liebe Gott und liebe deinen Nächsten. Deshalb sind die schlimmsten Verbrechen gegen das Reich Gottes die Verbrechen gegen die Liebe. Üble Nachrede gegen einen anderen Menschen, einen Groll gegen jemanden tragen, der mich meiner Ansicht nach verletzt hat, wenn ich Klatsch über einen Menschen verbreite, mit dem ich nicht persönlich gesprochen habe – dann handelt es sich hierbei um direkte Verletzungen des wichtigsten Gebotes Jesu. Und doch ist ein solches Verhalten an der Tagesordnung – selbst in Kirchengemeinden. Aber das schockiert uns nicht. Wir wären höchstens schockiert, wenn dieses Verhalten plötzlich ausbliebe.

Doch Jesus ist davon schockiert. Wir haben bereits gesehen, warum wir diesem Thema höchste Bedeutung einräumen sollten. Wir sind in die Gemeinschaft der Dreieinigkeit eingeladen. „So wie wir sollen auch sie in uns eins sein, damit die Welt glaubt, dass du mich gesandt hast", betete Jesus (Johannes 17,21). Wenn wir die Einheit verletzen und dazu beitragen, dass Beziehungen zerbrechen, dann betrifft das nicht nur uns. Es betrifft nicht nur den anderen. Wir tragen dadurch zur Zerstörung der Einheit der dreieinigen Gemeinschaft bei, die Gott wichtiger als alles ist und die er für einen hohen Preis erkauft hat. Wir verüben tatsächlich Verrat an der Dreieinigkeit. Für die Verfasser des Neuen Testamentes war so etwas undenkbar. „Ihr steht immer noch im Bann eurer selbstsüchtigen Natur", schreibt Paulus an die Gemeinde in Korinth (1. Korinther 3,3). Dann führt er aus, wie diese weltliche Einstellung – im Gegensatz zu Gottes Lebensstil – aussieht, und dabei geht es ihm nicht um das Tragen von zu viel Lippenstift: „Ihr rivalisiert miteinander und streitet euch."

Jeder, der Gottes Traum von Gemeinschaft ernst nimmt, muss lernen, mit Konflikten umzugehen. Lassen Sie uns mit einem kleinen Quiz anfangen, mit dem Sie Ihren IQ (Irritationsquotienten) testen können:

Wenn Sie Auto fahren, wie oft betätigen Sie Ihre Hupe?
1. Selten, wenn überhaupt.
2. Bei Bedarf; mindestens einmal täglich.
3. Die Hupe ist das am häufigsten verwendete Teil meines Autos.

Wie oft beschweren Sie sich in einem Restaurant über das Essen?
1. Nie.
2. Nur wenn es kalt oder zu viel Ungeziefer darin ist.
3. Regelmäßig, und ich gehe hinaus zu meinem Wagen und hupe so lange, bis das Essen in Ordnung ist.

Wenn Sie in der Express-Schlange an der Supermarktkasse warten, dann
1. meditieren Sie still oder stellen sich Frieden auf Erden vor.
2. zählen Sie durch, ob jemand mehr als zwölf Artikel im Einkaufswagen hat.
3. bedrohen Sie jeden, der so aussieht, als wolle er Gutscheine einlösen.

Die erste Studie zum Thema Wut wurde vor etwa 100 Jahren durchgeführt und ergab, dass es zwei Hauptkategorien gibt, in die sich die Gründe dafür einteilen lassen.

Zur ersten gehört, was man als das „dumme unbelebte Objekt" bezeichnen könnte. Dazu gehört der Schnürsenkel, der abreißt, wenn Sie in Eile sind und sich noch schnell die Schuhe binden wollen; der Bankautomat, der Ihre Karte verschluckt oder Ihr Geld behält; der Computer, der Ihre Datei vernichtet; das Spielzeug, das in einer Verpackung mit der Aufschrift „leicht zusammenzubauen" steckt. Sie erleben diese Kategorie, wenn Sie den Knopf wiederholt drücken, in der Annahme, dass der dumme Aufzug Ihre Eile spüren und an allen Leuten vorbeifahren wird, die auf den anderen Stockwerken warten.[4] (Der Autor von „Eine Landkarte der Zeit"[5] stellt die umwerfende Theorie auf, dass der ärgerliche, eilige Typ ansteckend ist und dass man an ihm vorbeifahren kann, indem man von innen im Aufzug den Knopf „Türe schließen" drückt.)

Und hier ist das absolut beste Beispiel für diese Kategorie: Polizeichef Jack Kellem aus Bellevue/Washington berichtete von einem Autofahrer, der so wütend wurde, als sein Auto in zehn Zentimeter hohem Schnee stecken blieb, dass er einen Wagenheber aus dem Kofferraum holte und damit alle Scheiben einschlug. Dann zog er eine Pistole und schoss in alle vier Reifen, lud neu und schoss ein halbes Magazin ins Wageninnere.

„Er tötete es", sagte Kellem. „Wir haben hier einen Fall von Automord." Kellem sagte, der Mann sei nüchtern und bei Vernunft gewesen, aber sehr gestört.

Hauptsächlich richtet sich unsere Wut aber gegen andere Menschen. Oft sind es die Menschen, die uns am nächsten stehen. In einer wissenschaftlichen Studie wurde Kindern die Frage gestellt, was sie am liebsten an ihren Müttern verändern würden.

Die häufigste Antwort lautete: „Ich wünschte, meine Mutter würde mich nicht so oft anschreien." Diese Antwort gaben 98 Prozent aller befragten Kinder; sie wurde 50-mal häufiger gegeben als alle anderen Antworten zusammengenommen!

Sieben Schritte zur Konfliktlösung

Ich möchte dieses Kapitel auf eine einzige Aussage Jesu aufbauen, die wir in Matthäus 18, Vers 15 lesen: „Wenn dein Bruder – und das gilt entsprechend für die Schwester – ein Unrecht begangen hat, dann geh hin und stell ihn unter vier Augen zur Rede. Wenn er mit sich reden lässt, hast du ihn zurückgewonnen."

Dieses Thema und diese eine Aussage Jesu sind so wichtig, dass sie in die Sprache der Gemeinde, in der ich mitarbeite, aufgenommen wurde. Wenn jemand sagt: „Wir müssen mal ein ‚Matthäus 18,15-Gespräch' führen", dann weiß sein Gegenüber, was ihm bevorsteht. Auch wenn es Jesus hier konkret um den Umgang mit Sünde in der Gemeinde geht, möchte ich seine Aussage auf Konflikte im Allgemeinen ausdehnen.

Jesu Gebot lässt sich in folgende Punkte unterteilen:

1. Ein Konflikt tritt auf und
2. Sie
3. gehen
4. zu der betreffenden Person
5. im privaten Rahmen
6. und sprechen über das Problem
7. mit dem Ziel der Versöhnung.

Der Umgang mit Konflikten beinhaltet immer auch eine Reihe von Entscheidungsmöglichkeiten. Bei jeder Wahlmöglichkeit entspricht es unserer natürlichen Neigung, den Konflikt auf destruktive Weise anzugehen. Wenn wir aber in der Gemeinschaft der Dreieinigkeit leben wollen, müssen wir uns von Jesus einen besseren Weg zeigen lassen.

Jesus gab uns eine Reihe von Anweisungen, wie wir uns im Fall von Beziehungsproblemen verhalten sollten. Sie befinden sich in unserem Handbuch – der Bibel. Die gute Nachricht lautet, dass sie so einfach sind, dass sogar ein Kind sie befolgen kann. Die Weisheit Jesu lässt sich in einem einzigen Satz zusammenfassen: „Geh hin und rede darüber." *Geh zu der anderen Person und sprich das Problem direkt an.*

Seltsamerweise tun wir gerade das in der Regel *nicht*! Vielleicht ist dieses Gebot Jesu die Anweisung, die wir am wenigsten befolgen! Bei jedem der oben angegebenen Schritte kommen wir an eine Kreuzung, an der wir mit sehr schlagkräftigen Argumenten konfrontiert werden, warum wir den Anweisungen Jesu *nicht* Folge leisten sollten. Wir stehen in der Versuchung, den anderen Weg zu wählen. Gehen wir also Schritt für Schritt seine Anweisung durch.

1. Schritt: Erkennen Sie den Konflikt an

„Wenn dein Bruder – und das gilt entsprechend für die Schwester – ein Unrecht begangen hat …", heißt es im Text. Zum Leben gehören Konflikte einfach dazu. Menschen kämpfen. Manchmal kämpfen sie sehr heftig, manchmal eher wenig; manchmal konstruktiv, manchmal destruktiv; manchmal fair, manchmal unfair. Manchmal enden diese Kämpfe in Umarmungen und Küssen und führen in neue Dimensionen der Vertrautheit. Manchmal enden sie in Weinkrämpfen und Kontrollverlust; manchmal enden sie in Kälte und Rückzug.

Zum Leben gehören Konflikte einfach dazu. Konflikte gehören zum Tanz der Stachelschweine hinzu. Menschen mögen nicht normal sein, aber Konflikte sind es mit Sicherheit – zumindest in unserer Welt. Sie sind unausweichlicher Teil unseres Lebens als Menschen, die das Schild „wie besehen" tragen.

Viele Menschen tun lieber so, als gäbe es keine Konflikte. Manchmal denken wir, dass die Abwesenheit von Konflikten automatisch für ein geistlich reifes Leben spricht. Leider ist das nicht notwendigerweise der Fall.

Wenn Sie mit einem eher passiv veranlagten Menschen verheiratet sind, erleben Sie vermutlich nicht viele offen ausgetragene Konflikte. Doch die Abwesenheit von offen ausgetragenen Konflikten bedeutet nicht, dass diese Person geistlich reif ist; sie ist eher apathisch. (Und was noch schlimmer ist: Wenn Sie versuchen, sie auf einen Konfliktpunkt anzusprechen, ist es ihr einfach egal.)

Der erste Schritt besteht darin, ehrlich anzuerkennen, dass es ungelöste Konflikte in Ihrem Leben gibt. Es gibt eine Störung.

Beziehungen, die früher einmal wichtiger Teil Ihres Lebens waren, haben sich so weit verschlechtert, dass sie schließlich zerbrachen. Vielleicht sogar die Beziehung zu einem Elternteil oder zu einem Freund. Vielleicht versuchen Sie, diese Beziehung einfach abzuschreiben, aber es fällt Ihnen nicht leicht. Die Wahrheit hinter Konflikten ist oft komplex und auch mit gutem Willen nicht leicht zu erschließen. Aber lassen Sie uns mit dem festen Vorsatz beginnen, Beziehungsproblemen fest ins Auge zu blicken.

Wenn wir in kleinen Gemeinschaften Leben erfahren wollen, das diesen Namen auch verdient, sind unausgesprochene und ungelöste Probleme nicht zu tolerieren.

2. Schritt: Übernehmen Sie Verantwortung

Die nächste Person, die Jesus anspricht, sind Sie. Er fordert alle, die ihm zuhören, dazu auf, die Aufgabe anzugehen, sich um Versöhnung zu bemühen.

In Wahrheit wollen wir aber die Initiative oft nicht ergreifen. Häufig denken wir: *Soll doch die andere Person zu* mir *kommen! Es ist doch nicht fair, dass immer* ich *den ersten Schritt tun soll!*

Der Ärger darüber enthält oft eine Spur von Selbstgerechtigkeit, die mich dazu veranlasst, dem anderen die Schuld zuzuschieben und meine eigene Verantwortung nicht sehen zu wollen. Ich erinnere mich noch an eine Fernsehdokumentation über zwei Autofahrer, die einen Konflikt miteinander hatten. Der eine Fahrer war der Ansicht, der andere hätte ihn geschnitten. Er fuhr erst dicht auf den anderen auf, fuhr dann neben ihm her, und die beiden gestikulierten wütend miteinander. Als seine Wut eskalierte, zog der erste Autofahrer seine halbautomatische Pistole und schoss in den anderen Wagen hinein, dabei traf und tötete er die Fahrerin, ein 17-jähriges Mädchen.

Was mich besonders schockierte, war folgender Kommentar, den der Täter während eines Interviews im Gefängnis gab: „Sie hat angefangen. Ich bin genauso Opfer wie sie."

Spielen Sie nicht dasselbe Spiel und rechtfertigen Sie nicht Ihre eigene schlecht bewältigte Wut mit dem Verhalten einer anderen Person.

In dieser Situation erklärt Jesus seinen Zuhörern, dass sie die Verantwortung übernehmen sollten, alles wieder in Ordnung zu bringen, wenn ein anderer gesündigt hat. In einer anderen Situation erklärt er seinen Zuhörern interessanterweise, dass sie den ersten Schritt gehen sollten, wenn sie diejenigen waren, die falsch gehandelt haben (Matthäus 5,23–24). Jesus legt die Last also in beiden Fällen auf Sie. Wenn Sie etwas falsch gemacht haben, dann tun Sie den ersten Schritt, sagt er; wenn eine andere Person etwas falsch gemacht hat, dann tun Sie ebenfalls den ersten Schritt.

Warum? Weil Stachelschweine störrische, stachlige kleine Geschöpfe sind. Weil wir in dieser Welt einen Überschuss an Waffen und ein Defizit an Friedensstiftern haben. Weil Menschen, denen Gemeinschaft wichtig ist, Menschen sind, denen die Verantwortung übertragen wurde, mit Beziehungsproblemen angemessen umzugehen.

3. Schritt: Gehen Sie auf die andere Konfliktpartei zu – und ihr nicht aus dem Weg

„Geh“, sagt Jesus. *Trete in Aktion. Lass nicht zu, dass sich der Ärger festbeißt.*

An diesem Punkt ist man geneigt zu jammern. „Aber ich möchte nicht gehen! Ich möchte bleiben und schmollen! Ich bin einfach sauer! Außerdem: Wenn ich hingehen würde, könnte es sehr hässlich werden.“

Aktiv zu werden ist ein großer Schritt. Denken Sie daran, wenn Sie auf den anderen zugehen und es vielleicht nicht besonders gut machen. Vielleicht stottern und stammeln Sie und stolpern über Ihre Worte. Lassen Sie sich davon nicht aufhalten.

Sie sollten versuchen, so viel Können und Weisheit wie möglich in diesen Prozess einfließen zu lassen. Wenn Sie warten, bis Sie perfekt sind, werden Sie nie losgehen. Dass Sie vielleicht Fehler begehen, sollte nicht Ihre Hauptsorge sein. Ihre Hauptsorge sollte sein, erst einmal loszugehen.

> Einander aus dem Weg zu gehen ist tödlich für die Gemeinschaft. Wenn Sie dem anderen aus dem Weg gehen, nährt dies den Ärger in Ihnen.

Ärger ist eine physiologische Erregung. Mehr Adrenalin wird produziert, mehr Zucker wird freigesetzt, Ihr Herz schlägt schneller, Ihr Blutdruck steigt, Ihre Pupillen öffnen sich weiter. Ärger ist eine Form von Kraft. Er ist ein Zeichen dafür, dass etwas Ihre Aufmerksamkeit braucht. Er bereitet Sie darauf vor zu handeln.

Es gibt Menschen, die in Familien aufwachsen, in denen Ärger verpönt ist. Solche Menschen lernen oft, ihren Ärger herunterzuschlucken. Manchmal wachsen sie mit dem Gedanken auf: *Ich darf keinen Ärger empfinden. Das würde bedeuten, dass ich ein schrecklicher Mensch bin.*

Aber es ist an sich gut, die Fähigkeit zu haben, sich zu ärgern. Es gehört einfach dazu, wenn Sie ein leidenschaftliches Leben führen wollen. Aber Sie sollten nicht in einem Zustand anhaltenden Ärgers leben. Wut ist wie ein Rauchmelder. Es ist sehr gut, wenn man einen hat. Wenn er Alarm schlägt, signalisiert er, dass irgendetwas in Ordnung gebracht werden muss. Manchmal ist es ein äußerliches Problem – und Sie müssen ein Feuer löschen. Manchmal gibt es aber auch ein innerliches Problem – vielleicht sind die Batterien leer, was bedeutet, dass Sie den Rauchmelder wieder in Ordnung bringen müssen. Es ist gut, dass Sie den Rauchmelder haben, aber es ist nicht gut, auf Dauer mit einem Rauchmelder zu leben, der ständig Lärm macht.

Wut meldet Ihnen, dass etwas nicht in Ordnung ist, und bewegt Sie zum Handeln. Ärger motiviert Sie, etwas zu tun, um ihn abzustellen.

Aber es ist ausgesprochen schwierig, klug zu handeln, während man wütend ist. Wenn der Grad der Erregung steigt, erlebt man unter Umständen das, was Therapeuten manchmal „kognitive Unfähigkeit" nennen. Sie können einfach nicht mehr logisch denken. Ärger produziert den „Jim-Carrey-Effekt": Wenn Sie wütend und immer wütender werden, werden Sie gleichzeitig dumm und dümmer. Neil Warren rät in dieser Situation: „Wenn Ihre innere Anzeige auf ‚rasender Zorn' steht, sollten Sie die Reaktion verzögern."[6]

Sie müssen Zeit schinden. Sie müssen Ihrem Körper und Ihren Emotionen die Möglichkeit geben, abzukühlen, damit Sie bewusst handeln können, statt auf Autopilot zu schalten.

Salomo rät dazu: „Ein zorniger Mann richtet Zank an; ein Geduldiger aber stillt den Streit" (Sprüche 14,17).

Manchmal bietet es sich auch an, sich der Situation physisch zu entziehen und an einen anderen Ort zu gehen, bis die Emotionen wieder aus dem roten Bereich sind. Männer, so fand ein Wissenschaftler heraus, setzen sich vorzugsweise alleine ins Auto und fahren eine Strecke, wenn sie extrem wütend sind.

Darüber sollten Sie zweimal nachdenken. Vielleicht wäre ein langer Spaziergang die bessere Alternative.

Aber das Entscheidende dabei ist: Eine Abkühlphase wird nichts nutzen, wenn Sie die Zeit dazu verwenden, um Gedanken zu wälzen, die Ihren Ärger weiter anheizen. Wenn Sie sich immer wieder ins Gedächtnis rufen, warum Sie so wütend sind, werden Sie nur noch wütender. Sie müssen einen Weg finden, Ihre Gedanken in andere Bahnen zu lenken.

Dafür gibt es eine Reihe von Möglichkeiten. Wenn Sie beispielsweise feststellen, dass Sie Gedanken wälzen, die Ihrer Wut nur noch weitere Nahrung geben, dann schreien Sie einfach laut das Wort „Stopp“ (wenn die Situation es erlaubt). Eine andere Möglichkeit besteht darin, einen Alternativgedanken parat zu haben. Wenn wir wütend sind, haben wir oft das Gefühl, absolut im Recht zu sein und das Recht zu haben, alles zu tun, was den anderen verletzen könnte. Man kann sich also sagen: „Ich könnte auch Unrecht haben.“ Vielleicht sollten Sie dies gleich einmal üben und jetzt laut aussprechen. (Machen Sie ruhig, ich warte solange.) Das Problem ist, dass wir wütend werden, wenn wir diesen Satz nur aussprechen. Es hilft, wenn Sie dabei lächeln. Und vielleicht hilft es noch mehr, wenn Sie sich einen Grund suchen, um diesen Satz in dieser Woche jeden Tag zweimal auszusprechen.

Bevor wir Jesu Aufforderung befolgen und „losgehen“, mag es auch hilfreich sein, zwei entscheidende Fragen zu beantworten. Fachleute im Bereich des Konfliktmanagements stellen diese Fragen intuitiv; Menschen, die in diesem Bereich eher Anfänger sind, denken nicht einmal daran.

Die erste Frage lautet: *Warum bin ich wütend?*

Wissen Sie noch, wie Sie in der Grundschule gelernt haben, dass Rot, Blau und Gelb Primärfarben sind und sich aus ihnen alle anderen Farben mischen lassen? Ebenso ist auch Ärger keine primäre Emotion. Ärger ist fast immer das Ergebnis einer Mischung aus verschiedenen anderen Emotionen, etwa eines Gefühls des Verletztseins, Frust oder Angst. Wenn wir mit unserem Ärger konstruktiv umgehen wollen, müssen wir zunächst einen Schritt zurückgehen und feststellen, was hinter dem Ärger steckt. Andernfalls können wir den Ärger nicht an der eigentlichen Wurzel packen.

Vielleicht helfen Ihnen ein paar Beispiele:

Angenommen, Sie lassen eine Vertreterin des anderen Geschlechts wissen, dass Sie sie attraktiv finden. Und sie reagiert mit der Erwiderung: „Ich werde nicht mit dir ausgehen, weil ich dich nicht attraktiv finde – auch wenn ich damit falsch liegen könnte." Sie wurden geradewegs zurückgewiesen. Sie spüren Ärger in sich, aber was liegt dahinter? Verletzung.

Oder angenommen, sie erwärmt sich für Sie. Sie sind auf dem Weg, um sie zu Ihrer ersten Verabredung abzuholen, Sie sind ein bisschen spät dran, weil Ihr Chef Sie aufgehalten hat, und dann werden Sie erwischt, weil Sie 53 Stundenkilometer in einer Zone fahren, in der nur 50 Stundenkilometer erlaubt sind. Sie spüren Ihren Ärger deutlich, aber was schürt diesen Ärger? Frust.

Ein weiteres Szenario, geklaut von Ken Davis. Alles läuft wunderbar und Sie heiraten. Es ist zwei Uhr früh. Sie hört enorm laute Geräusche im Erdgeschoss, so als würde jemand herumlaufen und im Dunkeln gegen Möbel stoßen. Sie sagt: „Was ist das für ein Lärm?" Sie entgegnen: „Ich höre nichts." (Das passierte mir tatsächlich, auch wenn ich sehr laut sprechen musste, damit Nancy mich über den Lärm hinweg verstehen konnte.) Sie erwidert: „Ich weiß, was es ist. Ich habe es im Radio gehört. Es ist ein Axt schwingender, blutrünstiger, Schaum vor dem Mund habender, verrückter Mörder, der aus dem Hochsicherheitstrakt für verrückte Kriminelle ausgebrochen ist. Geh und sieh nach."

„Okay, ich werde also in meiner Feinrippunterhose runtergehen – das wird ihn sicher erschrecken." Und nun sind Sie wütend, weil Sie hinuntergehen und nach einem verrückten Mörder sehen sollen. Was verbirgt sich hinter der Wut? Angst.

Die zweite Frage, die Sie sich stellen sollten, lautet: *Was will ich erreichen?*

Es ist eine erstaunliche Dynamik: Wenn man erst einmal einen bestimmten Grad an Wut erreicht hat, konzentriert man sich nur noch darauf, den Streit zu gewinnen, den anderen zu verletzen oder wegzulaufen. Man vergisst, eine entscheidende Frage zu stellen: *Welche Lösung wünsche ich mir für diese Situation? Was entspricht meinen Wünschen und Grundwerten?*

Wenn wir wütend werden, fangen wir an, darüber nachzudenken, was wir sagen könnten, um den Streit zu gewinnen oder den anderen zu verletzen. Statt zuzuhören, nutzen wir die Zeit, in der der andere spricht, nur dazu, unsere Gedanken neu zu laden. Oder wir warten nur auf eine unglückliche Formulierung des anderen, um sie zu unserem eigenen Vorteil zu nutzen.

Aber genau das sollten wir nicht tun. Wenn Sie sich erst einmal abgekühlt und die Sache durchdacht haben – dann erst sollten Sie losgehen. Der Apostel Paulus schrieb an eine Gemeinde, die Probleme mit Konflikten hatte: „Versündigt euch nicht, wenn ihr in Zorn geratet! Versöhnt euch wieder und lasst die Sonne nicht über eurem Zorn untergehen" (Epheser 4,26).

Achten Sie darauf, wirklich den gesamten Prozess zu durchlaufen. Viele Menschen haben nur zwei Gänge. Zuerst werden sie wirklich wütend und sagen oder tun alles. Wenn sie dann abgekühlt sind, meiden sie die Konfrontation, weil diese unerfreulich ist. Sie unternehmen nichts, um das zu korrigieren, was ihre Wut angerichtet hat.

Bestimmte Gedanken verursachen Wut. Menschen, die Probleme mit dem Umgang mit Wut haben, sind in der Regel Menschen, die zu feindseligen, zynischen Gedanken über andere Menschen neigen.

Um Meister im Umgang mit Ärger zu werden, müssen Sie sich zunächst dieser Gedanken bewusst werden und dann anfangen, sie durch andere Gedanken zu ersetzen.

Ihre Gedanken lösen Ärger aus. Hier ein Beispiel:

Es ist neun Uhr abends. Mein vierjähriger Sohn klettert aus dem Bett und kommt vorsichtig und zögernd die Treppe herunter; dabei bricht er das abendliche „Ausgehverbot". Wie auch immer, ich habe nichts zu tun und muss auch nirgendwohin: Ich bin entspannt und mit der Welt im Reinen. „Schau dir diesen kleinen Lausbuben an. Diese Bilderbuchaugenblicke wird es nur noch ein paar Jahre geben, dann wird er groß sein. Wie mutig und abenteuerlustig er doch ist, er riskiert eine Strafe, um die unbekannten Welten der Nacht auszukundschaften. Ganz wie sein Vater!"

Ein anderer Abend: dieselbe Uhrzeit, dasselbe Kind, derselbe Vater. Aber diesmal befinden wir uns am Ende eines langen, anstrengenden Tages, und ich muss noch eine Predigt zum Thema „Umgang mit Wut" fertig stellen, bevor ich zu Bett gehe. Der Lausbub kommt die Treppe herunter und diesmal nehmen meine Gedanken eine andere Wendung: „Ich habe nur ein paar kostbare Augenblicke, um meine Arbeit fertig zu kriegen, und dieses kleine Ungeheuer kann nicht im Bett bleiben. Klar, komm nur die Treppen runter, mein Kind! Los, komm schon, gib meinem Tag den Rest! Du solltest dir die Frage stellen, ob ich glücklich bin. Wie rebellisch und ungehorsam er nur ist, widersetzt sich der von Gott eingesetzten elterlichen Autorität, und das nur wegen seines relativistischen Narzissmus. Also von mir hat er diese Gene nicht!“

Die äußere Situation ist in beiden Fällen die gleiche. Allein der gedankliche Prozess macht den Unterschied aus. Natürlich bedeutet das nicht, dass Gedanken, die Wut auslösen, immer irrational sind. Wenn Sie mit einer Person zusammenleben, die Sie missbraucht und bewusst verletzt, werden Ihre Gedanken sicherlich Gefühle der Wut auslösen. Diese Gedanken sind sehr zielgerichtet und sehr präzise.

Manchmal *sollten* Sie auch ärgerlich werden. Trotzdem müssen Sie selbst in solchen Situationen entscheiden, wie Sie Ihrem Ärger Ausdruck verleihen wollen.

Oft aber spüren wir unseren Ärger einfach, weil wir verdrehten, feindseligen und zynischen Gedanken in uns Raum geben.

Paulus schrieb an die Gemeinde in Philippi: „Im Übrigen, meine Brüder und Schwestern: Richtet eure Gedanken auf das, was schon bei euren Mitmenschen als rechtschaffen, ehrbar und gerecht gilt, was rein, liebenswert und ansprechend ist, auf alles, was Tugend heißt und Lob verdient“ (Philipper 4,8).

Ein Team von Wissenschaftlern, das ein Forschungsprojekt über Wutausbrüche im Straßenverkehr durchführte, gab Autofahrern folgenden Rat: Immer, wenn sie merkten, dass sie sich über einen anderen Verkehrsteilnehmer ärgerten, sollten sie anhalten und denken: *Da drüben ist meine Mutter*. (Wenn Sie allerdings Probleme mit Ihrer Mutter haben, könnte dieser Ratschlag Sie noch wütender machen. Unter Umständen müssen Sie dann an die Mutter eines Bekannten denken.) Alternativ sollten sich die Fahrer mögliche Gründe ausdenken, warum ein anderer Verkehrsteilnehmer Fahrfehler machen könnte. Vielleicht befindet er sich in einer Notsituation. Vielleicht hatte er einen schlechten Tag.

In den meisten Fällen werden Sie andere Verkehrsteilnehmer nicht in tiefer gehende Gespräche über die Wut verwickeln wollen, die sie in Ihnen auslösen. Aber wenn wir uns nicht auf der Straße befinden, rät Jesus uns, dass wir lernen sollten, auf die Menschen zuzugehen, mit denen wir einen Konflikt haben, statt ihnen aus dem Weg zu gehen.

4. Schritt: Keine Außenstehenden involvieren

Gehen Sie direkt zu der anderen beteiligten Person, sagt Jesus. Im Allgemeinen geht man nicht gerne auf eine Person zu, mit der man einen Konflikt hat. Im Gegenteil, sie ist meist die letzte Person, der man begegnen möchte.

Man möchte lieber zu jemand anderem gehen und sagen: „Stell dir vor, was hier gerade los ist. Ich möchte es nur ganz objektiv erzählen und Feedback von einer neutralen dritten Partei haben. Machst du dir nicht auch Sorgen um unseren Bruder – diesen schwer gestörten Psychopathen?"

Es macht weit mehr Spaß, zu jemand anderem zu gehen und dort Anteilnahme zu finden.

Wir neigen dazu, die Gemeinden des ersten Jahrhunderts zu idealisieren und zu denken, dass dort eine konfliktfreie Atmosphäre herrschte. Aber dasselbe Neue Testament, das uns berichtet, wie sehr sie alle eines Sinnes waren und sich umeinander kümmerten, malt uns auch ein Bild von Gemeinschaften vor Augen, in denen Konflikte lebendig waren und gut gediehen. Die Griechisch sprechenden Mitglieder hatten großen Ärger mit den Hebräisch sprechenden Mitgliedern, als es darum ging, wessen Witwen versorgt werden sollten (Apostelgeschichte 6,1). Hananias und Saphira waren so neidisch darauf, dass andere Menschen den Ruf hatten, sehr großzügig zu sein, dass sie ihrer Gesundheit ernsthaft Schaden zufügten (Apostelgschichte 5,1–11). Paulus und Barnabas waren sich so uneinig über einen Kollegen, dass sie ihre Partnerschaft auflösten (Apostelgeschichte 15,37–40).

Die Urkirche war kein konfliktfreier Ort. Sie war ein Ort, an dem Menschen sich darum bemühten und Verantwortung trugen, gut mit Konflikten umzugehen.

Paulus schrieb an die Gemeinde von Philippi, wo zwei prominente Frauen, Euodia und Syntyche, miteinander in einen schwierigen Konflikt verstrickt waren. Wir wissen nicht, um was es ging – vielleicht ging es darum, wer den dämlicheren Vornamen hat.

Interessant ist hier vor allem, welchen Rat Paulus *nicht* gibt. Er sagt nicht: „Euodia, sprich mit anderen Menschen darüber, wie unfair Syntyche dich behandelt hat. Diskutiere ihre Charakterschwächen und Neurosen ausführlich, damit andere angemessener für sie beten können." Er sagt auch nicht: „Syntyche, lass drei oder vier enge Freunde wissen, wie schlecht Euodia mit dir umgegangen ist, damit sie dein selbstgerechtes Gefühl, eine Märtyrerin zu sein, verstärken können."

Stattdessen fordert Paulus sie nachdrücklich auf („Ich ermahne …"; Philipper 4,2), diesen Konflikt direkt zu lösen – „sich als Schwestern im Glauben [zu] vertragen", einmütig zu sein. Auffällig ist, dass er beide Frauen in ein und demselben Satz dazu auffordert. Er schreibt: „Die beiden haben sich mit mir für die Verbreitung der Guten Nachricht eingesetzt" (Philipper 4,3) – eine der besten Empfehlungen, die er geben kann. Er sagt, dass ihre Namen „im Buch des Lebens stehen". Ihr Konflikt mindert ihre Position in Paulus' Augen überhaupt nicht. Unsere Geistlichkeit zeigt sich nicht an der Abwesenheit von Konflikten; bis zu unserem Tod werden Konflikte Teil unseres Lebens sein. Die eigentliche Prüfung besteht vielmehr darin, wie wir mit ihnen umgehen. Konflikte lassen sich nicht vermeiden. Aber unsere negative Reaktion darauf schon.

Probleme tauchen dann auf, wenn wir mit jemand anderem über den Konflikt sprechen, statt direkt auf die davon betroffene Person zuzugehen. Statt also direkt mit Syntyche zu sprechen, geht Euodia zu einer anderen Person: „Weißt du schon, was Syntyche gemacht hat?" Unvermeidlich landet dies wieder bei Syntyche: „Weißt du, was Euodia über dich gesagt hat? Aber sag ihr nicht, dass ich es dir weitererzählt habe, das ist ganz im Vertrauen." Statt dass zwei Menschen versuchen, eine Missstimmung zu bereinigen, haben wir nun drei Personen, die alle vermeiden, den Konflikt direkt anzusprechen, aber nun alle drei einen Grund haben, einander nicht zu mögen.

Einer der größten Mythen unserer Zeit besagt, dass es uns hilft, unsere Wut zu verringern, wenn wir uns den Ärger gegenüber einer dritten Partei von der Seele reden. Wenn eine Person beschließt, dass sie ihrem Ärger nicht direkt Luft machen will, wendet sie sich oft an eine dritte Partei, an jemanden, der bekanntermaßen mitfühlend ist, und dann erzählt sie dieser dritten Partei, warum sie so wütend ist.

Dinge auszudiskutieren führt oft dazu, dass wir uns besser fühlen. Aus diesem Grund gibt es Freunde, Therapeuten und Barkeeper. Aber auch hier ist die Forschungslage eindeutig. Carol Tavris berichtet: „Gefühle auszudiskutieren reduziert sie nicht, sondern ruft sie wieder wach. [...] Wenn Sie Ihre Klagen vortragen, steigert sich Ihre emotionale Erregung wieder und lässt Sie sich so wütend fühlen wie in dem Augenblick, in dem sich das ärgerliche Ereignis zutrug. Außerdem zementieren Sie in sich eine feindselige Haltung gegenüber der Quelle Ihres Ärgers."[7]

Das bedeutet nicht, dass Sie über Ihren Ärger schweigen müssen. Vielleicht brauchen Sie einen Resonanzboden, der Ihnen dabei hilft zu planen, wie Sie den Konflikt lösen können. Aber generell gilt: Wenn Sie eine dritte Partei einschalten, sollten Sie es immer mit dem Ziel tun, Versöhnung herbeizuführen.

Es ist schon ausgesprochene Ironie, dass nur wenige Organisationen so oft gekämpft und sich so bitter gespalten haben wie die Kirche. Im 20. Jahrhundert gab es mehr als Hundert Arten von Baptisten, darunter die Nördlichen Baptisten, die Südlichen Baptisten, die Allgemeinen Baptisten, die Besonderen Baptisten, die Siebenten-Tags-Baptisten, die Baptisten mit der harten Schale, die Freiwilligen Baptisten. Von einer Gruppierung, die sich „Kirche Gottes" nannte, entstand ein Ableger, der sich selbst die „Wahre Kirche Gottes" nannte; und eine Gruppe, die sich davon wiederum abspaltete, nannte sich die „Einzig wahre Kirche Gottes". Eine Studie ergab, dass es weltweit über 33 000 christliche Denominationen gibt.[8] Und jede Einzelne von ihnen ist eine Splittergruppe. Fast alle entstanden aus Wut und Feindseligkeit und Zurückziehen durch Menschen, die von sich behaupteten, den Lehren Jesu zu folgen. Es handelt sich hierbei um denselben Jesus, der seinen Vater bat, dass alle seine Nachfolger „vollkommen eins [sind], damit die Welt erkennt, dass du mich gesandt hast und dass du sie, die zu mir gehören, ebenso liebst wie mich“ (Johannes 17,23).

Ein Mann wurde von einer einsamen Insel gerettet, auf der er 15 Jahre lang alleine gelebt hatte. Bevor er die Insel verließ, machte er mit seinen Rettern eine Führung zu all den Gebäuden, die er als kleine Ein-Mann-Stadt im Laufe der Jahre errichtet hatte: „Das war mein Haus, das war mein Vorratsraum, das war eine Art Strandhaus, und da drüben ist meine Kirche.“

„Und was ist das Gebäude daneben?“

„Oh, das ist der Ort, an dem ich immer zur Kirche ging.“

5. Schritt: Seien Sie sensibel

Jesus sagt, dass wir auf das Objekt unseres Ärgers im privaten Rahmen zugehen und unseren Konflikt ganz unter uns lösen sollen. Diese Strategie führt dazu, dass wir keine andere Person unnötigerweise in Verlegenheit bringen, indem wir sie dazu zwingen, sich vor Publikum zu äußern. Wir gehen so auf sie zu, wie wir uns das im umgekehrten Fall auch wünschen würden.

Sensibilität ist einer der wichtigsten – und am häufigsten außer Acht gelassenen – Aspekte eines gesunden Umgangs mit Wut.

Ein weiterer Mythos besagt, dass man sich ein Ventil für seinen Ärger suchen sollte. Diese Sicht war vor allem in den 1960er- und 1970er-Jahren unter Psychologen verbreitet. Dahinter steht der Gedanke, dass Ärger, der sich nicht äußern kann, in einer Art innerem psychologischen Reservoir gespeichert wird. Wenn wir also wütend werden, sollen wir uns in erster Linie unserer Gefühle entledigen. „Rede es dir von der Seele“, „Lass Dampf ab“, „Lass alles heraus.“ *Wirf etwas, zerschlage etwas, schrei laut – finde ein Ventil.*

Diese Theorie besagt folglich auch, dass unser Ärger bleiben wird, wenn wir ihn nicht loslassen. Er sammelt sich wie Dampf in einem Wasserkessel an, und wenn er kein Ventil findet, gehen wir eines Tages in die Luft, wenn wir es am wenigsten erwarten. Wir werden zu einem Vulkan und warten darauf, dass unsere Wut überkocht.

Warum denken wir so über Ärger? Über andere Emotionen denken wir anders. Niemand sagt: „Ich habe meine Freude die ganzen Jahre zurückgehalten; die Leute erzählen lustige Witze, und ich unterdrücke mein Lachen; ich habe es nie rausgelassen, und jetzt staut es sich in mir. Jetzt bricht der Damm und kann die Freude nicht mehr halten und ich werde alle mit Freude übersprudeln." Kein Therapeut sagt: „Sie müssen mit Ihrer Dankbarkeit in Berührung kommen; jahrelang haben Ihre Eltern Ihnen geholfen und sich für Sie aufgeopfert, aber Sie haben nie gelernt, Ihre Dankbarkeit in Worte zu fassen. Nun staut sich diese ganze Dankbarkeit in Ihnen, und das ist nicht gesund. Sie sind wie eine lebende Zeitbombe. Eines Tages werden Sie auf Leute zugehen, die Sie nicht einmal kennen – und sie mit Ihrer Dankbarkeit überschütten."

Es stellt sich jedoch heraus, dass diese Vorgehensweise nicht unproblematisch ist. Die alte Theorie besagte, dass man sich ärgerte, ein Ventil für seinen Ärger fand, der Ärger verschwand und man ihn aus „seinem inneren System" entfernt hatte. Das Problem dabei ist nur, dass es verstärkend wirkt, wenn man sich ein Ventil für seinen Ärger sucht. Jemand schlägt auf etwas ein, fühlt sich stark und möchte weiterschlagen. Die Untersuchung einiger Studien in diesem Bereich kam zu dem Ergebnis, dass „sowohl die Beobachtung als auch die aktive Beteiligung an aggressivem Verhalten zu mehr, nicht weniger, Wut und Aggression führt"[9].

Ich demonstriere diesen Effekt manchmal, indem ich Leute aufstehen und „Ja" sagen lasse. Dann fordere ich sie dazu auf, „NEIN!" zu schreien, dabei die Hände zu Fäusten zu ballen und den Kopf zu schütteln. Sofort ist die geballte Energie im Raum erschreckend. Wenn ich sie bitte, sich wieder zu setzen, bleiben sie einfach stehen, schreien „NEIN!" und drohen mir mit geballten Fäusten.

Carol Tavris schreibt: „Die Ansicht derjenigen, die dafür plädieren, sich ein Ventil für die eigene Wut zu suchen, [...] lautet, dass es immer wichtig ist, Ihrem Ärger Ausdruck zu verleihen, damit Ihre Arterien oder Ihre Beziehungen nicht blockiert werden. [...] Wenn aber Ihre geäußerte Wut Ihr Gegenüber dazu bringt, Sie zu erschießen, spielt es keine Rolle, ob Sie mit gesunden Arterien sterben."[10]

Der Ansatz beinhaltet noch ein weiteres Problem: Wissenschaftler haben herausgefunden, dass es Menschen gibt, die nicht gerne als Blitzableiter fungieren. Derjenige, der Dampf ablässt, findet seine Befriedigung, aber sein Gegenüber neigt dazu, wütend zu werden.

Wie oft sehen Sie die folgende Szene? Ein Mann ist der Auffassung, dass ihn ein anderer Autofahrer geschnitten hat, fährt dicht an den Übeltäter heran und schreit: „Hey, Sie Idiot! Was haben Sie sich dabei gedacht? Wollen Sie mich umbringen?"

Und der andere antwortet: „Sie haben da einen wichtigen Punkt angesprochen. Das hat mich tief berührt. Ich werde mich ändern. Ich möchte Ihnen danken, dass Sie sich die Zeit genommen haben, mir noch einen Stinkefinger zu zeigen."

Die Forschungsuntersuchungen zum Thema „Wut" haben ein Maß an Übereinstimmung erreicht, wie es in den Sozialwissenschaften selten zu finden ist. Drei größere Darstellungen, die sich jeweils über einige Jahrzehnte hinweg mit mehreren Studien beschäftigten, konnten keine einzige Studie ausfindig machen, die beweist, dass Katharsis – den Ärger loszulassen – ein effektives Mittel für den Umgang mit Wut ist. Es produziert nur noch mehr Wut.

Menschen, die diese Vorgehensweise wählen, mögen auf kurze Sicht das bekommen, was sie sich erhoffen, aber sie verlieren die Vertrautheit, nach der sie sich im Grunde sehnen. Nach einer Predigt zum Thema Ärger, die ich mit einigen dieser Fakten begonnen hatte und die den Auftakt zu einer ganzen Reihe bildete, kam ein Mann auf mich zu. Er war ein wahrer Bär von einem Mann und sah aus, als sei er beim Weltverband der Ringer angestellt. Seine rechte Hand befand sich in einem Gipsverband.

Er wollte mit mir über meine Predigt sprechen.

„Was Sie da über das Dampfablassen sagen, stimmt. Letzte Woche war ich so wütend, dass ich eine Mauer mit der Hand einschlagen wollte und mir dabei zwei Finger gebrochen habe. Ich werde mir Ihre ganze Predigtreihe anhören, und" – dabei schaute er mich grimmig an – „ich hoffe für Sie, dass sie gut wird."

Wenn Sie also wütend sind, gibt es eine einfache Richtlinie: Nähern Sie sich dem anderen einfach so, wie Sie es sich wünschen würden, wenn Sie an seiner Stelle wären.

6. Schritt: Kommunizieren Sie direkt

„Zeige ihm, was er deiner Ansicht nach falsch gemacht hat", rät Jesus. Auch das ist oft leichter gesagt als getan. Wenn sie sich direkt gegenüberstehen, neigen Menschen oft dazu, das Problem nur indirekt anzudeuten, um den Schlag zu mildern. Eine Ehefrau ist beispielsweise frustriert, weil ihr Mann sie im Haushalt nicht stärker unterstützt. Aber ihr Frust äußert sich dann in Form einer Frage statt einer direkten Aussage: „Möchtest du heute nicht die Garage sauber machen?"

Er denkt darüber nach, hört in sich hinein und stellt fest, dass er ganz tief in sich, im innersten Kern seines Wesens, überhaupt keine Lust dazu hat, die Garage an diesem Tag sauber zu machen. Und so sagt er ihr dies, ganz stolz über sein Selbstbewusstsein und seine Offenheit. Und sie geht doppelt so ungehalten weg, weil sie wirklich nicht die Absicht hatte, diese Aufforderung als Frage zu formulieren. Sie *wollte*, dass er die Garage sauber macht.

In dem Leitungsteam, zu dem ich gehöre, sprechen wir oft über die „Regel der letzten zehn Prozent". Dahinter verbirgt sich folgender Gedanke: Nachdem wir uns die Mühe gemacht haben, ein unangenehmes Gespräch anzugehen, schrecken wir oft davor zurück, auch die härteste, aber wichtigste Wahrheit zu sagen. Wir schaffen es nicht, die letzten zehn Prozent zu sagen. Wir werden genau dann vage und unklar, wenn unser Gegenüber am meisten Klarheit bräuchte. Statt zu sagen: „Sie haben bei der Besprechung zu viel geredet", sagen wir: „Es war schwierig, gut ins Gespräch zu kommen." Statt unhöfliches Verhalten klar anzusprechen, sprechen wir vage davon, dass wir keine Verbindung mit dem anderen spüren, und wir hoffen, dass der andere zwischen den Zeilen lesen kann. Ich handle so nicht aus Liebe zum anderen, sondern weil ich dem Schmerz oder der Angst aus dem Weg gehen möchte, die ein tiefer gehender Konflikt mit sich bringen könnte.

Wenn ich von den letzten zehn Prozent spreche, meine ich damit nicht, dass ich die Verpflichtung übernehmen muss, alles in jedem Menschen geradezubiegen. Es bedeutet mit Sicherheit nicht, dass ich jedem alles sagen muss, was ich jemals an ihm beobachtet habe, egal, ob er es wissen möchte oder nicht. Es bedeutet vielmehr, dass ich während eines liebevollen Konfrontationsgesprächs meine allzu menschliche Neigung im Auge behalten muss, dann unpräzise zu werden, wenn die Wahrheit am nötigsten und am schwierigsten auszusprechen ist.

Im Folgenden finden Sie einen allgemeinen Rahmen für die letzten zehn Prozent:

1. Beschreiben Sie klar und deutlich, was Sie beobachtet haben: „Du hast mir nicht richtig zugehört."
2. Erklären Sie, wie es Sie verletzt hat: „Ich hatte das Gefühl, dir nicht wichtig zu sein."
3. Sagen Sie, was die Folge davon war: „Das könnte zu Distanz in unserer Beziehung führen, und das möchte ich nicht."
4. Bitten Sie um die Veränderung, die Sie sich wünschen: „Ich möchte gerne das Gefühl haben, wirklich einen Draht zu dir zu haben, wenn wir zusammen sind."

7. Schritt: Bemühen Sie sich um Versöhnung

Jesus sagt: „Wenn er dir zuhört, hast du deinen Bruder zurückgewonnen." Ziel von Konfliktsituationen ist nicht, zu gewinnen oder Punkte zu machen, sondern sich zu versöhnen.

Ihr Ziel sollte die Wiederherstellung der Beziehung sein. Versöhnung geschieht selten einfach und fast nie schnell.

Aber sie ist Jesu Wille für die Menschheit. Sie ist sein ausdrückliches Gebot für seine Kirche. Wenn Versöhnung nicht unser Ziel ist, ist der Rest unserer Arbeit umsonst.

Ich versuchte vor kurzem, in Pasadena/Kalifornien in einer belebten Einbahnstraße parallel zur Fahrbahn einzuparken. Der Frustpegel des Autofahrers hinter mir stieg zusehends, weil er nicht an mir vorbeifahren konnte; er musste einfach dasitzen und warten (und wir befanden uns in Südkalifornien, wo die Leute erst schießen und dann auf die Hupe drücken). Schließlich hatte ich mein Auto in die Parklücke gezwängt, und er hielt neben mir an, um mich an seinen tiefsten Gefühlen teilhaben zu lassen. (Im Allgemeinen fällt Ihnen in solchen Situationen nichts Schlagfertiges ein, das Sie sagen könnten, sondern erst um zwei Uhr früh am nächsten Morgen, wenn es zu spät ist, um dafür noch Verwendung zu finden.)

„Was ist Ihr Problem …?“, brüllte er mich an und warf mir noch ein Schimpfwort an den Kopf. Ich möchte es hier nicht wiederholen, aber es bezog sich auf einen Teil meiner Anatomie, nicht allzu weit nördlich, nicht allzu weit südlich, gerade auf Äquatorhöhe, in der westlichen Hemisphäre. Dann fuhr er weiter.

Es war eine sehr grundlegende Frage. Ich habe seitdem oft über sie nachgedacht. Sie fasst im Wesentlichen den Zustand der Menschheit zusammen.

Aber der Mann stieg nicht aus, um diese Frage mit mir zu erörtern. Ihm war eigentlich egal, welches Problem ich hatte. Er ließ mich einfach mit dieser provozierenden Frage zurück.

Wenn man sich an Matthäus 18, Vers 15 orientiert, machte der Mann einige Dinge richtig. Erkannte er an, dass es einen Konflikt zwischen uns gab? Ja, eindeutig und leidenschaftlich. Er übernahm die Initiative, ohne lange zu warten. Er war nicht passiv. Er beschwerte sich nicht bei anderen Autofahrern über mich oder streute Gerüchte aus, sodass andere Autofahrer über mich redeten. Er sprach zu niemandem außer mir. Seine Kommunikation war eindrucksvoll direkt. Ich wusste genau, was er dachte und fühlte. Er schaffte auch die letzten zehn Prozent.

Er machte sechs von sieben Schritten richtig. Nicht schlecht! Aber er ließ den aus, der am wichtigsten von allen ist. Wenn Sie zu diesem Schritt nicht bereit sind, sind Sie vermutlich auch für die ersten sechs Schritte noch nicht reif.

Direkte Konfrontation ist nicht immer gut. Manchmal eskaliert ein Konflikt dadurch erst, führt zu Gewalt und kann gewaltigen Schaden anrichten.

Manchmal passiert dies. Manchmal tragen wir von Konflikten mit anderen Menschen tiefe Schrammen und Verletzungen davon.

Dann brauchen wir mehr als Ärger-Management. Dann brauchen wir ein Wunder.

Und Gott schuf ein Wunder. Er nannte es Vergebung. Und damit werden wir uns im nächsten Kapitel beschäftigen.

Tanzen lernen

1. Wie ging man in Ihrer Herkunftsfamilie mit Konflikten um?

2. Was charakterisiert Ihren Umgang mit Konflikten am besten?

    a. Um jeden Preis vermeiden.
    b. Ich kann ihnen ins Auge blicken, aber ich mag sie nicht.
    c. Ein guter Streit hier und da reinigt die Atmosphäre.
    d. Ich entspanne mich bei Konflikten.

3. Achten Sie darauf, wann Sie heute ärgerlich werden. Was löst dieses Gefühl aus? Wie gehen Sie damit in der Regel um? Wird Ihr Ärger eher von dem Gefühl des Verletztseins, von Frust oder Angst genährt?

4. Gibt es in Ihrem Umfeld Menschen, die dazu neigen, Sie als dritte Partei in Konflikte hineinzuziehen, mit denen Sie im Grunde nichts zu tun haben? Wie können Sie damit umgehen?

5. Denken Sie an einen Menschen, dessen Fähigkeiten im Umgang mit Konflikten Sie bewundern. Was macht diesen Menschen so effektiv? Fragen Sie ihn, wie er es geschafft hat, mit Ärger so gut umzugehen.

6. Gelingt es Ihnen, auch die letzten zehn Prozent noch auszusprechen? Wem müssen Sie die letzten zehn Prozent noch sagen, und wer kann Sie daran erinnern, es auch wirklich zu tun?

7. Gibt es irgendeinen ungelösten Konflikt in Ihrem Leben? Wenn ja, sollten Sie sich schonungslos dafür entscheiden, ihn zu lösen.

Teil III

Das Geheimnis stabiler Beziehungen

Kapitel 8 Mat. 18,21ff

Geistliche OP: Vergebung

„Wenn Sie jemandem vergeben, tanzen Sie im Rhythmus des göttlichen Herzschlages. [...] Gott erfand Vergebung als den einzigen Weg, um seine Romanze mit der Menschheit am Leben zu erhalten."
Lewis Smedes[1]

„Es gibt Menschen, die mühelos Freundschaften schließen. Sie lächeln, sie reißen Witze, sie zucken unbekümmert mit den Schultern, sie bieten dem anderen etwas an, nehmen selbst an, was der andere ihnen anbietet, und balancieren sich so behutsam auf die Türschwelle. Und wenn sich die Tür öffnet, treten sie ein."[2]

Aber den meisten von uns fällt es schwerer, die Tür zu finden. Beth Kephart, von der diese Worte stammen, erzählt, wie sie nach dem Umzug ihrer Familie als Neue an eine Schule kam und an der neuen Schule verzweifelt neue Freunde suchte.

„Ich musste denken: Wer könnte noch Raum für mich haben? Wer ist nicht zu sehr in Beschlag genommen? Ich musste mich vor Ablehnung schützen, genügend Signale aussenden, aber nicht zu viele. [...] *Wenn ich auf den Fluren unterwegs war, musterte ich die Schüler und ihre Schließfächer, versuchte, ihre Haltung zu erraten, setzte mich im Bus vorne, in die Mitte und hinten hin. Ich entwarf Strategien, hoffte (ohne meine Hoffnung zu zeigen), dass da jemand war, der auch auf der Suche war, und dass an mir etwas war, das ihn ansprechen würde. Man kann leben, ohne einen einzigen Freund zu haben; das weiß ich. Es besteht die Möglichkeit, dauerhaft einsam zu sein."*

Im weiten Feld der Einsamkeit fand Beth die Perle von großem Wert – eine Freundin, eine beste Freundin. Joanne war lustig und intelligent und warmherzig. Und auf Grund der geheimnisvollen Chemie zwischen zwei Menschen schlossen zwei unbeholfene 14-Jährige Freundschaft. In diesem Jahr, schreibt Beth, wurde die Welt für sie zu einem anderen Ort. Sie gehörte dazu. Die Caféteria war nicht länger Niemandsland: Jemand hielt einen Platz für sie frei. Vier Jahre gingen ins Land: Geburtstage, Pizzaessen, Projekte, Veränderungen und Übernachtungseinladungen. Durch ihre Freundin, schreibt Beth, lernte sie die Musik ihrer Zeit kennen; sie lernte alles über Jungs, Geheimnisse, die Familien anderer Menschen und die Kunst, in der Schule gute Noten zu bekommen.

Sie erzählte Joanne alles, wie es beste Freundinnen eben so machen. Im Abschlussjahr verriet Beth Joanne ihr größtes Geheimnis: Sie hatte sich verliebt. Es war eine aussichtslose Schwärmerei. Er war blond, saß im Bus immer hinten und war in der ganzen Schule bekannt. Er wusste vermutlich gar nicht, dass es Beth gab. Bestenfalls warf er ihr gelegentlich ein Hallo zu. Doch jeden Abend nach den Hausaufgaben rief Beth Joanne an, um ihr alle Details zu erzählen: wo sie ihn gesehen hatte, was er anhatte oder gesagt hatte, ob er sie mit einem flüchtigen Gruß bedacht hatte oder nicht.

Joanne machte ihr immer Mut: „Vielleicht mag er dich ja."

„Wirklich?"

Beth wollte ihrer Freundin unbedingt Glauben schenken und denken, dass dieser Junge für sie zumindest ein Echo dessen empfand, was sie für ihn empfand. „Die Liebe ist stärker als der Tod", heißt es, und ich glaube, das stimmt besonders, wenn man noch zur Schule geht. Beth konnte nicht aufhören zu hoffen, auch wenn er ihr so wenig Grund dafür gab, auch wenn er sie nicht wahrzunehmen schien und ihr nie mehr als einen flüchtigen Gruß zuwarf. Sie konnte nicht aufhören zu hoffen, schreibt sie, bis zu jenem Abend, als Joanne mit ihm auf dem Abschlussball erschien.

Und eine Freundschaft, die vier Jahre lang gewachsen war, die Freundschaft zu der einzigen besten Freundin, die sie jemals hatte, verstummte mit einem Schlag für 20 Jahre.

Der Schmerz der Einsamkeit.
Die Hoffnung der Suche.
Die Freude der Vertrautheit.
Die Qual des Verrats.

Das Gesetz des Lamech

Zu Gemeinschaft gehört immer auch eine Art Versprechen, egal, ob es laut ausgesprochen wird oder nicht. Es ist das Versprechen der Hingabe und Loyalität. *In einer Welt, in der es keine Sicherheiten gibt, kannst du auf mich zählen.* Wenn dieses Versprechen gebrochen wird, bricht auch das Herz eines Menschen. Niemand kann uns so lieben wie ein Mensch, dem wir unser Herz geschenkt haben; aber es kann uns auch niemand so sehr verletzen wie diese Person. Diese Wahrheit ist die treibende Kraft hinter Country-Musik. Jemand schickte mir einmal eine Liste von klassischen Country-Stücken, und die meisten handeln vom Schmerz des Verrats:

„Wenn du mich verlässt, kann ich dann auch mitkommen?"

„Ich habe mir die Schuhe gekauft, die mich gerade sitzen gelassen haben."

„Wie kann ich dich vermissen, wenn du nicht gehen willst?"

Gott schuf die Menschen nach seinem Bild, damit sie Freunde werden können – vertraute, liebevolle Kameraden – für ihn und untereinander. Aber sehr schnell lernten die Menschen, als Feinde zu leben.

> Zu all den Wundern, die Gott erschaffen hatte, fügte der Mensch eine eigene Erfindung hinzu: Rache. *Du hast mich verletzt, also werde ich dich auch verletzen.* Eine Art Newton'sches Gesetz trat so unausweichlich in Kraft wie die Schwerkraft: Für jeden zugefügten Schmerz muss es einen gleichwertigen und in die umgekehrte Richtung erfolgenden Akt der Vergeltung geben.

Eine Person namens Lamech, von der im Buch Genesis berichtet wird, trieb dieses Prinzip bis zum Äußersten. Er tötete einen Mann, der ihn verwundet hatte; er sagte, er werde siebenundsiebzig Mal Rache nehmen an jedem, der ihn verletzte (Genesis 4,23–24). Das ist das Gesetz des Lamech: Wenn mir jemand Schmerz zufügt, lasse ich ihn dafür bezahlen. Eine der ergreifendsten Aussagen der Bibel findet sich kurz nach der Episode mit Lamech, als Gott die Gewalt und den Verfall sieht, die sich wie eine Epidemie unter den Geschöpfen ausgebreitet hatten, die er liebt: „Der Herr sah, dass die Menschen auf der Erde völlig verdorben waren. [...] Das tat ihm weh, und er bereute, dass er sie erschaffen hatte" (Genesis 6,5–6).

Gott schenkt sein Herz immer noch der Menschheit, aber die Menschheit kommt am Arm eines anderen zum Abschlussball.

So muss Gott, der Himmel und Erde in sechs Tagen erschaffen hat, noch ein weiteres Mal nach dem Sündenfall schöpferisch tätig werden. Er erfindet eine Art geistliche Operation, in der alles entfernt wird, was für das Herz schädlich ist, und die tote Beziehungen wieder zum Leben erwecken kann. Diese Neuschöpfung nennt er „Vergebung". In gewisser Weise ist sie sein letztes und bestes Geschenk an die Menschheit. Vergebung hat als Einzige die Kraft, Beziehungen zu heilen, die durch Hass und Verrat zerstört wurden. Stachelschweine können ohne das Wunder der Vergebung nicht in Gemeinschaft leben.

Petrus kommt eines Tages zu Jesus (Matthäus 18,21): „Jemand hat mich verletzt. Er hat mir Unrecht getan. Nicht nur einmal. Ich weiß, dass ich ihm vergeben sollte; aber es fühlt sich so unfair an. Warum soll immer ich derjenige sein, der vergeben muss? Wie oft muss ich ihm vergeben – siebenmal?"

Petrus erwartet vermutlich, dass Jesus ihm sagen würde, eine solche Großmütigkeit gehe schon weit über alles Erforderliche hinaus. Die Rabbiner sagten damals, dass man verpflichtet sei, einem anderen dreimal zu vergeben; Petrus verdoppelt diese Zahl noch und rundet sie sogar auf.

Und es ist nicht irgendjemand, der Petrus verletzt hat. Es ist sein Bruder. Jemand, dem er vertraut. Wie kann er sich da vor Kummer schützen?

Die eigentliche Frage, die sich hinter Petrus' Worten verbirgt, kann jeder nachempfinden, der schon einmal verletzt wurde: *Warum sollte ich vergeben? Was ist, wenn der andere gar keine Vergebung verdient? Vielleicht verletzt er mich noch einmal?* Vergebung scheint eine ziemlich riskante Sache zu sein. Vergebung gehört für Petrus offensichtlich zu den Dingen, von denen Jesus häufig spricht und die sehr geistlich zu sein scheinen, aber im tatsächlichen Leben nie so richtig funktionieren.

Stellen Sie sich Petrus' Reaktion vor, als Jesus ihn nicht lobt, sondern ihm erklärt, dass er noch 70-mal den Akt der Vergebung vor sich habe: „Nicht siebenmal, sondern siebenundsiebzigmal." Natürlich meint Jesus damit nicht, dass Petrus es seinem Gegenüber nach der 77. Vergebung so richtig zeigen kann. Jesus kehrt das Gesetz des Lamech um. Er macht klar, dass es immer zwei Möglichkeiten gibt, mit Verletzungen umzugehen: den Weg der Vergeltung und den Weg der Vergebung. Der erste Weg führt zum Tod, der zweite führt zum Leben.

Es gibt meiner Ansicht nach noch einen zweiten Grund, warum Jesus so hohe Zahlen anführt. In einer Welt voller Stachelschweine bekommt man viele Stacheln ab. Mit der Vergebung ist es wie mit dem Atmen: Wenn man die Übersicht über alle Verletzungen behalten möchte, wird man wahnsinnig. Selbst 77-mal ist nur die Aufwärmrunde. Vergebung muss zum Lebensstil werden.

Jesus untermauert dies wie immer mit einer Geschichte (Matthäus 18,21–27). Vor ein paar Jahren erzählte mein Kollege Bill Hybels diese Geschichte in einer modernen Version. Ich möchte sie hier mit meinen eigenen Worten nacherzählen, und dabei wollen wir gemeinsam herausfinden, was es bedeutet, einem Menschen zu vergeben.

Der Geschäftsführer und der Veruntreuer

Eines Tages ruft der Gründer und Geschäftsführer eines großen, florierenden Software-Konzerns sein gesamtes Management zusammen: alle Vizepräsidenten und Abteilungsleiter. Es ist Zeit, um die Steuern an das Römische Reich abzuführen. Cäsars Finanzbeamte haben die Bücher überprüft und alle Mitarbeiter der Firma sind leicht nervös. Das Römische Reich hat ein „Erdboden-Programm“: Wenn man nicht zahlt, was gefordert wird, wird man dem Erdboden gleichgemacht.

Während der Buchprüfung stellt sich heraus, dass einer der Vizepräsidenten die Hand in der Keksdose hat. Der Vizepräsident arbeitet seit langem für die Firma, aber er hat eine Achillesverse: Er führt einen Lebensstil, den er sich eigentlich gar nicht leisten kann.

Also hat der Vizepräsident jahrelang systematisch Firmengelder veruntreut. Nun schuldet er der Firma eine astronomische Summe. Als Jesus die Geschichte erzählt, nimmt er die größte Zahl in seiner Sprache und setzt sie in den Plural. In unserer Sprache wäre das eine Zahl mit „Zillionen“ am Ende. Damit möchte uns Jesus die Höhe der geschuldeten Summe veranschaulichen: Es ist wie mit dem Haushalts- oder Handelsdefizit unseres Landes – das ist mehr Geld, als Sie jemals sehen werden.

Es besteht keine Möglichkeit, dass der Vizepräsident diese Summe jemals wird zurückzahlen können. Um die ganze Sache noch schlimmer zu machen, hat er weder eine große Erbschaft zu erwarten noch ein Bankkonto in der Schweiz. Er hat keine gewitzten Investitionen gemacht, sondern das Geld nur mit beiden Händen zum Fenster hinausgeworfen. Nun hat er keinen Job, keine Jobangebote und ihm droht eine Gefängnisstrafe. Dies ist ein klassischer Fall von blanker, ungetrübter, nur an das Heute denkender Habgier.

Nun naht der Tag der Abrechnung. Die Jahresversammlung der Firma. Alle Aktionäre sind anwesend. Der Veruntreuer kommt zum Gründer und Haupteigner der Firma – zu dem Mann, der ihm seine Chance gegeben, an ihn geglaubt und ihm vertraut hat. Der Vizepräsident muss seine Habgier, seinen Diebstahl und seinen Vertrauensbruch zugeben. Stellen Sie sich vor, welches Beben durch die Firma geht. Dies wird eine blutige Angelegenheit werden!

Stellen Sie sich die Angst und entsetzliche Demütigung des Angestellten vor. Sein Kopf schmerzt, sein Herz klopft, seine Handflächen sind schweißnass. Alles ist aus. Keine Tricks mehr. Keine Spielchen mehr. Keine Chance, alles neu zu organisieren, keine versteckten Konten, kein reicher Onkel, kein Pferd, das das Rennen gewinnen kann, keine Lottoscheine. Der Vizepräsident ist am Ende. Er wird ins Gefängnis geworfen oder in die Sklaverei verkauft – und nicht nur er, sondern seine gesamte Familie. Und nicht nur seine Generation, sondern auch alle nachfolgenden Generationen. Der Sklave in Jesu Geschichte ist etwa 2 000 Euro wert; seine gesamte Familie wird vielleicht ein Zehntel eines Prozentes seiner Schuld einbringen. Das bedeutet Sklaverei für viele nachfolgende Generationen dieses Mannes.

Der Vizepräsident steht also vor den anderen Vizepräsidenten, den Aktionären und seinem Chef. Der Urteilsspruch wird verlesen: „Verkauft alles, was er besitzt, verkauft ihn in die Sklaverei, dazu seine Frau und seine Kinder sowie die Kinder seiner Kinder, bis diese unbezahlbare Schuld getilgt ist. Der Fall ist abgeschlossen. Führt ihn weg. Nächster Punkt der Tagesordnung."

Keine Überraschung. Standardvorgehen. Ganz wie es im Lehrbuch steht.

Aber in diesem Mann, der die Gelder veruntreut hat, geschieht etwas. Als ihm klar wird, was geschehen wird, kommt ihm eine Idee: „Was wäre, wenn ich mich aufs Gesicht werfe, mich demütige und um Barmherzigkeit flehe?" Es ist ein Schuss ins Blaue, ein letzter Versuch, bevor es zu spät ist, ein Versuch, bei dem die Chancen auf Erfolg eins zu einer Million stehen. Aber er sagt sich: „Was habe ich schon zu verlieren? Das ist meine letzte Chance!"

Also fällt der Vizepräsident auf die Knie. Er platzt heraus: „Ich bin schuldig. Ich weiß, was ich der Firma schulde. Bitte haben Sie Erbarmen! Ich werde zurückzahlen, was ich Ihnen schulde. Geben Sie mir nur etwas Zeit. Gewähren Sie mir eine Zeit der Gnade. Gewähren Sie mir Gnade!"

Die Zuhörer Jesu wissen, dass so etwas nie geschehen wird. Wenn es um Schulden geht, baut jede Firma zu jeder Zeit auf eine feste Regel: Du hast Schulden, zu zahlst. Manche Menschen, die Geld verleihen, sind in diesem Bereich sehr empfindlich. Sie führen penibel Buch. Entweder Sie zahlen – oder Sie bekommen Besuch von einem großen Mann namens Vito.

Es gibt in unserer Sprache ein Wort für die Menschen, die Geld verleihen, das widerspiegelt, wie ernst zu nehmen die „Du hast

Schulden, du zahlst"-Regel ist. Man nennt sie „Geldhaie". Nicht etwa „Geldhasen" oder „Geldpudel", sondern Haie. Schuldner zum Zahlen zu bewegen ist ein ernsthaftes Geschäft.

Stellen Sie sich die Szene im Vorstandszimmer vor. Alle Mitspieler verdrehen die Augen und mustern aufmerksam ihre Schuhspitzen. Alle denken dasselbe: *Ist das peinlich. Jetzt hat er wirklich einen neuen Tiefstpunkt erreicht. Erst arbeitet er in die eigene Tasche, er kennt die Regeln: Er wurde erwischt, er kann nicht bezahlen – das ist eine gerechte Strafe. Standardvorgehen. Barmherzigkeit? Er macht wohl Witze. Selbst wenn er 1 000 Jahre Zeit hätte, könnte er diese Schulden nicht zurückzahlen. Hör auf, Mann. Komm zur Vernunft. Verschaff dir wenigstens einen einigermaßen würdevollen Abgang.*

Falls sie von seinem Flehen überrascht sind, stellen Sie sich erst vor, was passierte, als sich ihr Blick auf den alten Mann, den Gründer und Hauptgeschäftsführer der Firma, richtet. Er ist keiner, der sich leicht über den Tisch ziehen lässt. Er hat beide Weltkriege miterlebt. Er ist nicht dort, wo er heute ist, weil er sich von jedem dahergelaufenen Schwindler aufs Kreuz legen lässt.

Aber als sie ihn anschauen, stellen sie fest, dass er nicht in der Lage ist zu sprechen. Er ist völlig bestürzt.

Die Beschäftigten fragen sich, ob er wohl umfallen, ob er weich werden wird.

Aber als der Geschäftsführer über den vor ihm stehenden Mann und über dessen Familie nachdenkt, da passiert etwas in seinem Herzen. Seine Augen füllen sich mit Tränen, seine Lippen zittern, als er zu sprechen beginnt. In seiner Erzählung nennt Jesus dies „Mitleid" oder „Mitgefühl".

Aus Gründen, die niemand versteht, geht der Geschäftsführer hinüber zu dem Mann, der auf dem Boden liegt, und hilft ihm auf die Füße.

„Okay", sagt der Konzernchef, „ich werde das Urteil annullieren."

Der Mann kommt nicht ins Gefängnis. Es wird kein Sklave werden. Er wird seine Familie nicht verlieren. Er darf behalten, was ihm gehört.

Aber der Geschäftsführer geht noch weit darüber hinaus. Er erlässt dem Mann seine Schulden. Die unbezahlbare Schuld muss nicht zurückgezahlt werden. Die Gnade wird ins Unendliche ausgeweitet. Das ist weit mehr Gnade, als der Mann zu erbitten gewagt hat. Das ist mehr Gnade, als sich irgendjemand vorstellen kann.

An dieser Stelle ist es entscheidend zu begreifen, was Jesus damit über das Herz Gottes aussagt. Als der Geschäftsführer die Schulden erlässt, verschwinden sie nicht einfach. Da ist immer noch der Verlust eines riesigen Vermögens, für den gehaftet werden muss. Wer wird diesen Verlust ausgleichen? Die Antwort lautet natürlich der Konzernchef. Wenn er dem Veruntreuer vergibt, ist das nichts Beiläufiges. Vergebung hat immer auch ein Preisschild, das in diesem Raum niemand außer dem alten Mann je voll und ganz verstehen kann. Er erfindet in diesem Augenblick ein völlig neues System für den Umgang mit unbezahlbarer Schuld: „Du hast Schulden, ich bezahle."

Stellen Sie sich die Reaktion des Veruntreuers vor. „Ich kann es nicht glauben! Ich habe nicht darum gebeten, es war ein völliger Schuss ins Blaue – und er ging auf! Ich habe mich der Barmherzigkeit des Gerichts anvertraut und er übernimmt den Verlust. Ich bekam meine Gnade! Ich bin frei!" Er geht nach Hause, erzählt seiner Frau davon und umarmt seine Kinder – die nun nicht zu Sklaven werden. Sie kommen vom Tod ins Leben zurück.

„Du hast Schulden, ich bezahle"

Jetzt wollen wir uns für eine Weile von der Geschichte verabschieden. Der Herr in der Geschichte Jesu steht natürlich für Gott. Die andere Hauptperson, der Veruntreuer, steht für Sie und mich. Jesus sagt uns damit, dass wir vor einem gerechten und heiligen Gott eine moralische Schuld angehäuft haben, die im Laufe der Jahre angewachsen ist. Jedes Mal, wenn wir nicht ganz ehrlich sind oder das Spesenkonto oder die Steuererklärung frisieren, wenn wir zu streng zu einem Fünfjährigen sind oder eine Bemerkung machen, die wir nicht hätten machen sollen, wenn wir die Wahrheit in Liebe hätten sagen sollen, es aber nicht tun, wenn wir Gerüchte in Umlauf bringen, einen fremdenfeindlichen Witz erzählen oder sexuell unreine Gedanken haben – das alles summiert sich zu einem Berg an moralischer Schuld. Jeder Mensch hat vor Gott diesen riesigen Schuldenberg.

Als Pastor habe ich mein Leben dem geistlichen Wachstum verschrieben, und doch habe ich genau 30 Sekunden gebraucht, um diese Liste von Sünden zu erstellen. Wissen Sie, warum? Weil meine Ehefrau jede Einzelne davon begangen hat. (Na ja, nicht wirklich. Ehrlicherweise muss ich zugeben, dass mich ein Blick in mein Inneres alles lehrt, was ich über das Vorhandensein von Sünde in meinem Leben wissen muss.)

Gott selbst gebraucht also dieses Instrument, das er nie hätte erfinden müssen, wenn die Menschheit nicht gesündigt hätte.

> Gott erfand einen neuen Umgang mit Verrat und Schmerz: „Du hast Schulden, ich bezahle." Er vergibt. Aber Vergebung ist nicht billig.

An dieser Stelle wird die Geschichte für Jesus sehr persönlich. Jesus wusste alles über Freundschaft, Schmerz und Verrat. Als kleiner Junge musste er genau wie Sie und ich etwas über Freundschaft lernen. Der Fleisch gewordene Gott lernte, was es heißt, der Neue zu sein und sich zu fragen, wer wohl für ihn noch Raum in seinem Leben hatte, wer noch nicht zu beansprucht war. Er musste lernen, mit Ablehnung fertig zu werden und gerade genügend Signale auszusenden, Strategien zu entwerfen und zu hoffen, dass auch jemand anderer auf der Suche war.

Als Erwachsener investierte Jesus sich in alle Menschen, besonders in seine zwölf Freunde. Einer von ihnen sollte ihn verraten, ein anderer ihn verleugnen, alle sollten ihn verlassen. Am Kreuz sollte er das gesamte Gewicht der unbezahlbaren Schuld spüren, die die Menschheit angehäuft hatte. Und er sollte sie komplett bezahlen.

Aus diesem Grund bildet das Kreuz das Zentrum des christlichen Glaubens. Es zeigt uns das Herz Gottes. Er spürt Mitleid, seine Augen füllen sich mit Tränen, seine Lippen zittern leicht vor lauter Liebe zu seinen Kindern. Er entschließt sich, die Schuld zu bezahlen, die wir nie bezahlen könnten. Er sehnt sich danach, uns zu vergeben.

Und was Jesus zu einem unendlich hohen Preis tat, erwartet er auch von uns, wenn auch zu einem weit geringeren Preis. Schließlich erzählt Jesus seine Geschichte als Reaktion auf Petrus' Frage, wie oft er vergeben solle. Denken wir also darüber nach, wozu er uns auffordert.

Was Vergebung nicht *ist*

Was genau machen wir, wenn wir einem Menschen vergeben? Lewis Smedes, der für mich ein Experte zum Thema „Vergebung" ist, sagt, dass wir verstehen müssen, was Vergebung *nicht* ist, und uns erst dann den drei Phasen zuwenden können, aus denen Vergebung besteht.[3]

Erstens ist vergeben nicht dasselbe wie sich entschuldigen. Wir entschuldigen uns, wenn wir auf mildernde Umstände für unser Verhalten hoffen. Wir entschuldigen werdende Väter, wenn sie zu schnell fahren, weil ihre schwangere Frau neben ihnen im Wagen sitzt und bereits Wehen hat. Wir entschuldigen tollpatschige Skifahrer, die uns über den Haufen fahren, wenn wir merken, dass es sich dabei um Anfänger handelt. Wir entschuldigen lärmende achtjährige Jungen, weil es eben achtjährige Jungen sind.

Man sagt manchmal, dass „alles verstehen, alles vergeben" bedeutet. Aber in gewisser Weise ist das falsch. Vergebung ist nämlich gerade dann gefordert, wenn es keinen vernünftigen, nachvollziehbaren Grund für etwas gibt, das ein anderer getan hat. Vergebung bedeutet nicht, dass man schlechtes Betragen toleriert oder so tut, als sei das Verhalten des anderen gar nicht so schlecht gewesen. Wie Smedes sagt, ist eine Entschuldigung etwas, das man akzeptiert, wenn keine Vergebung nötig ist. Wenn etwas entschuldbar ist, braucht es keine Vergebung.

Vergeben bedeutet nicht vergessen. Alles, was man zum Vergessen braucht, ist ein schlechtes Gedächtnis. Ich vergesse, wo ich mein Auto geparkt oder meine Schlüssel hingelegt habe. Das bedeutet nicht, dass meine Seele sehr „reif" ist, sondern dass ich einfach ein paar fehlgeleitete Neuronen habe. Wenn ein Schmerz sehr stark ist, kann er durch Angst oder ein Trauma wie ausgelöscht werden. Das ist in gewisser Weise ein Vergessen, aber es ist dadurch nicht vergeben. Die Verfasser der Bibel verwenden den Begriff „vergessen" manchmal, um zu beschreiben, wie Gott mit unserer Sünde umgeht. Aber das bedeutet nicht, dass Gott ein Problem mit seinem Gedächtnis hat. Es bedeutet vielmehr, dass unsere begangenen Sünden für seinen Umgang mit uns bedeutungslos werden. Vergeben ist genau das, was getan werden muss, wenn wir *nicht* vergessen können.

Vergeben bedeutet auch nicht dasselbe wie versöhnen. Manchmal denkt man, wenn man jemandem vergibt, müsse man sich um jeden Preis wieder mit ihm vertragen – dass eine Frau wieder bei ihrem brutalen Ehemann einziehen müsse, der sie schlägt, oder dass ein Geschäftsmann einen unehrlichen Partner so oft wieder in die Firma aufnehmen müsse, wie dieser darum bittet. Auch wenn sich die Ethiker darüber nicht einig sind[4], halte ich Vergebung und Versöhnung für zwei unterschiedliche Dinge. Vergebung vollzieht sich im Herzen eines Menschen. Man kann vergeben, selbst wenn der andere nicht um Vergebung bittet oder Vergebung verdient. C. S. Lewis beobachtete einmal an sich, dass er endlich einem Mann vergeben hatte, der seit über 30 Jahren tot war.[5] Bei einer Versöhnung besteht die Notwendigkeit, dass der andere immer noch lebt und das Unrecht, das er begangen hat, ehrlich bereuen kann. Versöhnung bedeutet, dass Vertrauen wiederhergestellt wird, was gegenseitiges Vertrauen auf *beiden* Seiten erfordert.

Was Vergebung ist

Vergebung ist dann gefordert, wenn entschuldigen, darüberhinwegsehen, tolerieren oder akzeptieren nicht ausreichen, um die Angelegenheit aus der Welt zu schaffen. *Die erste Phase der Vergebung besteht aus der Entscheidung, dem anderen nicht dasselbe Maß an Schmerz zuzufügen.* Wenn ich Ihnen vergebe, gebe ich das Recht auf, Sie meinerseits zu verletzen. Selbst wenn Sie mich bewusst, persönlich und tief verletzt haben, setze ich das Gesetz der Rache außer Kraft. Ich verzichte darauf, instinktiv mit Vergeltung zu reagieren. Ich gebe meinem Wunsch nicht nach, Sie sich winden zu sehen. Wenn ich Ihnen vergebe, befreie ich Sie aus dem kleinen Gefängnis, in das ich Sie in Gedanken gesteckt habe. Ich bemühe mich, meine Rachefantasien zu unterdrücken, in denen Sie gefoltert werden, Ihren Job verlieren oder 50 Pfund zunehmen.

Vergebung beginnt dann, wenn wir den Wunsch aufgeben, es dem anderen heimzuzahlen. Dies ist ein schwieriger Schritt, weil die verwundete Seele natürlicherweise von dem Wunsch besessen ist, es dem anderen zu vergelten. Geschichten, in denen einem Menschen etwas heimgezahlt wird, fesseln unsere Aufmerksamkeit. Es würde mich nicht wundern, wenn über die Hälfte aller aktuellen Kinofilme Rache und Vergeltung thematisierten.

Vor einiger Zeit wurde Dave Hagler, der als Schiedsrichter in einer Hobby-Baseballliga arbeitet, wegen zu schnellen Fahrens auf Schnee in Boulder/Colorado angezeigt. Er versuchte, den Polizisten davon zu überzeugen, dass er sich Gedanken wegen seiner Versicherung mache und sonst ein sehr sicherer Fahrer sei usw. Aber der Polizist sagte, dass er vor Gericht gehen könne, wenn Hagler den Strafzettel nicht akzeptieren wolle.

Im ersten Baseballspiel der neuen Saison stand Hagler als Unparteiischer auf dem Feld. Und der erste Schlagmann war – Sie werden es kaum glauben – dieser Polizist. Als der Polizist an das Schlagmal trat, erkannten sie sich. Lange Pause.

Der Polizist fragte: „Wie ist die Sache mit dem Strafzettel ausgegangen?"

Hagler entgegnete: „Schauen Sie lieber zu, dass Sie alle Bälle erwischen."

Rache ist süß.

Aber bei wirklich tiefen Verletzungen hat sich Rache als nicht sehr erfolgreich erwiesen. Das Problem dabei ist, dass es keine zwei Menschen gibt, die Schmerz auf derselben Skala messen. Werden die Palästinenser je mit den Israelis quitt sein? Oder die Serben mit den Bosniern? Oder wie Smedes es formuliert: „Werden die ‚Bloods' je mit den ‚Crisps' auf den Straßen von Los Angeles quitt sein? Nie. Vielleicht bringen sie sich so lange gegenseitig um, bis sie alle tot sind, aber sie werden nie quitt sein."[6]

Natürlich bedeutet der Verzicht auf Rache nicht auch den Verzicht auf Gerechtigkeit. Der Gerechtigkeit muss trotzdem Rechnung getragen werden. Ein Opfer kann seinem Kidnapper vergeben, aber dieser muss seine Schuld gegenüber der Gesellschaft trotzdem bezahlen. Zu Gerechtigkeit gehört das Bemühen um Fairness. Rache ist der Wunsch nach Vergeltung und ihrem Wesen nach unersättlich.

Zur nächsten Phase von Vergebung gehört eine neue Art zu sehen und zu fühlen. Wenn wir tief verletzt werden und die Person sehen, die uns so verletzt hat, sehen wir im Grunde nicht die Person, sondern die Verletzung. In der Geschichte Jesu sieht der Angestellte (wie wir gleich noch sehen werden), der nicht vergeben will, nicht einen anderen Menschen vor sich, sondern nur eine nicht zurückgezahlte Schuld.

Wenn wir an unserer Unversöhnlichkeit gegenüber einem anderen Menschen festhalten, neigen wir dazu, nur Schlechtes über diesen Menschen anzunehmen. Wir wollen an ihn nur als denjenigen denken, der uns diesen Schmerz zugefügt hat. Wir wollen seine Menschlichkeit vergessen.

Vor einiger Zeit erzählte jemand, den ich eigentlich zu meinen engen Freunden zählte, einer anderen Person, dass ich „die schwierige Person" in seinem Leben sei. Er hatte das nie zu mir gesagt. Als ich davon erfuhr, war ich zutiefst verletzt und fühlte mich betrogen. Von diesem Zeitpunkt an reduzierten sich alle meine Gedanken an ihn auf mein Gefühl des Verletztseins. Natürlich gab es an ihm noch viel mehr. Er ist ein Mensch, genau wie ich, eine Mischung aus Wunder und Verirrung.

Wenn wir einander vergeben, fangen wir an, klarer zu sehen. Wir ignorieren unsere Verletzungen nicht, aber wir sehen auch darüber hinaus. Wir entdecken die Menschlichkeit dessen wieder, der uns verletzt hat. Er ist nicht mehr nur ein säumiger Schuldner. Er ist das Produkt fehlbarer Eltern; er ist einsam oder leidend oder schwach oder kurzsichtig – ganz wie ich. Aber er trägt auch das Bild Gottes in sich – ganz wie ich. Erst als ich dies erkennen konnte, waren mein Freund und ich in der Lage, uns auf die unbeständige Reise zweier Stachelschweine zur Versöhnung zu machen.

Die dritte Phase der Vergebung, in der sich zeigt, dass Sie wirklich Fortschritte zu machen beginnen, *fängt dann an, wenn Sie merken, dass Sie dem anderen Gutes wünschen.* Sie hoffen nicht länger, dass der andere nur noch Anrufe von Vertretern oder dem Finanzamt bekommt. Sie merken, dass Ihre Gebete nicht länger in

Wutfantasien abgleiten, in denen Ihr Feind schließlich erkennt, dass er Sie schrecklich behandelt hat, dass es aber nun zu spät ist, sich zu bessern, und dass er die Ewigkeit mit dieser Schuld verbringen wird.

Sie erhoffen nun Gutes für den anderen. Sie können es ertragen, wenn jemand etwas Nettes über ihn sagt, ohne innerlich alles widerlegen zu wollen. Sie hoffen aufrichtig, dass zwischen ihm und Gott alles in Ordnung ist, dass er in funktionierenden Beziehungen lebt und sein Leben glücklich verläuft. Natürlich geschieht das nicht von heute auf morgen. Und es geschieht auch nicht ein für alle Mal. Sie werden rückfällig werden; es wird Augenblicke geben, in denen Sie gerne hören würden, der andere sei kahl oder fett geworden oder von einer Partnervermittlung abgelehnt worden. Aber die Flugbahn des Herzens führt in die richtige Richtung. Wenn Sie jemandem Gutes wünschen, der Sie sehr verletzt hat, können Sie sich ziemlich sicher sein, dass der Große Vergebende in Ihrem Herzen am Werk ist.

Das Wunder der Vergebung

Wir sollen uns immer darum bemühen, den Menschen zu vergeben, die uns verletzt haben, selbst wenn diese uns nicht um Vergebung bitten oder sie verdient haben. Gott fordert uns auf zu vergeben, weil Vergebung der beste Weg zu leben ist. Er fordert uns auf, anderen zu vergeben, weil *er* uns vergeben hat; er ist der Große Vergebende. Er fordert Vergebung, weil die einzige Alternative darin besteht, mein Leben lang Gefangener dieses Schmerzes zu bleiben. Gott fordert Vergebung, weil ich dem Schmerz sonst erlaube, mich Jahr für Jahr in einem Gefängnis der Bitterkeit und der Wut anzuketten. Es gibt keine Menschen, die elender dran sind als diejenigen, die nicht vergeben.

Aber wenn sich das Wunder der Vergebung ereignet, werden zerbrochene Beziehungen geheilt. Dann wird Gemeinschaft wieder hergestellt. In der Sprache des Neuen Testaments wird dies der „Dienst der Versöhnung“ genannt (2. Korinther 5,18; Einheitsübersetzung). Er erfordert die volle Kooperation beider Partner: dessen, der vergibt, und dessen, dem vergeben wird. Im Allgemeinen ist man sowohl Opfer als auch Täter des Fehlverhaltens. In den meisten Beziehungen, in denen tiefer Schmerz im Spiel ist, muss ich sowohl vergeben als mich auch um Vergebung bemühen.

Wenn Versöhnung zu Stande kommt, ist sie ein Wunder und ein Geheimnis. Sie ist schwer zu definieren, aber unverwechselbar, wenn wir sie erleben.

Garrison Keillor schildert in seinem Buch „Lake Wobegon“[7] eine schöne Geschichte über Versöhnung. Er war, so schreibt er, Mitglied einer Gemeinde, die sich über winzige Differenzen zwischen Lehrmeinungen in Fraktionen aufspaltete. Die Gemeinde war mit einem Überschuss an Gelehrten geschlagen und hatte ein Defizit an Friedensstiftern. In einem der Streitpunkte ging es darum, ob es richtig war, denen Gastfreundschaft zu erweisen, die einem lehrmäßigen Irrtum anhingen – dies war die so genannte „Ein Schluck kaltes Wasser“-Debatte[8].

Onkel Al entschloss sich, zwischen den streitenden Parteien, die von Bruder William Miller und Bruder James Johnson angeführt wurden, Frieden zu stiften. Al tat dies mit Hilfe eines Unparteiischen, Bruder Fields, der nie jemandem gegenüber gastfreundlich gewesen war, egal, ob dieser einem Irrtum anhing oder nicht, und deshalb als neutral eingestuft werden konnte.

Also kamen alle an einem Sonntag zusammen, um Tante Flos berühmtes Brathähnchen zu essen. Sie kamen in ihren Fords, zumindest einig in der General-Motors-Frage: ausgemergelte, dünnlippige Männer mit einem unnachgiebigen Blick, in dunklen, schlotternden Anzügen, mit ihnen ihre rundlichen, gehorsamen Ehefrauen.

Das Dankgebet vor dem Essen stellte ein Problem dar. Die Gemeindemitglieder waren dafür bekannt, dass sie gelegentlich ihre Gebete ausdehnten und andere Leute damit regelrecht erschlugen, also ließ Onkel Al jeden ein stilles Tischgebet sprechen – was eine ausgezeichnete Idee war, davon abgesehen, dass sich bald herausstellte, dass das stille Gebet in einen Wettbewerb darüber ausartete, wer länger beten konnte. Bruder Miller warf einen Blick zu Bruder Johnson. Doch es gab kein Anzeichen dafür, dass dieser wieder aus seinem Gebet auftauchen wollte; Bruder Johnson war ebenfalls ins Gespräch mit Gott vertieft, der mit ihm in so vielen Dingen einer Meinung war. Also tauchte auch Bruder Miller wieder ab, um noch etwas länger zu beten. Niemand tauchte auf, um Luft zu holen, weil es ja so aussehen könnte, als ob er mehr essen und weniger beten wolle.

„Es wurde das längste Tischgebet der Geschichte. Es dauerte und dauerte und dauerte, bis Tante Flo schließlich ihren Stuhl zurückschob, aufstand, in die Küche ging und das Essen brachte, um das beide Beteiligten darum wetteiferten, wer von ihnen wohl der Dankbarere war. Dann legte sie das Heu auf den Boden, wo die Ziegen es fressen konnten. Tränen strömten über Bruder Johnsons Gesicht und auch Bruder Miller weinte.

Es stimmt, dass Gerüche unsere tief vergrabenen Erinnerungen zurückbringen: Als die beiden Männer die Augen geschlossen hatten, machte der Duft von gebratenem Hähnchen und Soße die beiden wieder zu kleinen Jungen. Es war viele Jahre her, die beiden stritten sich, und dann kam die Stimme einer Mutter von oben: ‚Ihr beide hört jetzt sofort auf, kommt rein und esst. Jetzt. Sofort.' Die gesegnete Maismehlkruste und die Entzücken auslösende Soße belebten diese Erinnerung wieder, und die steinernen Herzen der beiden Giganten schmolzen; sie hoben den Kopf, füllten ihre Teller, und langsam wurde über diesem glorreichen Hähnchen Frieden geschlossen."

Es ist nie zu spät

> Da Versöhnung unsere tiefste Sehnsucht nach Gemeinschaft heilt, ist es nie zu spät, sich darum zu bemühen.

Vielleicht ist vor Jahrzehnten eine Freundschaft zerbrochen. Vielleicht hat sie nie richtig funktioniert. Vielleicht leben Sie mit jemandem im Krieg, solange Sie denken können.

Es ist nie zu spät.

Meine Frau und ich haben eine Freundin, die ich hier Sue nennen möchte. Ihre Beziehung zu ihrer Mutter war ihr Leben lang von Reibereien gekennzeichnet. Unruhige Feuerpausen und offener Krieg wechselten einander ab. Sue hörte nie ein Kompliment von ihrer Mutter. Ihre Mutter sagte ihr nie, dass sie hübsch war. Irgendwann konnten die beiden nur noch miteinander verkehren, indem sie einander verbal verletzten. Und in einer Familie kennt jeder die Schwachpunkte des anderen.

Sue landete schließlich in dem Bundesstaat, in dem Menschen aus Problemfamilien normalerweise zu sich finden (Kalifornien), und wählte einen Beruf, den solche Menschen normalerweise wählen (Psychologin). Sie vermied Heimatbesuche, und bei Gelegenheiten, bei denen es sich nicht vermeiden ließ, wohnte sie bei ihren Brüdern. Aber in ihrem Herzen war ein Loch.

Eines Tages erhielt Sue einen Telefonanruf. Bei ihrer Mutter war eine degenerative neuromuskuläre Erkrankung festgestellt worden und sie hatte nicht mehr lange zu leben.

Sue begann zu beten und um ein Wunder zu bitten. Vielleicht für den Körper ihrer Mutter, vielleicht für das Herz ihrer Mutter, vielleicht für ihr eigenes Herz. Nichts geschah.

Ihrer Mutter ging es rapide schlechter. Sue bekam einen weiteren Anruf – das Ende war nicht mehr weit. Sue flog nach Hause. Die Familie hielt tagelang Wache, aber ihre Mutter überlebte die Krise, und alle gingen erschöpft nach Hause.

Sue blieb. Sie konnte in dieser Nacht nicht schlafen. Sie ging zu ihrer Mutter ans Bett und etwas begann in ihrem Herzen zu schmelzen.

„Tut mir Leid", sagte sie zu ihrer Mutter, „ich glaube, ich war kein einfaches Kind."

„Mir auch", entgegnete ihre Mutter. „Mir tut es auch Leid."

Zum ersten Mal, seit sie ein kleines Mädchen gewesen war, war Sues Herz voller Liebe für ihre Mutter. Sie hatte gefürchtet, dass sie bis zum Ende kalt bleiben würde. Sie hatte ihre Mutter seit Jahren nicht berührt; nun konnte sie nicht damit aufhören. Sie hielt die Hand ihrer Mutter, streichelte ihren Kopf und wollte nicht loslassen.

Sue legte sich neben ihre Mutter ins Bett. „Ich liebe dich, Mama. Wirklich. Ich hatte Angst, du könntest sterben, ohne es zu wissen."

„Ich wette, du hattest Angst, es selbst auch nicht zu wissen", antwortete ihre Mutter.

In diesem Augenblick, erzählte uns Sue, sah ihre Mutter so strahlend aus, wie manche Menschen aussehen, wenn der Himmel nicht weit ist.

Ihre Mutter bekam nun Probleme mit dem Reden. Sie schrieb für Sue ein einziges Wort auf und zeigte dabei auf ihre Tochter: „Hübsch."

„Die Krankenschwester sagte, ich sähe aus wie du, Mama."

Sue merkte, wie sie von Gedanken und Gefühlen überflutet wurde, die ihr bisher selbst nicht bewusst gewesen waren und die sie ihrer Mutter nun gerne noch sagen wollte. Sie war 40 Jahre alt und unverheiratet.

„Ich hätte dir gerne noch ein Enkelkind geschenkt."

„Du hast mir eine Tochter geschenkt", schrieb ihre Mutter.

Es war das letzte Mal, dass Sue ihre Mutter sah. Es war die letzte Nacht ihrer Mutter auf dieser Erde. Ihre letzte, beste Nacht. Und eine Gefängnistür war offen. Zwei steinerne Herzen waren geschmolzen. Zwei Menschen, die als Feinde gelebt hatten, waren wieder zu Mutter und Tochter geworden.

Gott fordert uns auf zu vergeben, wenn wir verletzt wurden, uns zu versöhnen, wann immer es uns möglich ist, weil das Leben zu kurz ist, um es nicht zu tun. Wir haben keinen zweiten Anlauf. Wenn Sie nicht vergeben – wenn Sie sich von Stolz, Ärger, Sturheit und Beschwichtigungsversuchen abhalten lassen –, werden Sie zu einem harten und verbitterten Menschen. Sie tragen eine Last, die Ihre Menschlichkeit verdrängen wird. Sie werden jeden Tag ein klein wenig kälter. Sie werden sterben.

Der Rest der Geschichte

Aus diesem Grund fügt Jesus seiner Geschichte noch einen zweiten Akt hinzu. Dieser unehrliche Veruntreuer hat Gnade erfahren. Er schuldet sein Leben, seine Freiheit, seine Familie, seinen Besitz

– alles – der Gnade des Herrn. Er muss keinen einzigen Cent zurückzahlen. Aber das ist nicht das Ende der Geschichte. Es gibt eine Fortsetzung (Matthäus 18,28–30).

Als der Veruntreuer die Sitzung verlässt, sieht er einen Angestellten, der ihm eine geringe Summe schuldet. Es geht hier um eine Schuld unter Nachbarn von etwa 20 Euro. Taschengeld für den Vizepräsidenten. Aber er besteht auf der Rückzahlung dieses Geldes.

In seinen einleitenden Worten verweist Jesus auf den Unterschied zwischen diesem Mann und dem Firmenchef. Wir wissen nicht, was der Firmenleiter zu seinem Vizepräsidenten sagte, wir erfahren nur, dass er „seine Güter abrechnen wollte“. Als aber dieser Angestellte jemanden sieht, der ihm Geld schuldet, sagt er sofort: „Gib zurück, was du mir schuldest!“ Er stellt nicht einfach etwas fest, sondern fordert es ein.

Der Arbeitskollege hat jedoch nicht genügend Geld, denn er ist ein sehr armer Mann.

„Warte bis zum Monatsende“, bittet er. „Ich werde es zurückzahlen. Gibt mir nur etwas Zeit.“ Er bittet um Gnade. Tatsächlich (und das macht Jesu Erzählkunst aus) verwendet dieser arme Mann exakt dieselben Worte, die der Vizepräsident gegenüber seinem Firmenchef verwendet hat. „Hab Geduld mit mir! Ich werde dir alles zurückzahlen!“ Der größte Unterschied ist, dass es sich in diesem Fall um eine Summe handelt, die zurückzahlbar ist. Die Schuld ist überschaubar. Die Kluft zwischen diesen beiden Männern ist weit geringer als die zwischen dem Vizepräsidenten und dem Firmenchef.

Wir sind gespannt auf die Reaktion des Vizepräsidenten. Unglaublicherweise denkt dieser Veruntreuer, dieser Betrüger, dem alles erlassen und vergeben worden war, bei sich: „Ich werde nicht denselben Fehler machen, den der alte Mann mit mir gemacht hat. Ich lasse mich nicht beknien. Ich werde ihn dazu bringen zu bezahlen.“

Und so sagt der Vizepräsident zu seinem besorgten Kollegen: „Deine Entschuldigungen interessieren mich nicht. Glaubst du wirklich, ich falle darauf herein? Dass ich nicht lache! Für was für einen Trottel hältst du mich eigentlich?“ Er packt den Mann am Kragen, schüttelt ihn und lässt ihn ins Gefängnis werfen.

Der Vizepräsident sieht keinen Menschen vor sich. Er sieht nur die Schuld. Er ist nicht bereit, den Preis zu bezahlen. Er wird die Schuld nicht erlassen. Er lebt nach dem alten Gesetz: „Du hast Schulden, du bezahlst."

Menschen neigen dazu zu denken, dass sie von Gott Vergebung empfangen können, ohne selbst anderen Menschen vergeben zu müssen. Indem Jesus diese Geschichte erzählt, macht er deutlich, dass das nicht nur ein schlechte Idee, sondern schlichtweg unmöglich ist. In solchen Fällen wollen Menschen von Gott nicht Vergebung und Versöhnung, sondern nur der Bestrafung aus dem Weg gehen. Und Vergebung ist nicht dasselbe, wie jemandem zu gewähren, dem Schmerz aus dem Weg zu gehen. Vergebung ist der Wunsch nach geistlichem Wohlergehen, das auch den Wunsch beinhaltet, dass der andere zu einem liebevollen Menschen wird.

Deshalb lehrt Jesus uns an anderer Stelle zu beten: „Vergib uns unsere Schuld, wie auch wie vergeben unseren Schuldigern." Charles Williams schrieb: „Kein Wort in unserer Sprache weist deutlicher auf die Möglichkeit von etwas ganz Schrecklichem hin als das Wort ‚wie' in diesem Satz."[9] Eine aktuelle Studie, die im *Journal of Adult Development* veröffentlicht wurde, ergab interessanterweise, dass 75 Prozent der befragten Personen glaubten, dass Gott ihnen ihre Fehler und Vergehen vergeben habe, aber nur 52 Prozent der Befragten gaben an, selbst anderen vergeben zu haben. Und noch weniger – nämlich 43 Prozent – gaben an, bewusst um Vergebung für ihre Fehler gebeten zu haben.

Echte Vergebung ist nie billig. Der Schmerz sitzt tief; der Schmerz ist unfair. Sie wollen den anderen denselben Schmerz spüren lassen, den Sie empfinden. Sie wollen den anderen dafür bezahlen lassen.

Es gibt nur eines, das noch mehr kostet, als einem anderen Menschen zu vergeben. Wissen Sie, was das ist?

Ihm nicht zu vergeben. Unversöhnlichkeit kostet Sie Ihr Herz.

Frederick Buechner schrieb, dass von allen Sünden Wut die zu sein scheint, die am meisten Spaß mache. Ihre Wunden zu lecken und den Schmerz auszukosten, den Sie dem anderen zufügen wollen, ist in vielerlei Hinsicht ein königliches Festmahl. Aber dann stellt sich heraus, dass das, was Sie am Büffet der Bitterkeit essen, Ihr eigenes Herz ist. Die abgenagten Knochen bei diesem Festmahl sind Sie. Zuerst halten Sie an Ihrem Groll fest, aber am Ende hält der Groll Sie fest. Jesus berichtet, dass der Angestellte, der nicht vergeben wollte, im Gefängnis endet. Ich denke, dass, geistlich gesprochen, das Gefängnis für Menschen, die nicht vergeben wollen, bereits auf der Erde beginnt. Bitterkeit und ein kaltes Herz sind viel stärker als alle eisernen Ketten.

Anne Lamott schrieb:

„Ich sagte lange Zeit, dass ich nicht zu den Christen gehörte, denen es nur um Vergebung geht – dass ich zu den anderen gehörte. Aber selbst wenn ich das witzig fand und es auch tatsächlich stimmte, fing es an, allmählich schmerzhaft zu werden. […] *Nicht zu vergeben ist tatsächlich, wie Rattengift zu trinken und darauf zu warten, dass die Ratte stirbt.“*[10]

Ich hege Wut und Bitterkeit liebevoll, weil ich die Ratte verletzen will, die meinen Schmerz verursacht hat. Aber wenn Wut und Bitterkeit lange genug an mir genagt haben, stelle ich fest, dass ich selbst die Ratte bin.

Wenn Sie nicht vergeben, wird Ihr Zorn zu Ihrer Last werden.

Wenn Sie nicht vergeben, wird jedes bisschen Freude Stückchen für Stückchen aus Ihrem Leben verschwinden.

Wenn Sie nicht vergeben, werden Sie nicht in der Lage sein, jemals wieder jemandem zu vertrauen.

Wenn Sie nicht vergeben, wird die Bitterkeit die Leidenschaft langsam, völlig und für immer aus Ihrem Herzen verdrängen.

Wenn Sie nicht vergeben, wird der kleine Groll, den Sie nähren, größer und stärker werden.

Auch wenn Sie vielleicht glauben, ihn vor allen verbergen zu können, wird er im Laufe der Zeit doch zu einem feindseligen Monster werden, und eines Tages wird er Sie umbringen. Alles, was dann von Ihnen übrig bleibt, sind Bitterkeit und Hass. Und diese Bitterkeit wird sich ausbreiten.

Philipp Yancey berichtet in einem Buch von einem Freund, dessen Ehe von beidseitiger Feindseligkeit zerstört wurde. Eines Abends erreichte die Wut seines Freundes den Siedepunkt. Er brüllte seine Frau an: „Ich hasse dich! Ich halte es nicht mehr aus! Ich habe genug! Ich will nicht mehr! Nein! Nein! Nein!“

Ein paar Monate später wachte er mitten in der Nacht auf, weil er merkwürdige Geräusche aus dem Zimmer seines zweijährigen Sohnes hörte. Er ging den Flur hinunter und lauschte an dessen Zimmertür. Was er hörte, ließ ihn schaudern und stockte ihm den Atem. In seinem Zimmer wiederholte sein Sohn mit sanfter Stimme – aber mit exakt derselben Betonung und demselben Tonfall – den Streit, den er zwischen seiner Mutter und seinem Vater miterlebt hatte: „Ich hasse dich! ... Ich halte es nicht aus! ... Nein!“

So sieht ein Leben ohne Vergebung aus.

Epilog

Unsere Geschichte hat noch einen weiteren Teil (Matthäus 18,31–35). Um die Wahrheit zu sagen, wäre es mir lieber, es gäbe diesen Teil nicht, weil er eine erschreckende Tragweite hat. Aber er steht da. Und da es Jesu Geschichte ist, kann ich ihn nicht einfach streichen.

Die Geschichte vom Veruntreuer breitet sich wie ein Lauffeuer in der Firma aus. Der Chef hört davon. Und dieses Mal wird es ganz deutlich – er ist keiner, dem viel entgeht. Er ist ziemlich clever, der alte Mann.

Der Veruntreuer, dem vergeben wurde, kommt ein zweites Mal ins Sitzungszimmer, zu einem zweiten Gespräch. Dieses Mal geht es um eine andere Geschichte. In diesem Gespräch gibt es keine Tränen, kein Flehen, kein Handeln.

Der Firmenchef sagt: „Sie haben es nicht verstanden, oder? Es kam nicht richtig an. Sie haben mich gründlich missverstanden, mein Freund! Sie dachten, Gnade bedeute, ich sei ein inkompetenter, alter Mann, der nicht ganz richtig im Kopf ist, der Ihnen alles durchgehen lässt und Sie andere schlecht behandeln lässt. Sie dachten, weil Sie sich mit mir geeinigt hatten, könnten Sie nun derselbe alte verletzende, egoistische, unversöhnliche Mensch bleiben wie zuvor.

Sie haben mich gründlich missverstanden. Ich war bereit, den finanziellen Verlust zu übernehmen. Das wäre ich immer noch, aber Sie wollen nicht, was ich zu bieten habe. Sie haben Vergebung erfahren, sind aber nicht bereit, selbst zu vergeben. Sie haben

Gnade erfahren, wollen aber anderen gegenüber keine Gnade walten lassen. Sie wurden mit Liebe überschüttet, wollen aber nicht in dieser Liebe leben. Ich bot Ihnen das Wunder der Vergebung an. Ich gab Ihnen die Chance, sich von der Herrschaft des ‚Du verletzt mich, also verletze ich dich' zu befreien. Aber Sie können diese Chance nicht für sich in Anspruch nehmen und sie im Gegenzug anderen verweigern. Sie haben zurückgewiesen, was ich Ihnen angeboten habe, und so gibt es nichts, was ich Ihnen noch zu geben hätte."

Der Firmenchef wendet sich an die Wachleute: „Führt ihn weg, werft ihn ins Gefängnis und lasst ihn dort so lange, bis er die nicht zu bezahlende Schuld abbezahlt hat." Ende des Gesprächs. Beginn des Urteilsspruchs.

„So wird euch mein Vater im Himmel auch behandeln, wenn ihr eurem Bruder oder eurer Schwester nicht von Herzen verzeiht", sagt Jesus.

Nun müssen Sie sich entscheiden. Vergeltung oder Barmherzigkeit. Gefängnis oder Freiheit. Hass oder Gnade. Leben oder Tod.

Treffen Sie eine kluge Entscheidung.

Tanzen lernen

1. Welche Art von Verletzungen können Sie am schwersten vergeben? Warum?

2. Inwieweit haben Sie nach dem Gesetz des Lamech gelebt („Wenn mir jemand Schmerz zufügt, muss er dafür leiden")? Fällt Ihnen ein Mensch ein, den Sie in Ihrem kleinen Gedankengefängnis gefangen gehalten und bei dem Sie den Wunsch genährt haben, es ihm heimzuzahlen? Was hält Sie davon ab, Ihr Recht auf Vergeltung aufzugeben?

3. Wie definieren Sie den Unterschied zwischen Vergeben, Vergessen und Entschuldigen?

4. Wie leicht oder schwer fällt es Ihnen, Gottes Vergebung in Ihrem Leben wahrzunehmen? Warum?

5. Wie können Sie einem Menschen vergeben, wenn Versöhnung unmöglich zu sein scheint?

6. Welche Auswirkungen hat es auf Sie, wenn Sie an Ihrem Zorn festhalten und nicht bereit sind zu vergeben?

7. Gibt es einen Menschen, dem Sie vergeben müssen? Oder jemanden, den Sie um Vergebung bitten müssen?

8. Nehmen Sie sich heute etwas Zeit, um darüber nachzudenken, wie Gott Ihnen vergeben hat. Inwiefern beeinflusst dies Ihre Fähigkeit, anderen Menschen zu vergeben?

Kapitel 9

Ein Geschenk, das niemand haben will: Konfrontation

„Nichts kann grausamer sein als jene Milde, die den andern seiner Sünde überlässt. Nichts kann barmherziger sein als die harte Zurechtweisung, die den Bruder vom Wege der Sünde zurückruft."
Dietrich Bonhoeffer[1]

Es gibt ein grundlegendes Paradox bei den menschlichen Stachelschweinen dieser Welt: Wir wollen die Wahrheit über uns wissen und wir wollen die Wahrheit über uns lieber doch nicht wissen. Wir wollen unser wahres Wesen kennen lernen – und es gleichzeitig lieber doch nicht.

Das fängt schon mit der Wahrheit über unseren Körper an. Wir kaufen Waagen und Spiegel und Hosen mit eingenähter Größe, die uns alles über den Zustand unseres Körpers verraten, aber wenn uns die Wahrheit nicht gefällt, die sie uns mitteilen, gehen wir ihnen aus dem Weg, streiten mit ihnen oder werfen sie weg.

Das Problem mit einer Waage ist, dass man sie nur schwer austricksen kann. Wir versuchen es. Viele Menschen (besonders Personen eines bestimmten Geschlechts, das ich hier nicht nennen möchte) nähern sich einer Waage mit äußerster Vorsicht. Sie ziehen ihre Schuhe aus, bevor sie darauf steigen. In vielen Fällen wollen sie dabei so viel Privatsphäre haben wie im Beichtstuhl. Sie steigen nach Möglichkeit nur zu einer bestimmten Tageszeit auf die Waage – nämlich in der Regel am Morgen, wenn sie noch nichts gegessen haben, aber nachdem sie auf der Toilette waren. Sie ziehen alle Kleidungsstücke aus, ebenso allen Schmuck, allen

Haarschmuck, entledigen sich loser Zahnfüllungen sowie schweren Lippenstifts, bevor sie auf die Waage steigen. Sie atmen aus, bevor sie auf die Anzeige schauen.

Inzwischen klären uns Experten darüber auf, dass Waagen nicht die exaktesten Mittel sind, wenn wir die Wahrheit über unseren körperlichen Zustand erfahren wollen. (Gute Nachricht – vielleicht bin ich besser in Form, als ich dachte.) Nicht weit von uns entfernt gibt es die Möglichkeit, gegen eine geringe Gebühr die eigene Körperfettmasse messen zu lassen, indem man alle Luft aus dem Körper herauslässt und unter Wasser auf einem Stuhl sitzt, bis man Jesus in einem weißen Licht am Ende eines Tunnels sehen kann.

Ken Davis sagt, er habe eine weniger teure (kostenlose!) Methode erfunden, um das Körperfett zu messen:

„Wenn Sie das nächste Mal aus der Dusche steigen, nehmen Sie sich eine Stoppuhr und stellen Sie sich total nackt vor einen Ganzkörperspiegel. Drücken Sie auf Start und stampfen Sie so fest wie möglich mit dem Fuß auf den Boden. Wenn das Fett nicht mehr wackelt, stoppen Sie die Uhr und lesen Sie die Zeit ab.

Ich schaffe es in nur noch zwei Tagen, drei Stunden und sechs Minuten.“[2]

Wir versuchen auch, unsere Spiegel auszutricksen. Clevere Bekleidungsgeschäfte lassen ihre Kunden Kleidung vor Spiegeln anprobieren, die so schlecht beleuchtet sind, dass die Kunden keine Flecken und Falten sehen und kaum ihre eigenen Umrisse wahrnehmen können. Und das alles, um sie davon zu überzeugen, dass die Kleidung ihrem Äußeren schmeichelt und sie um Jahre jünger macht.

Auch unsere Kleidung verrät uns viel über unseren Körper, aber wir finden immer Wege, diese Wahrheit zu umgehen. Clevere Werbestrategen verkaufen nun Kleidung mit wunderschönen Euphemismen wie „Jeans mit entspannter Passform“. (Waren unsere alten Levis die ganzen Jahre über wirklich so verkrampft?) Der Gedanke, der sich dahinter verbirgt, ist, dass der Stoff so entspannt ist, dass die Hose von jemandem getragen werden kann, der zwei oder drei Größen größer ist als die auf dem Etikett angegebene Größe. Ein Unternehmer sagte, er wolle einen Laden mit dem

Namen „Größe 38“ eröffnen und jedes Kleidungsstück, bis hin zu Zeltgröße, solle „Größe 38“ auf dem Etikett tragen. Dahinter verbirgt sich die Theorie, dass es Frauen egal ist, welche Größe sie tragen, solange die Ziffer auf dem Etikett niedrig ist.

Waagen und Spiegel sind Hilfsmittel, die uns zur Verantwortung ziehen. Sie halten uns die Realität vor Augen. Wir können versuchen, sie zu überlisten, aber wenn wir sie gewähren lassen, werden sie uns die Wahrheit offenbaren.

Wir brauchen Menschen, die die Wahrheit aussprechen

Gemeinschaft ist ein Ort, an dem wir „auf die Waage“ steigen. Ich weiß nicht, ob Sie eine Waage brauchen, um zu wissen, wie viele Pfunde Sie mit sich herumtragen, oder ob Sie ein Maßband brauchen, um zu sehen, wie viele Zentimeter Sie zugelegt haben, aber ich weiß eines: Jeder von uns braucht ein paar Menschen, die uns die Wahrheit über unser Herz und unsere Seele sagen. Wir alle haben Schwachstellen und eine gewisse Blindheit, bei denen andere uns helfen müssen. Wir brauchen jemanden, der uns an unsere tiefsten Sehnsüchte und Werte erinnert und uns rechtzeitig warnt, wenn wir auf dem Holzweg sind. Wir brauchen jemanden, der uns dabei hilft, unsere Motive zu hinterfragen und unser Gewissen zu prüfen. Wir brauchen jemanden, der einen geistlichen Eingriff bei uns vornimmt, wenn unser Herz hart wird und wir unsere Lebensvision aus den Augen verlieren. Wir brauchen ein paar Menschen in unserem Umfeld, die uns die Wahrheit sagen.

Wir brauchen solche Menschen, weil wir geradezu Fachleute darin sind, Dinge zu leugnen. Selbstbetrug, schreibt Neil Plantinga, ist ein geheimnisvoller Prozess, in dessen Verlauf wir uns selbst Sand in die Augen streuen.

„Wir leugnen, wir unterdrücken oder spielen herunter, was wir als wahr erkannt haben. Wir verstärken, schmücken aus und betonen Dinge, von denen wir wissen, dass sie falsch sind. Wir schönen die hässliche Realität und verkaufen uns die geschönte Version. So

kann ein Lügner den Satz ‚Ich erzähle eine Menge Lügen, um meinen Stolz zu stützen' übersetzen in: ‚Ich biege die Wahrheit ab und zu zurecht, um die Gefühle anderer Menschen nicht zu verletzen.'"[3]

Ein ganzer Arbeitsbereich der Sozialpsychologie – der sich mit dem beschäftigt, was man „Kognitive Dissonanz" nennt – basiert auf unserer nahezu grenzenlosen Begabung zu rechtfertigen, was wir sagen oder tun, sodass es mit unserem Selbstbild übereinstimmt. Wir sind wie der Mann, der eine Diät macht, an einer Bäckerei vorbeifährt und sich sagt, er wolle nur anhalten und sich Doughnuts kaufen, wenn er direkt vor der Bäckerei einen Parkplatz finden würde. Denn der freie Parkplatz wäre ein klarer Fingerzeig, dass es Gottes Wille sei, dass er einen Doughnut esse. Und nachdem er sechsmal um den Block gefahren war, war natürlich auch ein Parkplatz frei.

> Viele von uns haben aus demselben Grund, aus dem sie ungern auf die Waage steigen, auch noch nie einen anderen Menschen gebeten, in ihrem Leben die Rolle dessen zu übernehmen, der ihnen die Wahrheit sagt: Wir haben Angst vor dem Ergebnis. Es könnte ja sein, dass wir die Wahrheit über uns nur schwer ertragen können.

Wenn ich an unsere Sehnsucht nach Wahrheit und an unsere gleichzeitige Furcht davor denke, fallen mir zwei Aussagen ein. Eine stammt von dem Schauspieler Jack Nicholson aus dem Film „Eine Frage der Ehre". Tom Cruise spielt darin einen Militäranwalt, der Nicholsons Charakter durchleuchten soll. Cruise plädiert: „Ich will die Wahrheit!" Woraufhin Nicholson mit seinem unnachahmlichen Knurren antwortet: „Sie könnten die Wahrheit doch gar nicht vertragen!"

Jesus hatte einen völlig anderen Zugang zu diesem Thema: „Dann werdet ihr die Wahrheit erkennen und die Wahrheit wird euch freimachen" (Johannes 8,32).

Sie können wählen, wem Sie mehr Glauben schenken wollen: Jesus oder Jack Nicholson.

Dietrich Bonhoeffers Worte sind zu diesem Thema einfach zu treffend, um sie nicht in voller Länge zu zitieren:

„Wer selbst in Empfindlichkeit und Eitelkeit das ernste brüderliche Wort ablehnt, der kann auch dem andern nicht in Demut die Wahrheit sagen, weil er die Ablehnung fürchtet und sich dadurch wieder selbst verletzt fühlt. Der Empfindliche wird immer zum Schmeichler und damit alsbald zum Verachter und Verleumder seines Bruders. [...]

Unerlässlich, weil von Gottes Wort geboten, ist die Zurechtweisung dort, wo der Bruder in offenbare Sünde fällt. Im engsten Kreise beginnt die Übung der Zucht in der Gemeinde. Wo der Abfall vom Worte Gottes in Lehre oder Leben die häusliche Gemeinschaft und damit die ganze Gemeinde gefährdet, dort muss das ermahnende und strafende Wort gewagt werden.“[4]

Wir brauchen Menschen, die die Wahrheit aussprechen und uns dadurch helfen, die Realität immer mehr anzunehmen. Aber wir brauchen sie auch, weil sie uns als Anker dienen; sie halten uns dazu an, unseren Verpflichtungen nachzukommen.

Menschen müssen Entscheidungen über ihr geistliches Leben fällen. William Paulson schreibt: „Es ist unwahrscheinlich, dass wir unsere Beziehung zu Gott ganz nebenbei oder rein zufällig vertiefen.“[5]

Zwischen „eine Entscheidung fällen“ und „eine Handlungsweise bevorzugen“ liegt ein himmelweiter Unterschied. Nehmen Sie beispielsweise das Tagebuchschreiben. Haben Sie es jemals versucht? Haben Sie sich jemals schuldig gefühlt, weil Sie nicht oft genug etwas hineinschreiben? (Für diesen Fall rate ich Ihnen, sich zwei Tagebücher zuzulegen. Wenn Sie in eines hineinschreiben und der nächste Eintrag erst nach einem Zeitraum von mehreren Monaten oder Jahren erfolgt, notieren Sie einfach: „Siehe anderes Tagebuch“. Solche Ausweichmanöver zählen leider zu meinen Stärken.)

Wir müssen uns entscheiden:

- ▷ Wie verbindlich soll mein Gebetsleben sein?
- ▷ Wie verbindlich will ich Bibel lesen?
- ▷ Wie verbindlich will ich den Zehnten geben?

Wir alle müssen entscheiden, welche Werte uns wichtig sind, welche geistlichen Übungen wir praktizieren wollen, welche Art von Freunden, Nachbarn, Söhnen und Töchtern, Ehemännern und Ehefrauen wir sein wollen. Aber Entscheidungen alleine reichen nicht aus. Wir müssen damit an die Öffentlichkeit gehen. Wir brauchen Verbindlichkeit. Wir brauchen jemanden, der uns fragt: „Wie läuft es? Funktioniert dein Lebensstil? Musst du daran etwas verändern? Womit hast du im Bereich von Sünde oder Versuchung gerade Probleme?"

Wir brauchen andere Menschen, die uns helfen, unsere besten Absichten und Wertmaßstäbe auch zu verfolgen. Das Prinzip, wie Bergsteiger gemeinsam an einem Seil zu hängen und wie Sportler mit ihewn Trainern zusammenzuarbeiten, gilt für jeden Lebensbereich. Organisationen wie die Anonymen Alkoholiker oder die *Weight Watchers* sind bewusst auf diese immer gültige Wahrheit aufgebaut. Sie wissen, dass Menschen, die meinen, ihre besten Absichten aus eigener Kraft erreichen zu können, auf dem direkten Weg in die Katastrophe sind. Diese Gruppen bestehen aus Menschen, die der Tatsache ins Auge sehen mussten, dass sie nicht normal sind, und die einander helfen wollen, einen Tag nach dem anderen anzugehen. David Watson sagt: „Alles, was menschlichen Grenzen und Irrtümern unterworfen sein kann, erfordert die freundschaftliche Gegenwart eines anderen Menschen, der uns zur Verantwortung anhält. Das ist eine Tatsache des Lebens."[6]

Watson schreibt, dass sich die Menschen in der Bewegung um John Wesley in kleinen Gemeinschaften trafen, um einander zur Verbindlichkeit hinsichtlich ihrer Wertmaßstäbe und wichtigsten Entscheidungen anzuhalten. Wesley hatte dafür einen schönen Ausdruck: Er nannte es „liebevoll aufeinander achten"[7].

Bevor jemand Teil einer solchen Gemeinschaft werden konnte, stellten ihm die anderen zahlreiche Fragen, um zu sehen, ob der Betreffende wirklich bereit war, in gegenseitiger Verbindlichkeit zu leben. Wenn ich einen Vortrag zum Thema „Gemeinschaft" halte, lese ich den teilnehmenden Gemeindeleitern die folgenden Fragen vor und bitte sie, sich vorzustellen, dass sie sie in ihren jeweiligen Gemeinden stellen.

- „Hat irgendeine ‚Sünde des Geistes' oder ‚des Fleisches' Macht über Sie?"
- „Wünschen Sie sich, dass man Ihnen Ihre Fehler mitteilt?"
- „Wünschen Sie sich, dass man Ihnen alle Ihre Fehler mitteilt, und zwar ehrlich und deutlich?" (Bei dem Gedanken, ihre Gemeindemitglieder mit so direkten Fragen zu konfrontieren, fangen die Gemeindeleiter in der Regel alle an zu lachen.)
- „Denken Sie über die nächste Frage gut nach! Wünschen Sie sich, dass wir Ihnen alles sagen, was wir über Sie denken, welche Befürchtungen wir haben und was wir über Sie hören?"
- „Wünschen Sie sich, dass wir uns dadurch so nah wie nur irgend möglich kommen, dass wir Sie dabei unter Umständen verletzen und Ihr Herz bis auf den Grund erforschen?"
- „Ist es Ihr Wunsch und Ziel, dabei und bei anderen Gelegenheiten völlig offen zu sein und über das zu sprechen, was in Ihnen vorgeht, ohne Ausnahmen, ohne Verschleierung und ohne etwas zurückzuhalten?"

Können Sie sich vorstellen, dass Ihre Familienangehörigen oder Ihre Freunde solche Fragen beantworten? Zur Zeit Wesleys taten die Menschen dies, und zwar zu Tausenden. Sie taten es, weil sie wussten, dass sie nie ohne Hilfe zu den Menschen werden konnten, die sie sein wollten.

Im Laufe der Zeit ließ aber die Bereitschaft nach, die Wahrheit auszusprechen. Watson schreibt, dass der größte Teil der Kraft dieser kleinen Gemeinschaften verloren ging, als sie dazu übergingen, die gegenseitige Verbindlichkeit durch allgemeinen Austausch zu ersetzen. Schließlich starben die kleinen Gruppen allmählich aus. Die Menschen sahen davon ab, einander die Wahrheit zu sagen. M. Scott Peck schreibt:

„Ein Leben völliger Hingabe an die Wahrheit bedeutet auch ein Leben der Bereitschaft, sich persönlich herausfordern zu lassen. [...] *Die Tendenz, Herausforderungen auszuweichen, ist im Men-*

schen so allgegenwärtig, dass man sie tatsächlich als Charakteristikum der menschlichen Natur betrachten kann."[8]

Ich möchte Ihnen deshalb die Geschichten von zwei berühmten Männern aus dem Alten Testament erzählen. Beide trafen schreckliche Entscheidungen und wussten, wie es ist zu versagen. Aber der eine von ihnen hatte in seinem Leben einen Mann, der ihm die Wahrheit sagte, der andere nicht. Aus diesem Grund endet die eine Geschichte mit Leben, die andere mit Tod.

David: Die Geschichte eines Lebens

Wir erfahren in 2. Samuel 11, dass König David zu Hause bleibt, während seine Truppen in den Kampf ziehen. Könige zogen um diese Jahreszeit in den Kampf, wie die Schwalben nach Capistrano und die *Cubs* nach Arizona zum Frühjahrstraining ziehen.

In diesem Jahr denkt sich David: *Ich habe keine Lust zu gehen. Ich muss nicht gehen. Sollen die doch ohne mich gehen.*

Mit David ist nichts Besonders los. Er ist noch kein richtig alter Mann, aber auch nicht mehr der frische Jüngling, der er einmal war. Die Frauen schauen ihn nicht mehr so an wie früher.

Er fängt an, ein Mittel gegen Haarausfall einzunehmen. Er sagt sich, dass er mehr Sport treiben sollte und vielleicht rund um den Palast eine Laufbahn anlegen lassen könnte. Er sagt es keinem, aber er lässt den königlichen Speiseplan durch ein wenig „Metamucil" ergänzen.

Er möchte ... ja, was will er eigentlich? Er ist sich nicht sicher. Er möchte sich jung und lebendig fühlen. Er ist ruhelos, einsam und ein wenig gelangweilt.

Soweit wir wissen, spricht David, als König und so, mit niemandem über diese Gefühle. Eines Tages sieht er dann eine Frau, die auf einem Hausdach ein Bad nimmt, und sie ist bemerkenswert attraktiv. (Man könnte sich ja fragen: „Vielleicht ist es nicht alleine Davids Schuld? Warum nimmt sie auch draußen ein Bad?" Aber der Bibeltext gibt ihr keine Schuld. Vermutlich war es so üblich, am Nachmittag, wenn das Regenwasser in den Auffangbecken am wärmsten und die Männer unterwegs waren, ein Bad zu nehmen.)

David behandelt diese Frau wie einen Gegenstand. (Im gesamten Text werden an keiner Stelle ihre Gefühle beschrieben, das, was sie sagt oder was zu ihr gesagt wird.) David denkt sich vielleicht, dass sie sein Langeweile-Problem lösen und ihn sich jünger fühlen lassen könnte. Vielleicht kann sie sein Gefühl der Einsamkeit vertreiben.

David schickt jemanden los, um herausfinden zu lassen, wer sie ist, und dabei gibt es ein bisschen Gegenwind: „Das ist Batseba, die Tochter Ammiëls, die Frau des Hetiters Urija."

Zur damaligen Zeit kamen Frauen in Stammbäumen nicht vor. Und wenn doch, dann ging es um die Vorfahren, nicht um die Ehefrauen. Davids Diener sagt ihm also: „Sie ist die Frau von jemandem. Sie ist die Tochter von jemandem. Sei vorsichtig."

Wenn Davids Draht zu Gott in Ordnung gewesen wäre, hätte ihn diese Aussage sofort gestoppt. Aber David ist in diesem Augenblick nicht daran interessiert, die Wahrheit zu hören. Wie viele Autofahrer, die an eine gelbe Ampel kommen, beschleunigt er jetzt erst recht. Er glaubt, alles unter Kontrolle zu haben. (Im biblischen Bericht ist er Subjekt fast aller Verben, vor allem des Verbs „schicken": Er sieht sie, er schickt einen Boten, um etwas über sie herauszufinden, er schickt nach ihr, er schläft mit ihr, er schickt sie zurück nach Hause.)

Aber dann kommt die Nachricht: „Die Frau war schwanger geworden und ließ David ausrichten: ‚Ich bin schwanger geworden!'"

David tritt wieder in Aktion. Er schickt zu Joab und bittet darum, dass Urija für ein paar Tage von seinen Pflichten entbunden wird; dann schickt er zu Urija und bittet ihn zu sich in den Palast. Aber er kann Urija nicht dazu bringen, seine Mitstreiter zu vergessen und zu Hause zu bleiben und sich zu betrinken. Ironischerweise ist dieser Fremde, dieser Hetiter, Gott gegenüber treuer als David. Also schickt David Urija ein weiteres Mal, diesmal zurück in die Schlacht, und er lässt Joab eine Nachricht zukommen, durch die sichergestellt werden soll, dass Urija bei einem Angriff des Feindes ums Leben kommt. Als Urija tot ist, schickt David ein weiteres Mal nach Batseba, er heiratet sie und sie bringt seinen Sohn zur Welt.

Und David denkt, er habe diese ganze Angelegenheit erfolgreich durchschifft. Seiner Meinung nach bestand die größte Gefahr darin, dass jemand etwas herausfinden würde. Aber das ist *nicht* die größte Gefahr. Die größte Gefahr besteht darin, dass *niemand* es herausfindet.

Wie lange lebt David mit dieser Heuchelei und seinem Versteckspiel? Wir wissen es nicht genau, aber wir wissen, dass es mindestens so lange dauert, bis Batseba das Kind zur Welt bringt. Das bedeutet, dass David mindestens neun Monate lang König ist, vorgibt, Gott anzubeten und sein Volk zu führen, während er in sich die verborgene Schuld eines nicht bekannten, nicht bereuten Mordes und Ehebruchs trägt. Jeden Tag gewöhnt er sich ein wenig mehr an seine Täuschung. Jeden Tag wird sein Herz ein wenig härter; Gott rückt ein wenig weiter weg.

An diesem Punkt weiß niemand, was unter der Oberfläche von Davids Leben vor sich geht.

Immer, wenn wir versuchen, alleine mit unserer Versuchung fertig zu werden, sind wir extrem anfällig für Täuschung.

Gary Richmond zeichnet davon ein unvergessliches Bild.[9] Er arbeitete einmal in einem Zoo, der eine vier Meter lange Königskobra besaß. Ihre Giftdrüsen enthielten genügend Gift, um 1 000 Erwachsene zu töten. Die Kobra hatte eine Narbe, die sie wie das verkörperte Böse aussehen ließ, aber schlimmer war, dass dies bedeutete, dass sich die Kopfhaut nicht von selbst löste, wenn die Schlange sich häutete. Die Haut musste von Hand entfernt werden. Und leider haben Schlangen keine Hände.

Um dies also per Hand zu machen, war ein aus fünf Personen bestehendes Team nötig: zwei Zoowärter, der Zoodirektor, ein Tierarzt und Gary – dessen Aufgabe darin bestand, dem Tierarzt Skalpell und Tupfer zu reichen. Die Kobra glitt aus ihrer Höhle, spreizte ihren Kopf, erhob sich zu voller Größe und schaute die fünf Eindringlinge an, wobei sie sich ihr erstes Opfer aussuchte. Sie wählte den Zoodirektor. Mit Lichtgeschwindigkeit warfen die beiden Zoowärter ihre Netze über die sich windende Schlange, der

Zoodirektor packte sie direkt hinter den Giftdrüsen und der Tierarzt sagte: „Lassen Sie uns das schnell hinter uns bringen." Seine Hände zitterten; Schweißbäche tropften von allen Stirnen außer von der der Schlange.

Der Tierarzt fragte Gary, ob dieser irgendwelche Verletzungen an den Händen habe.

„Nein."

Er trug Gary auf, Papiertaschentücher zu zerknüllen und der Kobra ins Maul zu stopfen.

„Okay."

Die Kobra biss und kaute, bis die Papiertaschentücher vor lauter Gift gelb waren und tropften.

Während das Team arbeitete, erklärte der Zoodirektor, dass jedes Jahr einige voll ausgewachsene Elefanten an Kobrabissen starben. Ein Mensch überlebte einen Kobrabiss mit voller Giftladung ebenfalls nie. Aus diesem Grund sollte Gary die Giftdrüsen der Kobra leeren. Die Hände des Zoodirektors schwitzten und seine Muskelkraft ließ nach; seine Finger verkrampften sich allmählich – was für niemanden außer vielleicht für die Schlange eine gute Nachricht war. Der Zoodirektor war sich nicht sicher, ob sie sich schnell genug bewegen konnten, wenn es Zeit war, die Schlange wieder freizulassen. Dann erklärte er, was man das „Geheimnis der Schlange" nennen könnte: Es werden mehr Menschen gebissen, wenn sie die Schlange loslassen, als wenn sie sie packen.

Leicht zu packen, schwer loszulassen. Das gilt für alles, was den Charakter des Menschen zerstören kann: Betrug, Bitterkeit, Pornografie, Habgier, Schulden, Arbeitssucht. Das ist die Macht der Sucht und Sünde macht unter anderem auch süchtig. Diese Sünden sind Schlangen, die den menschlichen Geist schnell schwächen.

Menschen neigen in der Regel fatalerweise dazu, anzunehmen, dass sie diese Schlange alleine bändigen können. Daran hat sich seit dem Garten Eden nichts geändert. Als die Schlange Eva in Versuchung führte, war ausschlaggebend, was diese *nicht* tat. Sie sprach nämlich *nicht* mit Adam über diese Versuchung. Sie sprach darüber *nicht* mit Gott. Eines der ersten Anzeichen dafür, dass wir Probleme mit einer Versuchung haben, ist, dass wir mit keinem anderen Menschen darüber sprechen. Wir halten die „Schlange" geheim, weil wir uns bis zu einem gewissen Grad die Option offen halten wollen, sie zu packen. Wir halten die „Schlange" geheim, weil wir uns die Option offen halten wollen, ihr im Verborgenen nachzugeben.

David packt die Schlange. Und er denkt, er kann sie alleine bewältigen.

Bis eines Tages Gott auch anfängt zu schicken: „Deshalb sandte der Herr den Propheten Natan zu David …" (2. Samuel 12,1).

David hatte mit dem Leben anderer Menschen gespielt: Batseba, Urija, Joab, der Armee, ganz Israel. Dieses Mal schickt Gott. Er schickt David einen Propheten namens Natan. Natan wird die Wahrheit aussprechen. Natan wird David dazu anhalten, die Psalmen auch zu leben, die er geschrieben hatte.

Denken Sie einen Augenblick darüber nach, was wohl in Natan vorgeht. Stellen Sie sich vor, wie er sich wohl gefühlt haben muss, als er dieses Gespräch in seinen Terminkalender einträgt, als er den ersten Satz ausspricht, nach dem es kein Zurück mehr gibt. Es handelt sich nicht um ein freundschaftliches Gespräch. Es gibt keine Garantie, dass David auf das eingeht, was Natan ihm zu sagen hat. Es gibt alle möglichen Gründe, aus denen Natan dieses Gespräch mit David hätte vermeiden mögen: „Wer bin ich denn, dass ich David zur Rechenschaft ziehen kann? Auch ich habe in meinem Herzen Lust verspürt – ich bin nicht besser als er. Vielleicht hat er Gott schon alles bekannt. Davon abgesehen wäre es peinlich, das Thema zur Sprache zu bringen. Möglicherweise gibt es jemanden, der David näher steht als ich und mit ihm darüber sprechen sollte."

Natan weiß, was passieren könnte. Wenn David nicht positiv reagiert, bekommt Natan ernsthafte Probleme. David hat bereits einen Mann umgebracht, um seine Verbrechen zu decken; er könnte dasselbe auch mit Natan tun.

Es lohnt sich festzuhalten, dass Natan sicher viele Gedanken und Gebete darin investiert hat, wie er sich dem König nähern will, bevor er das erste Wort spricht. Natan weiß, dass David nach einem Jahr Versteckspiel gegenüber der Wahrheit ziemlich resistent sein wird. Natan muss eine Möglichkeit finden, Davids Verteidigungsmauern und Davids hartes Herz zu überwinden. Er möchte Davids Herz erobern; er möchte die Chancen maximieren, Davids Herz für die Wahrheit zu öffnen.

Ich erwähne dies, weil manche Menschen – manchmal sogar Menschen in Kirchengemeinden – geradezu mit Begeisterung herumlaufen und andere korrigieren. Jean Vanier schreibt: „Ich bin schockiert über die Menschen, die in unsere Gemeinschaften kommen […] und sehr schnell ihren Finger auf Fehler legen – von denen es weiß Gott genug gibt! –, aber nicht in der Lage sind, irgendetwas Positives zu sagen. Sie glauben, dass es ihre Gabe ist, ein Retter zu sein."[10] Es gibt Menschen, die die „Wahrheit" zur persönlichen Entspannung aussprechen, dies aber ohne Liebe tun. Solche Menschen machen alles nieder und verurteilen andere in einer Haltung arroganter Überheblichkeit, die sie mit den Worten kaschieren: „Ich bin ein Prophet."

Zwischen einem Propheten und einem Trottel besteht ein wichtiger theologischer Unterschied: Was tief im Herzen eines Propheten brennt, ist nicht Zorn, sondern Liebe.

Andere zur Verbindlichkeit anzuhalten bedeutet nicht, dass wir uns in einer Rolle sehen, in der wir für ihr Leben verantwortlich sind. Von Zeit zu Zeit wird in religiösen Gemeinschaften der Gedanke der Verbindlichkeit verdreht und zu einem System gemacht, in dem bestimmte Personen versuchen, Kontrolle über das Leben anderer auszuüben. In authentischer Gemeinschaft ist jeder für sein eigenes Leben verantwortlich. Wir können diese Verantwortung nicht ablegen, selbst wenn wir dies wollten.

Verbindlichkeit ist ein Hilfsmittel und ein Geschenk, das wir einander geben können, um dadurch zu versuchen, das Wachstum zu erreichen, das wir alleine nie erreichen würden.

Natan ist sauer auf David, aber er liebt ihn auch. Mit enormem Geschick erzählt er David also die Geschichte eines reichen Mannes, der ein kleines Schaf raubt, das der einzige und kostbarste Besitz eines verzweifelt armen Mannes ist. Die Geschichte soll Davids Sympathie und Leidenschaft für Gerechtigkeit wecken und der Pfeil trifft ins Schwarze. David ist entrüstet: „Der Mann, der das getan hat, muss sterben."

(Wir können auch so sein. Wir können uns über die Sünden anderer aufregen und dabei unsere eigenen Sünden vergessen. Wir sind in der Lage, gleichzeitig schuldig und voller gerechter Empörung zu sein.)

Nun ist der Augenblick gekommen, an dem Natan entscheiden muss, wie viel er riskieren möchte. Er weiß, was er tut. Der König ist in jenen Tagen eher rücksichtslos. Natan weiß, dass er sein Leben aufs Spiel setzt, wenn er weiterspricht. Aber er zögert nicht.

Natan blickt dem mächtigsten Mann der damaligen Welt fest in die Augen – einem Mann, der ihn für diese Worte zum Tode verurteilen könnte, einem Mann, der bereits zuvor getötet hat, um sein Geheimnis zu verbergen. Natan sagt: „*Du* bist der Mann." Er macht dem König deutlich: „Das ist *deine* Geschichte. Es ist *deine* Sünde. So tief bist du gefallen."

Was kostet es, die Wahrheit auszusprechen, und warum geschieht es in unserer Gesellschaft so selten? Wenn es so wichtig ist, die Wahrheit auszusprechen, wenn wir uns darin einig sind, dass wir es zum persönlichen Wachstum brauchen, wenn es ein Akt der Liebe ist – warum erleben wir so wenig davon?

Die Antwort ist ganz einfach: Angst.

Es kostet enorm viel Mut, einem anderen Menschen die Wahrheit zu sagen. Wenn wir jemandem etwas sagen, das schmerzhaft für ihn ist, geraten Dinge in Unordnung. Wir könnten auf Ablehnung stoßen. Wir könnten in eine lange, verzwickte Diskussion geraten. Es besteht die große Wahrscheinlichkeit, dass man uns sagt, wir sollen uns nicht in Dinge einmischen, die uns nichts angehen. Es kostet uns Zeit und Energie. Es macht uns Angst. Wir sprechen die Wahrheit in der Regel nur so lange aus, wie es uns nichts kostet, und dann tauschen wir Wahrheit lieber gegen Frieden ein.

M. Scott Peck schreibt, dass wir meist in einer *Pseudogemeinschaft* leben.[11] Ihr Kennzeichen ist die Vermeidung von Konflikten. In einer Pseudogemeinschaft halten wir alles im grünen Bereich; wir sprechen in Verallgemeinerungen; wir sagen Dinge, denen die Menschen in unserem Umfeld zustimmen. Wir erzählen kleine Notlügen, damit keine Gefühle verletzt werden und damit es keine Spannungen gibt. Unsere Beziehungen bleiben angenehm und gut geschmiert. Gespräche werden sorgfältig gefiltert, damit sich niemand angegriffen fühlt; wenn wir verletzt oder ärgerlich sind, tragen wir Sorge dafür, es vor den anderen zu verbergen. Pseudogemeinschaft ist angenehm und höflich und lieb und träge – und letztlich fatal.

Ehen können Jahrzehnte halten – manchmal ein Leben lang – und von außen sehr harmonisch wirken. Es gibt nicht viele Konflikte, nicht viele Stürme. Aber tatsächlich leben Ehemann und Ehefrau in einer Pseudogemeinschaft. Sie sprechen über die Kinder, die Arbeit oder die Hypothek, aber die Gespräche bleiben oberflächlich. Sie haben seit Jahren nicht über ihre Einsamkeit oder ihren Schmerz oder ihre Wut gesprochen. Ihre sexuellen Wünsche und ihr Frust bleiben unausgesprochen. Sie sind von ihrer Ehe und voneinander enttäuscht, aber keiner von beiden hat den Mut, darüber offen und ehrlich zu sprechen. So sterben sie jeden Tag ein Stückchen mehr.

Um über Pseudogemeinschaft hinauszukommen, so Peck, müssen wir bereit sein, uns auf das Chaos einzulassen. Chaos bricht aus, wenn jemand bereit ist, auch riskante Wahrheiten auszusprechen. Chaos ist immer unangenehm. Wenn wir uns im Chaos befinden, haben wir das Gefühl, die Kontrolle verloren zu haben. Es gibt keine Garantie, dass Sie mit dem einverstanden sind, was ich Ihnen sage. Negative Gefühle müssen anerkannt und durchdiskutiert werden.

Das Neue Testament berichtet von erstaunlich viel Chaos. Jesus selbst ließ sich nie davon schrecken und führte Menschen oft bewusst hinein. „Worüber habt ihr euch unterwegs gestritten?“, fragte er seine Jünger, als er wusste, dass sie in eine Diskussion darüber verstrickt waren, wer von ihnen der Größte sei. Er fragte Menschen, warum sie ihn „Herr“ nannten, aber nicht taten, was er sagte. Er forderte eine Frau, die häufig ihre Partner wechselte, dazu auf, ihren Ehemann zu holen. Er nannte die religiösen Führer „Leichen mit übermäßig viel Make-up“ („weiß angestrichene Gräber“; Matthäus 23,27). Und er wusste sehr gut, dass er damit einiges in Aufruhr brachte.

Es gab auch Chaos in seiner Kirche, nachdem Jesus nicht mehr da war. Die hebräisch sprechenden Christen gerieten sich mit den griechisch sprechenden Christen darüber in die Haare, wessen bedürftige Menschen versorgt wurden. Paulus tadelte Petrus, weil dieser vor den Gesetzlichen kapituliert hatte.

Menschen, die authentische Gemeinschaft lieben, ziehen den Schmerz des vorübergehenden Chaos' dem Frieden der permanenten Oberflächlichkeit vor. Menschen das zu sagen, was sie hören wollen, ist nicht Liebe. Wenn Menschen sich destruktiv verhalten und so ihre Seele zerstören, brauchen sie einen Spiegel. Sie brauchen einen Menschen, der ihnen die Wahrheit sagt.

Natan liebte David so sehr, dass er bereit war, sein Leben zu riskieren, indem er David die Wahrheit sagte. Leider haben wir oft Angst davor, die Wahrheit auszusprechen, und geben uns mit weit weniger zufrieden.

Natan sagt David die Wahrheit.

Für wer weiß wie lange herrscht Schweigen. Sicher kam David der Gedanke: *Ich kann auch dieses Problem lösen. Niemand außer Natan weiß davon. Wenn ich ihn loswerde, bin ich frei.*

Aber David hört eine Stimme. Diese Stimme flüstert ihm etwas von Zeiten ins Ohr, als er ein unschuldiger Hirtenjunge war und Gott für ihn sorgte. Sie erinnert ihn an die Begeisterung, mit der er einst für Gott kämpfte. Sie erinnert ihn an die Tage, als er vor der Bundeslade hertanzte. Sie erinnert ihn daran, dass sein bester Freund Jonatan seine eigenen Ambitionen zu Gunsten denen von David zurückstellte und erklärte, dass David nach Gottes Entscheidung König sein sollte.

Für wer weiß wie lange hängt Natans Schicksal in der Schwebe. Und auch wenn ihm dies vielleicht nicht bewusst ist, steht auch Davids Schicksal auf dem Spiel.

Und dann passiert das Wunder. Ein Herz, das lange Zeit hart, steinern, kalt und tot war, schmilzt: „Ich bekenne mich schuldig vor dem Herrn" (2. Samuel 12,13). David gibt zu: „Ich bin dieser Mann."

Was wäre gewesen, wenn David keinen Natan in seinem Leben gehabt hätte? Was wäre aus seinem Leben geworden? Wir kennen die Antwort natürlich nicht, aber David lebte zumindest den größeren Teil eines Jahre, ohne dass ihn jemand auf die richtige Bahn gebracht hätte. Und vieles spricht dafür, dass er auf dieser Schiene unendlich weitergefahren wäre, hätte Natan ihn nicht unterbrochen.

Das gilt nicht nur für David. Ohne einen Natan in unserem Leben neigen auch wir dazu abzudriften. David – „ein Mann nach dem Herzen Gottes" – legte es nicht darauf an, zum Mörder und Ehebrecher zu werden. Auch wir legen es normalerweise nicht darauf an, unser Lebens ins Chaos zu steuern.

Niemand gibt ein Eheversprechen ab und plant dabei, vor dem Scheidungsrichter zu enden.

Kein Vater heißt Kinder in seinem Leben willkommen und plant, so intensiv mit Besprechungen und Akten beschäftigt zu sein, dass er für seine Kinder zu einem distanzierten, höflichen Fremden wird.

Keine enttäuschte Hausfrau trinkt ein Glas Wein, um ihre Langeweile etwas zu mildern, und plant, zur Alkoholikerin zu werden.

Kein aus der Form geratener Mensch fängt mit einem Fitnessprogramm an und plant, sich bis zum körperlichen Zusammenbruch zu erschöpfen.

Kein Geschäftsmann schließt sein erstes Geschäft ab und plant dabei, sich so intensiv der Verbesserung seines Lebensstils zu widmen, dass jede Großzügigkeit und jedes Mitgefühl in seiner Seele vertrocknen.

Kein Schulabgänger beschließt, so viel Stress und so viel Arbeit zu haben und so sehr mit sich selbst beschäftigt zu sein, dass er am

Ende keinen einzigen Freund mehr hat, der diesen Namen noch verdient.

Niemand plant solche Dinge. Aber sie geschehen jeden Tag. Warum?

Es gibt mindestens einen wichtigen Grund: Wir haben niemanden in unserem Leben, dem wir das Recht einräumen, uns die Wahrheit zu sagen. Wir denken, dass wir mit der Schlange alleine klarkommen. Wenn wir niemanden haben, dem wir Rede und Antwort stehen müssen, der uns dafür zur Verantwortung zieht, die Werte zu verfolgen, die uns am wertvollsten sind, dann machen wir uns sehr verletzlich.

Wenn er niemanden gehabt hätte, der ihn für das, was er getan hat, zur Rechenschaft zog, hätte Davids Leben vielleicht ein tragisches Ende genommen. Aus diesem Grund ist Rechenschaft und Verbindlichkeit so unentbehrlich für Gemeinschaft.

Ich möchte nun etwas persönlicher werden. Wer ist der Natan Ihres Lebens? Gibt es jemanden, den Sie gebeten haben, Ihnen die Wahrheit über sich selbst zu sagen? Patrick Morley schreibt, dass Verantwortlichkeit bedeutet, „regelmäßig vor dazu qualifizierten Menschen für die wichtigsten Lebensbereiche verantwortlich zu sein“[12]. Haben Sie eine oder zwei Personen, mit denen Sie sich regelmäßig treffen, um das zu tun?

Wenn nicht, rate ich Ihnen dringend, sich solche Menschen zu suchen und dafür zu beten. Treffen Sie Ihre Wahl sehr sorgfältig. Sie brauchen jemanden, dessen Diskretion und kritischem Urteilsvermögen Sie trauen können. Wie bei der Selbstoffenbarung gilt auch hier, dass Sie einen Schritt nach dem anderen gehen sollten.

Aber Sie brauchen einen Natan. Ich auch. Wir können nicht alleine mit der Schlange klarkommen.

Tanzen lernen

1. Denken Sie noch einmal an Bonhoeffers Worte vom Beginn dieses Kapitels: „Nichts kann grausamer sein als jene Milde, die den andern seiner Sünde überlässt. Nichts kann barmherziger sein als die harte Zurechtweisung, die den Bruder vom Wege der Sünde zurückruft.“

Halten Sie diese Aussage für wahr? Wenn ja, warum praktizieren Menschen so oft die „grausame Nachsicht", die andere Menschen ihren nicht zur Sprache gebrachten Problemen überlässt?

2. Was ist der Unterschied zwischen der Suche nach einer Person, die Sie zur Verantwortung für Ihr Leben anhält, und dem Versuch, sich der Verantwortung für Ihr Leben zu entziehen?

3. Bewerten Sie sich auf einer Skala von 1 bis 10 (1 = Pseudogemeinschaft; 10 = authentische Gemeinschaft). Wo würden Sie Ihre engste Beziehung ansiedeln? Warum geben Sie diese Bewertung?

4. Befinden Sie sich in einer Ihrer Beziehungen gerade im Chaos? Wie können Sie sich auf eine Lösung zubewegen?

5. Wie „angriffslustig" werden Sie normalerweise, wenn jemand versucht, Ihnen kritische Rückmeldung zu geben, die schmerzhaft für Sie ist?

ich bin ziemlich offen	ich werde ein wenig ungehalten	„Wer sagt hier, dass ich nicht perfekt bin?"

6. Was ist für Sie bei einer Konfrontation das wichtigste Element? Warum?

7. Wer ist Ihr Natan? Wen haben Sie gebeten, Ihnen die Wahrheit zu sagen? Wenn Sie im Augenblick niemanden haben, der diese Rolle in Ihrem Leben einnimmt, überlegen Sie, wer das Potenzial dafür haben könnte. Welchen nächsten Schritt können Sie gehen, um Ihre Beziehung diesem Ziel näher zu bringen?

Kapitel 10

Mat. 15,21ff

Mauern einreißen: Eine alle umfassende Gemeinschaft

„Von allen Leidenschaften ist die, zum ‚inneren Ring' zu gehören, am geschicktesten darin, einen Menschen, der noch nicht besonders schlecht ist, dazu zu bringen, Schlechtes zu tun."

C. S. Lewis[1]

Als unsere Kinder fünf, sieben und neun Jahre alt waren, beschlossen wir, von Südkalifornien in den Nordwesten von Chicago zu ziehen. Wir verließen Berge, Palmen, Strände und Sonne zu Gunsten eines Landesteils, der – wie meine Frau es denkwürdig formulierte – aussah, als hätte Gott ein Bügeleisen genommen und das ganze Land geplättet.

Der Umzug war die größte Veränderung, die wir als Familie erlebten. Die Reaktionen von zweien unserer Kinder waren sehr leicht zu durchschauen. An dem Tag, an dem Nancy und ich unsere Entscheidung verkündeten, rannte unsere älteste Tochter heulend aus meinem Büro und schloss sich im Auto ein. Das war nicht unbedingt die Reaktion, die ich erhofft hatte, aber zumindest war sie klarer Indikator für ihre Emotionen. Unser Jüngster war begeistert, dass er in einen Bundesstaat umziehen durfte, in dem es Kellergeschosse und Schnee gab. Aber unsere mittlere Tochter war, wie es oft mit den mittleren Kindern ist, irgendwie in der Mitte. Sie sah aus, als sei der Umzug für sie ganz in Ordnung. Oder vielleicht schaute ich einfach nicht so genau hin.

Ein paar Monate später, nachdem wir nach Illinois umgezogen waren, saß ich eines Abends an ihrem Bett und deckte sie zu. In letzter Zeit hatte sie mehr Probleme gemacht als üblich, aber ich hatte dies mit keinem konkreten Anlass in Verbindung gebracht. In dem ruhigen Augenblick aber, der kurz vor dem Einschlafen kommt, brachen bei ihr alle Dämme und die Tränen begannen zu fließen: „Papa, es ist so schwer, hier zu leben! Niemand kennt mich. Ich gehe in eine neue Schule, in eine neue Gemeinde; jeder scheint schon Freunde zu haben. Ich gehöre nicht dazu. Ich habe niemanden, mit dem ich richtig reden kann; ich habe niemanden, der mit mir zum Mittagessen geht oder mich in sein Team wählt. Ich versuche nur, den Tag irgendwie zu überleben."

Dann sagte meine Tochter die Worte, die mir wirklich einen Stich versetzten. Sie malte ein aus einem Satz bestehendes Bild ihrer Verletzlichkeit, das ich nie vergessen werde: „Ich fühle mich wie eine kleine Maus, die kein Mauseloch hat."

In diesen Worten drückte sich der Schmerz aus, ein Außenseiter zu sein. Kinder sind unverwüstlich, so sagt man jedenfalls, und meine Tochter gewöhnte sich rasch an ihre neue Heimat. Aber das Bild stand mir immer vor Augen: ein verletzliches kleines Wesen, das inmitten von Gefahren, die es nicht unter Kontrolle hat, herumtrippelt und verzweifelt versucht, einen Ort zu finden, an dem es willkommen und in Sicherheit ist.

Es gibt nur weniges im Leben, das so viel Freude macht wie das Gefühl, gewollt, erwählt und angenommen zu sein. Es gibt nur weniges im Leben, das so schmerzhaft ist, wie ausgeschlossen, abgelehnt und ausgesperrt zu sein. Im Zentrum der christlichen Gemeinschaft steht die Entscheidung zwischen ausgeschlossen und angenommen zu sein, wie der kroatische Theologe Miroslav Volf es im Titel seines großartigen Buches zu diesem Thema formuliert.[2]

Der innere Ring

Unser Gefallensein bringt uns dazu, nicht nur zu irgendeiner Gruppe, sondern zu einer *exklusiven* Gruppe gehören zu wollen. *Per definitionem* besteht jede Gesellschaft aus Menschen, die in irgendeiner Weise miteinander verbunden sind und zueinander gehören. Doch zu jeder Gesellschaft gehören ebenfalls Menschen, die sich ausgeschlossen fühlen, die in der Pause alleine herumstehen, deren Einladungen zum Tanzen dankend abgelehnt werden, gegen die gestimmt wird, denen die kalte Schulter gezeigt wird und die aus dem *Big Brother*-Haus hinausgewählt werden. Wir schließen andere Menschen aus Stolz, Furcht, Unwissen oder einem Wunsch nach Überlegenheit aus.

Mein letzter Flug malte mir diese Neigung, Menschen in Gruppen einzuteilen, deutlich vor Augen. In der Ersten Klasse wurde von den Flugbegleitern ein Essen für Feinschmecker auf weißem Porzellan und in Kristallgläsern serviert; wer in der Touristenklasse saß, bekam „Snacks“, serviert in Papiertüten und Plastikbechern. Die Passagiere der Ersten Klasse hatten genügend Platz, um die Beine auszustrecken und zu schlafen; wir in der Touristenklasse saßen in einer Enge, die normalerweise verliebten Paaren in der letzten Reihe eines Kinos vorbehalten ist. Die Passagiere der Ersten Klasse bekamen von den Flugbegleitern feuchte Handtücher für die persönliche Hygiene; wir anderen in der Touristenklasse mussten im Schweiße unseres Angesichts sitzen und schmoren.

Auf fast jedem Flug wird, sobald das Flugzeug unterwegs ist, ein Vorhang zugezogen, um die beiden Bereiche voneinander abzuteilen. Man tut dies, um nicht gestört zu werden; es ist wie die Berliner Mauer oder der Vorhang, der im Tempel den Vorhof der Heiden vom Allerheiligsten trennt. Der Vorhang als Erinnerung daran, dass manche Menschen Erster Klasse sind und manche nicht. Wer nicht zur Ersten Klasse gehört, ist angehalten, diese Grenze nicht zu überschreiten. Man kann nicht einmal sehen, was auf der anderen Seite des Vorhangs vor sich geht.

Auf meinem letzten Flug erklärte uns eine Stimme über Lautsprecher, dass die Flugbegleiter auf Grund von Sicherheitsbestimmungen den Vorhang nicht zuziehen durften. Aber die Fluglinie wollte uns, die wir im Vorhof der Heiden saßen, wissen lassen, dass wir die sanitären Einrichtungen des Heiligtums nicht benutzen durften, auch wenn es dort eine Toilette für acht Personen und in der Touristenklasse zwei Toiletten für mehrere Hundert Personen gab (von denen ein großer Teil aus Kindern unter sechs Jahren bestand, die den ganzen Flug über Cola tranken).

Nehmen Sie den Vorhang als Bild für eine in uns gefallenen Menschen tief verwurzelte Neigung, andere Menschen *auszuschließen*. Dabei teilen wir die Welt in „wir" und „sie" ein. Diese Begriffe drücken nicht nur aus, dass wir anders sind – die Unterschiede zwischen Menschen gibt's schon seit den Zeiten von Adam und Eva und können die Gemeinschaft enorm bereichern. Sie bedeuten, dass wir eine ablehnende Haltung gegenüber anderen einnehmen und uns von ihnen zurückziehen. Wir weigern uns, ihnen unser Herz oder Wohlwollen entgegenzubringen. Wir schwelgen bewusst und auf ihre Kosten in unserem Gefühl der Überlegenheit.

Wir sehen, welchen Schaden diese andere ausschließende Haltung anrichtet, wenn wir einen Begriff wie „ethnische Säuberung" betrachten, der nahe legt, dass jemand, der „anders" ist als ich, schmutzig ist und entfernt werden muss.

C. S. Lewis schrieb einen brillanten Essay über dieses Thema, der den Titel „Der innere Ring" trägt. In jeder Gesellschaft, in jeder Schule, jeder Gemeinde, an jedem Arbeitsplatz gibt es kleine Gruppen von Menschen, die „drinnen" sind. Diese Gruppen sind fast nie offiziell organisiert; niemand wählt aus, wer dazugehören darf. Doch ob jemand Mitglied ist oder nicht, spiegelt sich an subtilen Kleinigkeiten – dem Gebrauch von Spitznamen, Insiderwitzen, Einladungen zu bestimmten Veranstaltungen. Wenn man erst einmal dazugehört, merkt man natürlich, dass es weitere Ringe gibt, die noch weiter „drinnen" sind. Je weiter innen ein Ring ist, desto mehr Status und Ansehen haben die Mitglieder.

Heute fallen uns diese Gruppen vor allem an den Highschools auf: Sportler und Cheerleader gehören in der Regel zu den innersten Ringen, um die sich die Schönen und Schlauen und diejenigen, die zur Schülermitverwaltung gehören, in verschiedenen Umlaufbahnen gruppieren, und die Möchtegerne und Streber befinden sich an den äußeren Rändern.

Wenn wir älter werden, ändern sich die Namen der Gruppen, aber die Dynamik bleibt dieselbe.

Lewis schreibt: „Ich glaube, dass der Wunsch, innerhalb des örtlichen Ringes zu sein, und die Furcht, nicht hineinzugehören, zu gewissen Zeiten im Leben aller Menschen [...] eines der beherrschenden Elemente ist."[3] Die Existenz solcher Ringe, schreibt Lewis, ist nicht notwendigerweise etwas Schlechtes. Uns allen sind

Grenzen gesetzt und wir können nur mit einer begrenzten Anzahl von Menschen wirklich tiefe und vertraute Freundschaften haben.

Aber der Wunsch nach Status durch die Mitgliedschaft in einem mit höherem Ansehen behafteten inneren Zirkel ist ein gefährlicher Wunsch. Er bringt uns dazu, uns permanent mit anderen Menschen zu vergleichen, Angst zu haben, wenn wir irgendwo nicht dazugehören, und noch mehr Angst zu haben, wenn jemand, der uns nahe steht, in diesen inneren Ring eingelassen wird. Wir fangen an, Kompromisse einzugehen. Wir sagen Dinge, von denen wir eigentlich nicht überzeugt sind, weil wir meinen, sie könnten uns gegenüber jemandem, der stärker dazugehört und einen höheren Status hat, in einem guten Licht erscheinen lassen. Wir lachen über die Witze dieser Person etwas zu eifrig, tun so, als ob wir derselben Meinung seien, auch wenn wir insgeheim anderer Ansicht sind, oder machen ein Kompliment, das teilweise aufrichtig ist, zu einem guten Teil aber auch unseren eigenen Zwecken dient. Wir bekommen einen kleinen Freudenschub, wenn wir merken, dass wir uns in einem weiter innen befindlichen Ring befinden als jemand anderer. Zu sehen, wie andere ausgeschlossen werden, gibt uns das Gefühl, etwas Besonderes zu sein.

Der innere Ring entpuppt sich als Zwiebel. Wenn wir es bis in einen bestimmten Kreis geschafft haben, stellen wir fest, dass es einen weiteren gibt. Aber kein Ring ist so weit innen, dass er uns das Gefühl dauerhaften Wertes verleihen kann, nach dem wir uns so intensiv sehnen, weil wir tief in uns doch wissen, dass wir immer noch derselbe Mensch sind. Groucho Marx sagte einmal, dass er nie einem Club beitreten wolle, dessen Anforderungen so niedrig seien, dass man ihn als Mitglied akzeptieren würde.[4]

Auch die Jünger Jesu kämpften mit diesem Wunsch. Zwei von ihnen, Jakobus und Johannes, kamen direkt auf Jesus zu und fragten ihn, ob sie im Himmel zum inneren Zirkel dazugehören könnten (Markus 10,37): „Können wir die beiden Plätze neben dir haben, einen zu deiner Rechten und einen zu deiner Linken?“ Wenn sie diese beiden Plätze bekämen, wäre ihr Wunsch, zum innersten Kreis zu gehören, endlich befriedigt. Sie spannten sogar ihre Mutter ein, sich in dieser Hinsicht für sie zu verwenden. Und natürlich wurden die anderen Jünger sauer, als sie von dieser Bitte hörten, weil es bedeuten würde, dass sie zwar zu den Aposteln gehörten, aber nicht zum allerinnersten Zirkel. Jesus hat bestimmt mit dem Kopf geschüttelt. Er lehrte ständig darüber und brachte sich durch seine Meinung darüber in Schwierigkeiten, wer „in“ und wer „out“ war, sowie über Gottes Wunsch, jeden zum inneren Zirkel zuzulassen, der den Wunsch danach hatte.

Frauen, Hunde und andere Ausgestoßene

Eine der bemerkenswertesten Geschichten zum Thema „Status“ berichtet Matthäus (Matthäus 15,21–28):

„Jesus verließ die Gegend und zog sich in das Gebiet von Tyrus und Sidon zurück. Eine kanaanitische Frau, die dort wohnte, kam zu ihm und rief: ‚Herr, du Sohn Davids, hab Erbarmen mit mir! Meine Tochter wird von einem bösen Geist sehr geplagt.‘

Aber Jesus gab ihr keine Antwort. Schließlich drängten ihn die Jünger: ‚Sieh zu, dass du sie loswirst; sie schreit ja hinter uns her!‘

Aber Jesus sagte: ‚Ich bin nur zum Volk Israel, dieser Herde von verlorenen Schafen, gesandt worden.‘

Da warf die Frau sich vor Jesus nieder und sagte: ‚Hilf mir doch, Herr!‘

Er antwortete: ‚Es ist nicht recht, den Kindern das Brot wegzunehmen und es den Hunden vorzuwerfen.‘

‚Gewiss, Herr‘, sagte sie, ‚aber die Hunde bekommen doch wenigstens die Brocken, die vom Tisch ihrer Herren herunterfallen.‘

Da sagte Jesus zu ihr: ‚Du hast ein großes Vertrauen, Frau! Was du willst, soll geschehen.‘ Im selben Augenblick wurde ihre Tochter gesund.“

Diese Geschichte verwirrte mich früher. Auf den ersten Blick ist Jesus fast gemein. Aber mittlerweile gehört sie zu meinen Lieblingsgeschichten. Ich denke, dass dies vor allem ein Text über einen meisterhaften Lehrer ist, der seinen Schülern helfen will zu verstehen, dass es Gottes Wunsch ist, niemanden auszuschließen und alle, die es zulassen, in seine Arme zu schließen.

Ken Bailey schreibt[5], dass man, um diesen Textabschnitt verstehen zu können, sehen muss, dass Jesus hier seine Zuhörer auf die Probe stellt, und zwar gleich zwei Personengruppen. Er testet seine Jünger und er testet die Frau. Wer besteht diese Prüfung mit Bravour und wer bekommt ein „Ungenügend“? Was lehrt uns der Test über den Schmerz, den wir darüber empfinden, ausgeschlossen zu sein, und die Energie, die freigesetzt wird, wenn wir angenommen werden?

Die Geschichte ereignet sich in einer Gegend, die weit im Norden des jüdischen Gebietes liegt. Tyrus und Sidon waren zwei phönizische Städte, die an der Mittelmeerküste angesiedelt waren. Die Juden verachteten die Menschen, die dort lebten. Der jüdische Historiker Josephus schrieb im ersten Jahrhundert, dass „die Menschen von Tyrus unsere bittersten Feinde“ sind. Jesus sagte, dass am Tag des Jüngsten Gerichts selbst Städte wie Tyrus und Sidon besser wegkämen als die Städte, die seine Wunder gesehen und nicht geglaubt hätten (Matthäus 11,20–24). Er gab ihnen zu verstehen: „Selbst die schlechtesten Menschen, die ihr zu kennen meint – selbst die, die ihr für den untersten Abschaum haltet –, hätten Buße getan, wenn sie die Wunder gesehen hätten, die ihr erlebt habt.“

Diese Frau wurde von den Jüngern also als Ausgestoßene betrachtet. Sie gehörte zu den geistlich am niedrigsten stehenden Menschen, die sie kannten. Ihr Volk zählte zu den Feinden der Juden.

Aber die Frau kommt mit dem klassischen Ruf eines Bettlers zu Jesus: „Hab Erbarmen mit mir.“ Sie demütigt sich selbst. Sie fügt noch einen Titel hinzu: „Herr.“ (Das griechische Wort *kyrios* kann „Herr“ oder „Meister“ bedeuten. Sie wiederholt diesen Titel im Laufe der Begegnung noch zweimal.) Sie nennt Jesus „Sohn Davids“, also weiß sie etwas über das Judentum. Sie erweist ihm tiefen Respekt. Ihre Verzweiflung veranlasst sie dazu, Grenzen zu überschreiten, die Volkszugehörigkeit und Geschlecht setzen und die in jenen Tagen nicht einfach so überschritten werden konnten.

Jesus sagt zunächst kein einziges Wort. Die Tochter dieser Frau leidet schrecklich, diese tritt voller Demut und Ehrerbietung an Jesus heran, und er tut so, als ob er sie nicht hören würde. Er reagiert mit offenkundigem Schweigen, mit Desinteresse und Ablehnung.

(Achten Sie darauf, dass Jesus diese Tatsache nicht zu verschleiern versucht. Er richtet unsere Aufmerksamkeit bewusst darauf. Matthäus weiß etwas, das wir noch nicht wissen. Er weiß, dass dies ein Test ist. Er weiß, wie diese Geschichte ausgehen wird. Aber erst einmal möchte er, dass wir uns darüber Gedanken machen, was Jesus hier wohl im Schilde führt.)

Die Frau hätte an diesem Punkt weggehen können. Sie muss sich entscheiden: „Wie wichtig ist es mir, dass meine Tochter gesund wird? Wie viel Vertrauen bin ich bereit, in diesen Mann zu investieren?"

Dies ist Teil 1 der Prüfung für die kanaanitische Frau. Aber nun wollen wir unsere Aufmerksamkeit den Jüngern zuwenden.

Jesus unterzieht auch seine Jünger einem Test. Sie sind nicht überrascht darüber, dass Jesus nicht mit dieser Frau spricht. Welcher Rabbi würde das schon tun? Aus dieser Zeit stammt ein rabbinisches Sprichwort, das übersetzt folgendermaßen lautet:

„Wer mit Frauen spricht, bringt Schlechtes über sich,
vernachlässigt das Studium des Gesetzes,
und am Ende wird er in der Hölle landen."

Jesus ignoriert diese Frau also bewusst und beobachtet die Jünger, um zu sehen, was sie tun. Werden sie es verstehen? Können sie sehen, worauf er hinaus will?

Sie reagieren heftig, und sie sind sich ziemlich sicher, dass ihre Worte seine Zustimmung finden: „Sieh zu, dass du sie loswirst, sie schreit ja hinter uns her."

Das „uns" ist ein wenig hochtrabend. Schließlich hatte die Frau bisher noch nichts zu den Jüngern gesagt. Aber sie schließen sich großzügig in Jesu Vollmacht und Dienst mit ein: „Sie stört uns! Wir sind hier im Norden, um uns ein bisschen zu erholen, und alle paar Meter will jemand etwas von uns. Schick sie weg."

Wir erinnern uns an die Begebenheit, bei der Kinder versuchten, zu Jesus zu kommen. Vielleicht erinnern Sie sich noch an die Reaktion der Jünger: „Als die Jünger es sahen, fuhren sie die Leute an und wollten sie wegschicken" (Lukas 18,15). Die Jünger dachten, sie wüssten ziemlich genau darüber Bescheid, welchen Menschen Jesus Zeit widmen wollte und welchen nicht. Sie wussten, wer zum inneren Kreis gehörte, und wollten nicht noch jemanden darin aufnehmen. Sie hatten ihre persönliche Berliner Mauer errichtet, um die Passagiere der Ersten Klasse von der Touristenklasse zu trennen; und sie wollten dem „Feind" nicht erlauben, über die Mauer zu klettern. Sie konnten sich nicht einmal im Traum vorstellen, dass die Tage der Mauer gezählt waren.

„Da ist etwas, das Mauern nicht mag, das sie einreißen möchte." So lautet eine zentrale Zeile aus dem Gedicht *The Mending Wall* („Die geflickte Mauer") von Robert Frost. In diesem Gedicht wird von einem Bauer berichtet, der im Frühjahr mit seinem Nachbarn loszieht, um die Grenzlinie zwischen ihren Grundstücken abzuschreiten. Jedes Frühjahr finden sie dieselbe Situation vor: Die Steinmauer, die im letzten Jahr aufgerichtet dastand, ist ein wenig gebröckelt; Steine sind heruntergefallen; der Zaun ist stellenweise eingefallen. Vielleicht sind Wind und Wetter daran schuld. Vielleicht ist es ein Mysterium. Jedes Jahr richten sie aber die Mauer wieder auf, die sie voneinander trennt, und bis zum nächsten Frühjahr wird sie wieder baufällig. „Da ist etwas, das Mauern nicht mag, das sie einreißen möchte." Der andere Bauer aber möchte die Mauer an dieser Stelle haben: „Gute Zäune machen gute Nachbarn", sagt er.

„Frühling ist der Unruhestifter in mir", schreibt Frost, und er fragt sich, ob es wirklich stimmt, dass gute Zäune gute Nachbarn machen. Vielleicht geht es im Leben um mehr als darum, Menschen durch Mauern und Zäune auszuschließen.

„Bevor ich eine Mauer errichte, möchte ich fragen,
was ich mit dieser Mauer einschließe oder ausschließe
und wen ich damit angreifen möchte."

Das einzige von Menschen erschaffene Bauwerk, das vom Mond aus zu erkennen ist, ist ebenfalls eine Mauer – die Chinesische Mauer.

Seit Kain und Abel errichten die Menschen Mauern. Das beginnt auf dem Rücksitz von voll gestopften Autos, wenn Geschwister sich zanken: „Du bleibst besser auf deiner Seite." Mauern stehen zwischen Ehepartnern, zwischen Arbeitskollegen, zwischen Denominationen, Kulturen, Volksgruppen und Ländern. Es stand eine Mauer zwischen einer verzweifelten heidnischen Frau und zwölf sich selbst zu wichtig nehmenden Jüngern. Der Apostel Paulus nannte diese Mauer „die trennende Wand der Feindschaft" (Epheser 2,14; Einheitsübersetzung). Sie stand da, solange man denken konnte. Und sie sah so aus, als ob sie für immer halten würde.

Aber da ist etwas, das keine Mauern mag, das sie einreißen möchte.

Einer der am tiefsten verwurzelten, aber am häufigsten missverstandenen Wesenszüge Gottes ist sein Wunsch, jeden in seine Gemeinschaft aufzunehmen, der ihn aufnimmt. Philip Yancey schreibt in „Gnade ist nicht nur ein Wort", dass er die alttestamentlichen Lehren darüber, was man essen durfte und was unrein war, mit folgendem Satz zusammenfassen würde: „Kein Platz für komische Typen."[6] Keine Hummer auf dem Speiseplan; keine fehlerhaften Lämmer auf dem Altar; keine menstruierenden Frauen im Lager. Dahinter verbarg sich ein wichtiges Prinzip, aber im Laufe der Zeit wurde es zur Grundlage dafür umfunktioniert, dass man „komische" Menschen ausschließen durfte. Gemeinschaften neigen alle dazu, mit der Zeit exklusiv zu werden. Diese Regel gab den Jüngern die Gewissheit, dass die Frau, die Jesus belästigte, abgewiesen werden musste: „Kein Platz für komische Typen!"

Als Jesus kam, schreibt Yancey, ersetzte er das alte Gesetz durch ein neues Gesetz der Gnade: „Wir sind alle komische Typen, doch Gott liebt uns trotzdem."

Der Wunsch, es in den inneren Kreis zu schaffen, ist von Natur aus unstillbar. Sie werden nie Erfolg haben. Doch wenn es darum geht, dass Sie die Wahl treffen müssen, Menschen in Ihren Kreis aufzunehmen, können Sie kaum etwas falsch machen. Die anderen können Sie natürlich ablehnen. Aber alleine das Bemühen darum macht Ihr Herz weiter und erfreut Gott.

Ich unterhielt mich vor kurzem mit einem alten Freund über die Dinge, die wir an unserem Leben bedauern. Was er als Erstes nannte, machte mich sehr betroffen. Als wir in der Highschool waren, wurde er zu einem Turnabout (dem klassischen Tanzabend, zu dem die Mädchen die Jungen einladen) von einem Mädchen eingeladen, das nicht zum inneren Zirkel gehörte und auch nicht zu den nächsten Kreisen, die sich um den inneren Zirkel gruppierten. Sie war klug, begabt und verstand viel von Kunst, aber aus irgendeinem unerfindlichen Grund war sie in den äußeren Gefilden der Highschool-Kasten angesiedelt. Sie war irgendwie anders. Mein Freund lehnte die Einladung ab, zwar so nett er konnte, aber doch entschieden. In Wahrheit hatte er Angst davor, was die anderen denken würden. Es hätte ja so aussehen können, als sei er doch noch weiter vom inneren Ring entfernt, als er sein wollte.

„Ich hätte mit ihr gehen können und es hätte ein toller Abend werden können", sagte mein Freund. „Ich hätte das ganze dumme System, wer ‚in' ist und wer ‚out', einfach ignorieren sollen, statt zuzulassen, dass es so viel Macht über mein Leben hat. Wenn ich die Highschool-Zeit noch mal erleben könnte, würde ich zu diesem Tanz gehen."

Es gibt immer Menschen in Ihrem Umfeld, die sich ausgeschlossen fühlen, wie eine Maus, die kein Mauseloch hat.

Vielleicht ist es jemand an Ihrem Arbeitsplatz, dem nicht viele Leute ihre Aufmerksamkeit schenken. Vielleicht ist es eine Witwe in der Nachbarschaft, die nicht viele Besuche bekommt. Vielleicht steht zwischen Ihnen und Menschen mit einer anderen Hautfarbe eine Mauer. Sie sind vielleicht nicht für diese Mauer verantwortlich, aber Sie haben auch nichts getan, um sie einzureißen. Sie könnten anfangen, eine Freundschaft zu einem Menschen aufzubauen, der anders ist als Sie. Sie könnten die Einladung zum Tanz annehmen.

Der Test, zweiter Teil

Jesus geht zum zweiten Teil der Prüfung über. Seine nächsten Worte richten sich an seine Jünger und stellen eine Reaktion auf ihre Frage dar. Jesus sagt: „Ich bin nur zum Volk Israel, dieser Herde von verlorenen Schafen, gesandt worden."

Warum sagt Jesus so etwas? Bei vielen anderen Gelegenheiten macht er sehr deutlich, dass er für die ganze Welt gekommen ist; er will nicht zulassen, dass irgendjemand verloren geht (vgl. auch 2. Petrus 3,9).

An einer früheren Stelle zitiert Matthäus Jesu Aussage, dass „viele aus dem Osten und aus dem Westen in das Reich Gottes kommen werden". Das war der Code für „Heiden".

Warum sagt Jesus hier seinen Jüngern, dass er dieser Frau nicht antworten wird, wenn er kurz danach aber genau das tut?

Jesus stellt sie auf die Probe. Große Lehrer halten nicht nur Vorträge und vermitteln Informationen. Sie wissen, dass persönliche Erfahrung mehr wert ist als die reine Wissensvermittlung. Jesus hält seinen Jüngern also nicht einfach einen Vortrag über ihre selbstgefällige, andere ausgrenzende Haltung. Er versuchte es damit, nachdem die Jünger die Kinder weggescheucht hatten, und der Ansatz fruchtete nicht sonderlich gut.

Die Jünger brauchten etwas Nachhilfeunterricht.

Als ich in der ersten Klasse war, teilten die Lehrer die Schüler in Lesegruppen ein, je nachdem, wie gut sie lesen konnten. Sie gaben den Gruppen Vogelnamen, damit sich alle gleichwertig fühlen konnten, aber man wusste anhand der Vogelnamen immer, wie gut man war. Es gab die Adler, die Rotkehlchen und die Tauben. Und die Tauben lasen sicher nicht Tolstois „Krieg und Frieden".

Die Jünger wissen es natürlich nicht, aber sie befinden sich in der Tauben-Gruppe. Sie brauchen etwas, das stärker wirkt als ein Vortrag.

Also vermittelt ihnen Jesus den Anschein, dass er ihnen zustimmt. „Natürlich werde ich sie wegschicken. Ich bin zu Israel gesandt worden – zu Gottes Lieblingen! Wir haben keine Zeit für heidnische Frauen und Gesindel zweiter Wahl. Guter Einwurf, Leute. Ich werde sie wegschicken."

Aber Jesus schickt die Frau nicht weg.

Jesus wartet darauf, wie die Jünger reagieren. Wird ihm jemand widersprechen? Wird einer von ihnen verstehen, worauf er hinaus will?

Nein.

Alle nicken mit dem Kopf: „So ist es richtig. Schick sie weg!"

Gleichzeitig durchläuft auch die Frau Teil zwei ihres Tests.

Obwohl Jesus zu seinen Jüngern spricht und sich ihnen zuwendet, hört die Frau alles, was gesagt wird. Jesu Worte vermitteln ihr im Wesentlichen: „Du bist eine Außenseiterin. Ich bin der Sohn Davids. Du bist nicht Teil meines Auftrags. Warum sollte ich dir dienen?"

Ist ihre Sorge um ihr Kind so groß und ihr Vertrauen in Jesu Mitleid und Macht so fest, dass sie trotz der Hindernisse an ihrer Bitte festhalten wird? Selbst wenn er nicht bereit zu sein scheint, ihr zu helfen?

In ihren Gedanken kann sie deutlich die Schreie ihrer Tochter hören. Sie hat sonst niemanden, an den sie sich wenden kann, niemanden, zu dem sie gehen kann. Sie ist eine kleine Maus ohne Mauseloch.

Die Frau kniet sich auf den Boden, in einer Haltung der Ehrerbietung und Demut, und sagt einen einzigen Satz, den Schrei einer menschlichen Seele: „Herr, hilf mir!"

Sie versteht nicht alles. Aber sie nennt ihn immer noch „Herr".

Die Jünger beobachten sie. Nun wird die Spannung in ihnen immer größer, wie Jesus es vorausgesehen hat. Ihre Theologie sagt ihnen, dass diese Frau gemieden, zurückgewiesen, ignoriert und weggeschickt werden soll. Sie würden genau dasselbe sagen wie Jesus.

Und doch …

Etwas in ihnen ist tief bewegt. Dies ist der Schrei einer verzweifelten Mutter für eine geliebte Tochter, die sich körperlich und geistlich im Todeskampf befindet. Könnte Gott möglicherweise besser sein als ihre Theologie?

Diese Begegnung rührt an ihre Identität, an Vorurteile und an den Glauben an die eigene Überlegenheit, an die Frage, wen Gott wirklich liebt, an eine Exklusivität, die so stark in ihnen verwurzelt ist, dass sie nicht auf einmal ausgerissen werden kann.

Hier wird ein Same ausgestreut, der erst dann wirklich geerntet wird, als Petrus erlebt, wie der Heilige Geist auf einen Heiden namens Cornelius fällt, und schließlich sagt: „Wahrhaftig, jetzt begreife ich, dass Gott keine Unterschiede macht! Er liebt alle Menschen, ganz gleich, zu welchem Volk sie gehören, wenn sie ihn nur ernst nehmen und tun, was vor ihm recht ist“ (Apostelgeschichte 10,34–35).

Robert Putnam schreibt, dass Soziologen zwischen zwei Arten von Verbindungen unterscheiden: *Bonding* und *Bridging*. *Bonding* geschieht, wenn Menschen, die sich als ähnlich wahrnehmen, tiefere Bindungen eingehen; aber *Bridging* bezieht auch Menschen mit ein, die eher unterschiedlich sind. *Bonding* findet oft bei Menschen derselben ethnischen Gruppierung oder mit ähnlichem sozialen Status statt. *Bridging* dagegen richtet den Blick *per definitionem* „nach außen und schließt Menschen aller sozialen Schichten ein“[7].

Jesus ist der größte Brückenbauer, den die Welt jemals gesehen hat. Als die Kirche dies verstand, wurde sie zu einer Gemeinschaft, wie sie die Welt noch nie gesehen hatte.

Die Jünger aber verstehen es noch nicht, also spricht Jesus weiter. Er sprach zu den Jüngern, und wir erfahren nicht, ob er sich umdreht. Stellen Sie sich also vor, dass Jesus diese nächsten Worte sagt und dabei – wie ich denke – immer noch auf seine Jünger schaut, immer noch ihre Mienen betrachtet, sie immer noch prüft: „Es ist nicht recht, den Kindern das Brot wegzunehmen und es den Hunden vorzuwerfen.“

Die Bedeutung ist klar. Das Wort „Kinder“ steht für Israel. „Hunde“ waren die Heiden – einschließlich dieser Frau.

Zu jener Zeit sind Hunde im Nahen Osten verachtete Tiere. Sie fressen Aas und Abfall und gelten als fast so unrein wie Schweine. Jesus zwingt seine Jünger, sich selbst in die Augen zu sehen.

Im Prinzip sagt Jesus zu ihnen: „Ihr wollt, dass ich diese Frau loswerde? Meinen Dienst auf Israel beschränke? Okay. Ich werde tun, um was ihr mich bittet. Aber vorher nehmt euch noch einen Augenblick Zeit, um sie anzusehen. Hört auch auf die Schreie ihrer Tochter."

Jesus verleiht ihrer Theologie seine Stimme. Es ist eine Sache, jemanden hinter dessen Rücken zu verachten. Es ist eine andere Sache, wenn man hört, wie hässlich es klingt, wenn die eigenen Gedanken und Gefühle laut gegenüber einem realen Menschen ausgesprochen werden.

Die Prüfung besteht darin, ob sich jemand für diese Frau einsetzen wird. Wird einer von ihnen ihr Zuneigung und Mitgefühl entgegenbringen?

Nein. Kein Einziger. Nicht an diesem Tag.

Damit ist der Test für die Jünger beendet. In der Zukunft warten andere Tests auf sie und diese werden sie besser bestehen. Sie lernen noch.

Aber nicht an diesem Tag.

Warum dauert es so lange? Wenn man Sünde als Ausschlusskriterium betrachtet, versteht man den Kern der Botschaft Jesu leichter. Volf sagt, dass „Jesus als Sünde bezeichnet, was sonst als Tugend durchgeht, besonders in religiösen Kreisen"[8]. Die religiösen Führer zur Zeit Jesu hielten ihre Weigerung, sich mit Menschen einzulassen, die nicht nach ihren religiösen Maßstäben lebten, für den höchsten Beweis ihrer Hingabe an Gott. Der Gerechte musste sich von den Ausgestoßenen fern halten. Je geistlicher man zu sein versuchte, desto größer wurde die Kategorie der Ausgeschlossenen: Menschen wurden wegen ihrer Volkszugehörigkeit (Heiden) ausgeschlossen, wegen ihres Geschlechts (Frauen), wegen körperlicher Probleme (Leprakranke) oder weil sie so genannten verachtenswerten Geschäften nachgingen (hier war die Liste der Rabbis sehr lang und reichte von Zöllnern über Mistsammler bis zu Taubenzüchtern). Die Ausgeschlossenen galten als unrein, und wenn man mit ihnen in Berührung kam, verunreinigten sie auch die Gerechten. Und diese wiederum glaubten, dass geistliche Reife im Wesentlichen darin bestand, Menschen auszuschließen.

Jesus, der ohne Sünde und unschuldig war, nahm die Ausgestoßenen dennoch an. Er duldete Sünde nicht, aber er machte klar, wo unfaire Etiketten Menschen zu Ausgestoßenen machten, und bot denen, die wirklich in Sünde gefallen waren, die Möglichkeit der Erlösung an. Er suchte die Begegnung mit den Ausgeschlossenen; er sprach mit ihnen, er berührte sie, er aß mit ihnen, er liebte sie. „Indem er die Ausgestoßenen annahm“, schreibt Volf, „unterstrich Jesus die Sündhaftigkeit der Menschen und Systeme, die sie ausgestoßen hatten.“[9]

Wenn Menschen Jesus wirklich nachfolgen, werden sie erkennen, dass auch sie zu Menschen werden, die andere annehmen.

Das größte Geschenk

In Paradise, einer Stadt in Kalifornien, lebte ein junger Mann namens John Gilbert. Ich spreche von ihm gerne als einem Freund von mir, auch wenn wir uns nie begegnet sind; aber ich stehe mit seiner Familie in regem Briefkontakt. Als John fünf Jahre alt war, diagnostizierte man bei ihm eine besondere Form von Muskelschwund. Es handelte sich um eine genetisch bedingte, fortschreitende und grausame Krankheit. Man sagte ihm, dass diese Krankheit schließlich jeden Muskel zerstören und ihn schließlich in zehn oder mehr Jahren sein Leben kosten würde.

John starb vor kurzem im Alter von 25 Jahren. Am Ende seines Lebens brauchte er sogar zum Atmen die Hilfe von Maschinen. Er hatte nur noch genügend Kraft, um eine Computermaus mit seiner rechten Hand zu bewegen. Aber das tat er brillant. Er schickte mir ein Manuskript über die Geschichte seines Lebens, die zu den bewegendsten gehört, die ich je gelesen habe.

Jedes Jahr verlor John etwas. In einem Jahr war es die Fähigkeit zu rennen; er konnte mit den anderen Kindern keinen Sport mehr machen. In einem anderen Jahr verlor er die Fähigkeit, aufrecht zu gehen; so konnte er den anderen beim Spielen nur noch zuschauen. Schließlich verlor er die Fähigkeit zu sprechen.

John kannte den Schmerz des Ausgeschlossenseins. Er schrieb, dass die ersten Jahre in der Highschool – aber das überrascht wohl niemanden – vielleicht die schwerste Zeit seines Lebens waren.

Diese Jahre sind vermutlich für jeden die schwersten. Tony Campolo sagte einmal, dass die alte römisch-katholische Theologie Recht hatte: Es gab tatsächlich so etwas wie ein Fegefeuer. Es sind die ersten Jahre der Highschool, ein Ort zwischen Himmel und Hölle, wo man gezwungen wird, für seine Sünden zu leiden.

Aber was John erlebte, war viel schlimmer als alles, was sich die meisten von uns vorstellen können. Bestimmte Gruppen von Schülern demütigten ihn wegen seines Zustands und weil er einen abgerichteten Hund an seiner Seite mit in die Schule nehmen musste. Er besuchte in dieser Zeit einmal eine Tanzveranstaltung; es wurde eine Katastrophe und er wiederholte diese Erfahrung nicht noch einmal. Ein Rabauke drangsalierte ihn im Speisesaal, wo keine Lehrer Aufsicht führten, bis er schließlich Angst hatte, zur Schule zu gehen. Niemand machte sich für ihn stark; vielleicht, weil sie alle Angst um sich selbst hatten.

„Wie dumm wir sind!“, schreibt John. „Wir alle brauchen das Gefühl, angenommen zu sein, aber wir weisen andere permanent zurück.“

Aber es gab auch andere Augenblicke in Johns Leben. Er wurde zum Vertreter aller Betroffenen seiner Erkrankung in Kalifornien ernannt. Er wurde nach Sacramento geflogen und zusammen mit seiner Mutter zu einem privaten Treffen in das Büro des Gouverneurs geleitet. Der Gouverneur nahm ein großes Glas, das mit Bonbons gefüllt war, und forderte John auf, mit beiden Händen zuzugreifen. John blickte zu seiner Mutter, die ihm sagte, es sei in Ordnung, sich eines zu nehmen. Aber der Gouverneur entgegnete, er sei schließlich der Gouverneur und John solle tun, was er sagte. John stopfte sich die Taschen voll.

An diesem Abend sponserte die Nationale Football-Liga eine Auktion, um Spenden zu sammeln, und John war Gast. Die Spieler ließen ihn ihre riesigen *Super Bowl*-Ringe halten, die fast um Johns Handgelenke reichten.

Als die Auktion begann, fesselte ein Gegenstand Johns Aufmerksamkeit besonders: ein von den Profispielern der *Sacramento Kings* signierter Basketball. John ließ sich etwas mitreißen, denn als um Gebote für den Ball gebeten wurde, hob er seine Hand. Sobald seine Hand nach oben ging, hielt seine Mutter sie auf. Um es mit Johns Worten zu sagen: „Kein Astronaut hat jemals eine solche Erdanziehungskraft gespürt wie ich an diesem Abend."

Die Gebote für den Basketball stiegen auf eine riesige Summe – und das für einen Gegenstand, der nicht der wertvollste unter denen war, die zur Versteigerung standen. Schließlich nannte ein Mann eine Summe, die die Anwesenden schockierte und die niemand überbieten wollte.

Der Mann ging nach vorne und nahm seinen Gewinn an sich. Aber statt zu seinem Platz zurückzukehren, ging er durch den Raum und legte ihn in die schmalen, kleinen Hände des Jungen, der ihn so sehr bewundert hatte. Der Mann legte den Ball in Hände, die damit nie über ein Feld dribbeln würden, die ihn nie in einem schnellen Break zu einem Teammitglied passen würden, die ihn nie vom Drei-Meter-Punkt werfen würden. Aber diese Hände würden ihn wertschätzen.

John schreibt: „Ich brauchte einen Augenblick, bis ich realisierte, was er getan hatte. Ich erinnere mich, wie die Leute im ganzen Raum die Luft anhielten, dann hörte ich donnernden Applaus und sah tränennasse Augen. Bis heute staune ich darüber … Haben Sie schon einmal ein Geschenk bekommen, das Sie sich nie selbst hätten kaufen können? Hat jemand schon einmal eine riesige Summe für Sie investiert, ohne im Gegenzug etwas dafür zu bekommen, außer der Freude des Gebens?"

Es war ganz einfach: Jemand sah hin. Jemand machte sich Gedanken. Jemand handelte. Jemand gab.

Haben Sie kürzlich jemandem einen Basketball gekauft? Wann haben Sie zum letzten Mal bemerkt – *wirklich bemerkt* –, dass sich jemand ausgeschlossen, ganz alleine, ausgestoßen fühlt?

Ich hoffe, Sie schlagen sich bei diesem Test gut. Ich hoffe, Sie leben als Schüler Jesu und wollen besser von ihm lernen, wie man Menschen Liebe entgegenbringt.

Die Frau, die nicht aufgab

Kehren wir zu unserer Geschichte zurück. Jesus verwendet harte Worte über Hunde, um die Jünger mit sich selbst zu konfrontieren. Gleichzeitig mildert er seine Worte für die Frau leicht ab. Es gibt zwei Worte für „Hund“, und Jesus verwendet den Begriff, den man für einen kleinen Hund gebraucht – ein Hündchen.

Die Szene hat einen ähnlichen Beigeschmack wie etwa folgende Begebenheit. Ein schwächlicher, kleiner Mann kommt in ein Café und lässt seinen schwächlichen, kleinen Hund, einen Mini-Pudel, vor der Tür. Ein riesiger, stark tätowierter Biker kommt herein – mustert den kleinen Mann und sagt: „Sie sollten lieber nachsehen, ob es Ihrem Witz von einem Hund noch gut geht. Ich habe meinen Deutschen Schäferhund draußen gelassen, und ich bezweifle, dass noch viel von Ihrem Hund übrig ist.“

Der kleine Mann geht nach draußen, kommt wieder herein und sagt zum Biker: „Ich weiß nicht, wie ich Ihnen das sagen soll, aber mein Hund hat Ihren Hund gerade umgebracht.“

„Unmöglich. Wie das?“

„Er ist Ihrem Hund im Hals stecken geblieben.“

Jesus spricht hier von einem kleinen Welpen, keinem Kampfhund. Er verwendet das Wort „Hund“ wegen seiner Jünger. „Ihr wollt, dass ich alle Heiden wie Hunde behandle? Hier, so sehen sie aus.“ Und dabei macht er die Hunde wegen der Frau zu Hündchen.

Dies ist für die Frau der härteste Teil des Tests. Wird sie weglaufen? Sie könnte es. Sie könnte beschließen, dass dieses merkwürdige Tauziehen die Mühe nicht lohnt, und aufgeben.

Wird sie Jesus ebenfalls beleidigen? Er und seine Jünger sind seit langer Zeit Feinde ihres Volkes. Sie könnte sich denken: *Was glaubt ihr eigentlich, wer ihr seid? Wie kommt ihr dazu, so mit mir zu reden?*

Oder ist ihre Liebe zu ihrer Tochter so stark, ist ihr Vertrauen in Jesu Macht zu heilen so groß, ist ihr Glaube an Jesu Mitleid so stark, ist ihre Hingabe an ihn als Herrn, Meister, *Kyrios* so unerschütterlich, dass sie sich nicht beirren lässt?

Die Reaktion der Frau ist unglaublich: „Gewiss, Herr“, sagt sie, wobei sie ihn zum dritten Mal „Herr“ nennt, „aber die Hunde bekommen doch wenigstens die Brocken, die vom Tisch ihrer Herren herunterfallen.“

Sie verwendet dieselbe Verkleinerungsform für das Wort „Hunde“ sowie ebenfalls eine Verkleinerungsform für das Wort

Brotreste: „Selbst die kleinen Hündchen bekommen die Brotkrümelchen, die vom Tisch ihrer Herren fallen."

Sie antwortet Jesus voller Mut, Gelassenheit und Witz. Der Dialog hat fast etwas Spielerisches an sich, als ob sie sich mit Jesus messen wolle.

Man spürt an ihr die Haltung: „Du bist immer noch mein Herr und Meister. Mach nur weiter und sieh zu, ob es dir gelingt, mich loszuwerden – ich kenne dein Herz. Ich werde nicht weggehen. Füttere nur deine Kinder. Aber ich denke, du hast sogar für mich noch ein paar Krümel übrig. Ich wette, dass du sie hast."

Die Frau gibt einfach nicht auf.

Ich muss immer an diese Frau denken, wenn ich unsere Nachbarn von gegenüber beobachte. Der Familienvater war immer ausgesprochen unauffällig. Er begegnete nie einem Fremden. Er war ein Heimwerker. Seit wir vor acht Jahren in unser Haus einzogen, war er nie ohne ein Projekt. Er lud uns immer wieder in sein Haus ein, um seine neuen Renovierungsarbeiten zu bewundern: als er den Kellerausbau beendet hatte, als er die Fußböden neu verlegt hatte, als er eine Mauer herausgeschlagen hatte, als er einen Erker angebaut hatte. Jedes Mal warf mir meine Frau einen Blick zu, der in etwa besagte: *Und was hast du mit deiner ganzen Zeit gemacht?*

An einem Montagmorgen im letzten Mai kamen die Rettungssanitäter in unsere Straße. Wir beobachteten, wie sie unseren Nachbarn im Krankenwagen wegfuhren. Ich fuhr mit seiner Frau ins Krankenhaus und saß mit ihr im Wartezimmer, als die Ärzte aus dem Operationssaal kamen und sagten, dass er es nicht geschafft hatte. Er war Anfang 40. Sie haben zwei Kinder, beide Teenager, beide leben noch zu Hause. Für diesen kleinen Haushalt begann nun die Belastungsprobe ihres Lebens. Ich bewundere die Entschlossenheit der Frau, wenn ich sehe, wie sie sich um ihren Haushalt kümmert, wie sie ihre Kinder erzieht, wie sie die Hoffnung nicht sinken lässt. Ich staune, wie der Zusammenhalt der Familie Kraft gibt.

Warum passiert so etwas? Ich weiß es nicht.

Ich weiß nur, dass letztlich jeder die Wahl hat zwischen Hoffnung und Verzweiflung. Jesus sagt: „Entscheide dich für die Hoffnung."

Werden Sie weitermachen, wenn Sie nicht wissen, warum? Wenn Sie nicht die Antworten bekommen, die den Schmerz vertreiben, werden Sie dann immer noch sagen: „Mein Herr", auch wenn Sie seine Wege nicht verstehen? Werden Sie weitergehen – mit aller Gelassenheit, mit allem Mut und allem Glauben, die Sie aufbringen können –, und werden Sie in der Hoffnung leben können, dass Gott eines Tages alles in die richtige Bahn lenken wird? Werden Sie darauf vertrauen, dass Gott gut ist?

Ich muss an Jakob denken, der eine ganze Nacht lang mit einem Mann kämpfte und später erkannte, dass es Gott war (Genesis 32,26 ff.). Der Mann verkrüppelte Jakobs Hüfte und forderte diesen auf, ihn loszulassen, aber Jakob sagte: „Ich lasse dich nicht los, bevor du mich segnest."

Als der Mann sah, dass Jakob ihn nicht loslassen würde, segnete er ihn und gab ihm einen neuen Namen: Israel. „Denn du hast mit Gott und mit den Menschen gekämpft und hast gewonnen."

Warum kämpfte Gott mit Jakob? Warum segnete er ihn nicht einfach?

Ich kenne die Antwort auf diese Frage nicht. Ich vermute, dass es etwas mit der Tatsache zu tun hat, dass Gott die menschliche Eigenschaft schätzt, die diesen nicht aufgeben lässt.

Gott wünscht sich Menschen, deren Seele Größe zeigt – Menschen, die nicht aufgeben, die kämpfen, die durchhalten, sich weigern zu gehen und an Gottes Güte festhalten, auch wenn sie vieles noch nicht verstehen können.

Die Frau ist eine Fremde, eine Heidin, eine Feindin – aber Jesus gibt ihr den Namen „Israel": eine Frau, die mit Gott kämpft. Die Jünger Jesu staunen mit offenem Mund. Sie haben noch nie jemanden erlebt, der so großes Vertrauen in Jesus hat, oder jemanden, der aus Liebe zu einem anderen Menschen ein so großes Risiko eingeht.

Als diese Frau auf sie zukam, hielten sie sie für einen Menschen, der minderwertig war. Sie hielten es schon für einen Akt bemerkenswerter Herablassung, ihr überhaupt zuzuhören. Der Gedanke, dass sie ihnen etwas beibringen könnte, wäre ihnen nicht einmal in ihren kühnsten Träumen gekommen.

Aber sie bringt ihnen etwas bei. Es stellt sich heraus, dass sie den Jüngern in jeder Hinsicht überlegen ist. Sie beweist Jesus gegenüber eine rasche Auffassungsgabe, Demut und Vertrauen in einem Maß, das das der Jünger bei weitem überragt.

Das ist das Verrückte an einer Haltung, die andere ausschließt: Sie veranlasst uns zu glauben, dass wir Außenstehenden einen Gefallen erweisen, wenn wir uns dazu herablassen, uns mit ihnen abzugeben. Wir vergessen aber, dass diese Haltung diejenigen kennzeichnet, die am weitesten von der Gemeinschaft der Dreieinigkeit entfernt sind. Wenn wir andere ausschließen, verletzen wir nicht nur diejenigen, die dann draußen stehen; wir fügen unserer eigenen Seele weit mehr Schaden zu. Und wenn wir andere annehmen, sind wir diejenigen, die dabei das größte Geschenk empfangen. Eine Haltung, die andere ausschließt, verbannt uns in die äußersten aller Ringe. Letztlich sind die einzigen Menschen, die uns von der Gemeinschaft mit Gott ausschließen können, wir selbst.

Die Jünger blicken auf Jesus. Nun endlich wendet er sich von ihnen ab, um die kanaanitische Frau anzuschauen. Nun endlich setzt er seine Maske ab.

Einen Augenblick lang hat Jesus die Güte seines Herzens verborgen, weil er damit ein bestimmtes Ziel verfolgte. Nun hat er sein Ziel erreicht. Die Frau sieht sein Gesicht; sie spürt seine Liebe. Die Prüfung ist vorüber.

Der Zeitpunkt der Zeugnisvergabe ist gekommen.

Jesus sagt: „Frau“, aber im griechischen Text kommt zuerst ein kleines Wörtchen: „O Frau“.

Das Herz Jesu ist übervoll. Vielleicht auch seine Augen. Er wendet sich an die Frau und drückt ihr seine Bewunderung aus: „Wow! O Frau, du hast großes Vertrauen!“

Das griechische Wort für „groß“, das Jesus hier verwendet, kommt heute in Worten wie „Megastore“ und „Megagemeinde“

vor. Jesus sagt also im Grunde, dass diese heidnische Frau einen Megaglauben hat.

Aber für seine Jünger verwendet er ein anderes Wort. Als Petrus einige Zeit vorher bei einer Prüfung auf dem See Genezareth versagt hatte, hatte er zu ihm gesagt: „Du Kleingläubiger“ (Matthäus 14,31).

Der Glaube der Frau – der Glaube einer Person, die sie für ihren Feind und ihnen unterlegen gehalten hatten – bekommt stattdessen das höchste Lob, das der Eine, dem sie so unbedingt nachfolgen wollen, zu vergeben hat.

Es stellt sich heraus, dass sie in der Tauben-Gruppe sind – obwohl sie dachten, dass sie sich im exklusiven innersten Kreis befänden. Und sie – eine heidnische, fremde Frau – gehört zu den Adlern.

Die Frau versteht, was sie nicht verstehen: dass die erstrebenswerteste Gemeinschaft im ganzen Universum letztlich die demütigste und am wenigsten exklusive ist. Der Vater, der Sohn und der Heilige Geist haben festgelegt, dass der Kreis der Liebe, zu dem sie seit aller Ewigkeit gehören, grenzenlos ist und absolut allen gilt. Der Kreis ist noch nicht voll. Sie laden alle ein, die zu ihnen gehören wollen. Niemand muss draußen bleiben – nur derjenige, der sich weigert einzutreten.

Tanzen lernen

1. Wann haben Sie sich in Ihrem Leben besonders ausgeschlossen gefühlt?

2. Wann haben Sie zum ersten Mal bemerkt, dass es in Ihrer Schule oder an Ihrem Arbeitsplatz einen „inneren Ring“ gibt/gab?

3. Empfinden Sie Bedauern darüber, dass Sie in der Vergangenheit Menschen ausgeschlossen haben? Was würden Sie heute anders machen?

4. Was ist die eigentliche Ursache dafür, wenn Sie das Bedürfnis haben, Menschen auszuschließen? Angst, Stolz, Unwissenheit, der Wunsch, sich überlegen zu fühlen?

5. Robert Putnam spricht über den Unterschied zwischen *Bridging* und *Bonding*. Betätigen Sie sich als Brückenbauer? Wo könnten Sie es versuchen?

6. Viele Zeitgenossen Jesu glaubten, dass geistliche Reife im Wesentlichen bedeutete, andere Menschen auszuschließen. Wie könnte dieser Gedanke entstanden sein?

7. Wie können Sie mit einem Menschen nicht einer Meinung sein und ihn trotzdem nicht ausschließen?

8. Halten Sie nach Menschen Ausschau, die sich ausgeschlossen fühlen. Überlegen Sie sich Möglichkeiten, wie Sie sie einbeziehen können.

Kapitel 11

Das Geheimnis eines liebenden Herzens: Dankbarkeit

„Was nützen uns die größte Erleuchtung und göttliche Offenbarung, wenn wir nicht lieben?"
Jean Pierre de Caussade[1]

Ein Mann stöbert in einem kleinen Antiquitätengeschäft in San Francisco. Der Laden ist überwiegend mit Nippes und wertlosen Sachen voll gestellt. Aber auf dem Boden bemerkt der Mann etwas, das wie eine chinesische Vase aussieht. Als er sie genauer in Augenschein nimmt, stellt sich heraus, dass es sich um ein kostbares Stück aus der Ming-Dynastie handelt, das von unschätzbarem Wert ist. Sie ist mehr wert als alle Dinge in diesem Laden zusammen. Der Besitzer hat eindeutig keine Ahnung, welchen Wert dieses Stück hat, denn die Vase ist mit Milch gefüllt und die Katze trinkt daraus.

Der Mann sieht die Chance gekommen, das Geschäft seines Lebens zu machen. Er legt sich ganz schlau eine Methode zurecht, wie er die Vase zu einem Bruchteil ihres Wertes erwerben kann.

„Sie haben da eine ganz außergewöhnliche Katze", sagt er zu dem Besitzer. „Wie viel verlangen Sie dafür?"

„Oh, die Katze ist nicht zu verkaufen", sagt der Besitzer. „Sie hält den Laden von Mäusen frei."

„Ich muss sie unbedingt haben", entgegnet der Mann. „Wissen Sie was? Ich gebe Ihnen 100 Dollar für sie."

„Das ist sie eigentlich nicht wert", lacht der Besitzer, „aber wenn Sie sie unbedingt haben wollen, dann gehört sie Ihnen."

„Ich brauche noch etwas, um sie füttern zu können“, fährt der Mann fort. „Ich lege noch zehn Dollar drauf und nehme auch dieses Schälchen, aus dem sie trinkt.“

„Oh, das geht nicht. Dieses Schälchen ist tatsächlich eine antike chinesische Vase aus der Ming-Dynastie. Sie ist mein kostbarster Besitz und von unschätzbarem Wert. Aber das Witzige ist: Seit ich diese Vase habe, habe ich schon 17 Katzen verkauft.“

Die Fähigkeit, Menschen einen Wert beizumessen, gehört zu den seltensten und kostbarsten Gaben der Welt. Menschen, die intensiv in Gemeinschaft leben, lernen, den Wert anderer Menschen zu erkennen und zu äußern. Sie sind Meister darin, anderen ihre Liebe in Worten und Taten auszudrücken. Sie schreiben anderen hohen Wert und Bedeutung zu, indem sie sie als kostbare Geschenke sehen und behandeln. Sie erkennen, dass jeder Mensch nicht nur das Etikett „wie besehen" trägt, sondern ein weiteres von Gott beschriftetes Etikett: „Erschaffen nach meinem Bild. Das Leben meines Sohnes wert. Mein kostbarster Besitz von unschätzbarem Wert."

Das, was sie geben, lässt sich in einem Wort ausdrücken: Ehre.

Jede Subkultur hat ihre eigenen Regeln, die bestimmen, wie sie Menschen Wertschätzung zeigt. Bei Kindern kann es die schüchterne Frage sein: „Kommst du mit nach draußen zum Spielen?“ Für Jungen in der Unterstufe beinhaltet die Sprache der Zuneigung – gewissermaßen in Form eines umgekehrten soziologischen Experimentes – in der Regel Prügeleien, Ringkämpfe und die Suche nach dem schlimmsten Schimpfwort. Wenn wir älter werden, verfeinert sich unsere Ausdrucksweise wieder, aber die Dynamik bleibt dieselbe.

Jede Gesellschaft wählt sich Formen, wie man Menschen willkommen heißt und als Gast behandelt, wie man die Menschen ehrt und wertschätzt, die einem lieb sind, oder wie man diejenigen ignoriert und verletzt, die man weniger achtet. Vor diesem Hintergrund erschließt sich uns eine der großartigen Begegnungen zwischen Jesus und einer Person mit „Wie besehen“-Etikett.

Etikette: Damals und heute

Schauen wir einen Augenblick, wie es in unserem Jahrhundert mit der Etikette steht, und gehen wir dann zurück in biblische Zeiten. Überprüfen Sie sich selbst mit diesem kleinen Etikette-Test.

1. Wann fängt man bei einem formellen Abendessen an, den Hauptgang zu essen?
   a) Nachdem die Gastgeberin sich bedient hat.
   b) Nachdem die Gastgeberin die Gabel in die Hand genommen hat.
   c) Wenn drei oder vier Personen ihr Essen haben.
   d) So schnell wie möglich, hastig und voller Begeisterung.

2. Was macht man, wenn man bei einem formellen Essen nach dem Hauptgang immer noch Hunger hat?
   a) Man bittet um eine zweite Portion.
   b) Man fragt mit wehleidiger Stimme: „War das alles?“
   c) Man schreit: „Schauen Sie mal da!“ und nimmt sich etwas vom Teller des Nachbarn, während dieser abgelenkt ist.
   d) Man ruft heimlich den Pizzaservice an.

3. Wie reagiert man korrekt, wenn das Handy während des Gottesdienstes klingelt?
   a) Man schleudert es schnell nach vorne und deutet voller Abscheu auf die vor einem sitzende Person.
   b) Man brüllt: „Halleluja“, bis es aufhört zu klingeln (nur für Charismatiker).
   c) Man gibt mehr als gewöhnlich in die Kollekte.
   d) Man nimmt den Anruf entgegen, ruft: „Mein Baby!“, und rennt aus dem Raum. (Diese Lösung funktioniert nur, wenn man kleine Kinder hat.)

Zur Zeit Jesu waren die Regeln anders, aber die Dynamik war dieselbe. Kenneth Bailey schreibt darüber in *Through Peasant Eyes*, einem Kommentar zum Lukas-Evangelium.[2]

Eines Tages kommt Jesus zum Essen in das Haus eines der religiösen Führer (Lukas 7,36–50). Lukas weist uns darauf hin, dass Jesus eingeladen wurde, da er als durchreisender Rabbi als Ehrengast behandelt wurde. Dabei galten bestimmte Regeln.

Die übliche Begrüßung war ein Kuss. Dieser Kuss war nicht notwendigerweise Ausdruck von Zuneigung; er war lediglich eine höfliche Geste bei der Ankunft des Gastes. Der Kuss konnte unterschiedliche Formen annehmen, abhängig davon, welchen sozialen Status die beteiligten Personen hatten. Wenn der Gast eine Person von gleicher sozialer Stellung war, erfolgte der Kuss auf die Wange. Wenn ein Kind seine Eltern oder ein Schüler seinen Rabbi grüßte, war ein Kuss auf die Hand die Regel. (Im Garten von Getsemani küsste Judas seinen Rabbi Jesus auf die Hand. Das ist einer der Gründe, warum Judas' Verrat so schmerzhaft ist. Die Hand zu küssen war ein Ausdruck der Loyalität eines Schülers gegenüber seinem Lehrer; Judas missbrauchte diese Geste und verspottete und verriet Jesus damit.)

Dieses Ritual auszulassen war gleichbedeutend damit, jemanden zu ignorieren. Um es in unsere Kultur zu übertragen: Stellen Sie sich vor, Sie treffen bei jemandem ein, der Sie zum Essen eingeladen hat. Die Tür steht offen, also gehen Sie davon aus, dass Sie eintreten können, aber die gesamte Familie sitzt vor dem Fernseher, wendet den Blick nicht davon ab, schaut Sie nicht an und begrüßt Sie nicht. Gegenüber einem zufällig vorbeikommenden Gast ist das unhöflich; gegenüber einem geladenen Gast aber eine bewusste Beleidigung.

Vor einer Mahlzeit war darüber hinaus das Waschen der Füße obligatorisch. Wenn der Gast einen hohen Status hatte, übernahm der Gastgeber diese Pflicht selbst. Wenn nicht, überließ er diese Aufgabe einem Diener. Ein besonders fauler oder arroganter Gastgeber konnte seinem Gast einfach etwas Wasser geben und erwarten, dass dieser sich die Füße selbst wusch, aber das war schon an der Grenze zur Beleidigung – etwa so, als ob man die Gäste dazu auffordern würde, nach dem Essen ihr Geschirr selbst zu spülen.

Ein aufmerksamer Gastgeber gab seinen Gästen etwas Olivenöl zum Einreiben, auch wenn diese Geste nicht Pflicht war. In einer Welt, in der es übermäßig heiß war, aber leider die Deodorants noch nicht erfunden worden waren, war diese Geste besonders erfrischend.

In dieser Geschichte kommt Jesus als Gast in ein Haus und bekommt nichts. Er ist kein unbekannter Zimmermann mehr. Er ist inzwischen ein bekannter Lehrer, der viele Menschen anzieht, und zwar nicht nur aus seinem eigenen Land, sondern auch aus Städten wie Tyros und Sidon. Doch im Haus des Simon erwartet ihn keine Begrüßung, kein Wasser für die Füße, kein Öl für die Hände.

Das sind keine kleinen Versäumnisse, über die man hinwegsehen könnte. Das ist ein bewusster Schlag ins Gesicht. Alle Anwesenden wissen es. Bailey schreibt: „Jesus wird bewusst beleidigt, wodurch die Atmosphäre unter den versammelten Gästen spannungsgeladen ist. Der Krieg ist erklärt und nun warten alle auf die Reaktion Jesu.“[3] Die Spannung im Raum ist mit den Händen greifbar.

Überwältigt von Liebe

Solche Festessen sind öffentliche Veranstaltungen. Jeder konnte in den Hof der Reichen kommen, zuschauen und zuhören.

Eine Frau ist ebenfalls anwesend. Sie ist eine Prostituierte und auch als solche im Ort bekannt.

Sie hat die Lehren Jesu gehört, vielleicht sogar an diesem Tag. Irgendetwas an ihm berührt sie tief in ihrem Herzen. Sie fragt sich vielleicht, wie sie zu dem geworden ist, was sie ist. Niemand legt es darauf an, Prostituierte zu werden.

Irgendwann war diese Frau einmal das Kind von jemandem – das Objekt mütterlicher Hoffnungen und Träume. Vielleicht hat ihr Ehemann sie verstoßen, und dies war die einzige Möglichkeit, wie sie finanziell überleben konnte. Vielleicht hat sich ihr Herz verhärtet, und das war einfach der leichteste Weg, um an viel Geld zu kommen. Prostituierte waren jedoch in der Regel Sklavinnen, die im Krieg erbeutet oder als Kinder verstoßen wurden, um dann großgezogen zu werden und in das Geschäft mit dem Sex einzusteigen. Möglicherweise wurde diese Frau also auch von ihren Eltern in die Sklaverei verkauft. Sie trägt in sich diese riesige Wunde der Ablehnung – vielleicht sogar der Ablehnung durch ihre Eltern. Mit Sicherheit erfährt sie als erwachsene Frau Ablehnung. Kein anständiger Mensch wird mit ihr sprechen, sie willkommen heißen oder sie grüßen. Die Türen öffnen sich nur bei Nacht für sie, und dann heimlich und voller Scham. Eines ist sicher: Diese Frau weiß, was es bedeutet, verachtet und unwillkommen zu sein.

Als die Frau die Lehren Jesu hört, kommt ihr der Gedanke, dass sie – trotz ihres Lebensstils, trotz ihrer Sünde – von Gott geliebt wird. Er denkt an sie und liebt sie, als ob sie seine Tochter sei. Sie ist wertgeschätzt. Es ist nicht zu spät – auch nicht für sie.

Sie hört, dass Jesus bei diesem Essen anwesend sein wird. Natürlich würde man *sie* auch in einer Million Jahre nicht einladen. Sie nimmt ihren ganzen Mut zusammen und kommt in den Hof. Sie ist überwältigt von dem Gedanken an Gottes Liebe.

Sie sieht, wie Jesus von Simon behandelt wird. Sie beobachtet, wie derjenige, der ihr neues Leben geschenkt hat, ignoriert und beleidigt wird. Die anwesende Menschenmenge wartet nur darauf, dass Jesus ein paar gezwungene Bemerkungen darüber macht, dass er unwillkommen sei, und sich dann beleidigt davonmacht. Aber das tut er nicht. Er nimmt diese Demütigung ohne Protest hin. Niemand stellt sich auf seine Seite; niemand setzt sich für ihn ein.

Doch diese Frau kann es nicht ertragen. Ihre Liebe, ihre Hingabe und ihre Wut drängen an die Oberfläche.

Was kann sie tun?

Sie kann nicht diejenige sein, die ihm den Begrüßungskuss gibt. Das wäre anmaßend. Man denke nur, wie die Gäste an der Tafel dies interpretieren würden!

Dann kommt ihr spontan ein Gedanke: Sie kann Jesus die Füße küssen. Jemandem die Füße zu waschen war ein Akt der Erniedrigung; jemandem die Füße zu küssen war ein Akt äußerster Demut. Sie entschließt sich zu handeln – und zwar schnell, bevor sie die Nerven verliert.

Stellen Sie sich das Drama vor. Jesus legt sich auf ein Kissen, wobei seine Füße vom Tisch wegzeigen. Plötzlich steht eine Frau zu seinen Füßen, die vom Hof aus zugesehen hat und eindeutig nicht zu den geladenen Gästen gehört. Alle schauen wie gebannt.

Sie kniet sich hin, um ihm die Füße zu küssen, damit ihn jemand begrüßt, ihm jemand die Ehre erweist. Sie kauert dort – wie lange? –, und dann, in einem Augenblick verzweifelten Mutes, wagt sie es, in sein Gesicht zu schauen. Sie hat schon vor Jahren aufgehört, anderen Menschen ins Gesicht zu sehen, denn dort sieht sie immer nur Begierde oder Verachtung. Aber sie blickt in Jesu Gesicht. Und statt Verurteilung, Spott oder Verlegenheit zu sehen, sieht sie Liebe.

Sie hat diesen Blick seit langem nicht mehr in den Augen eines Mannes gesehen. Wenn überhaupt. Und nun sieht sie ihn in den Augen des besten Menschen, den sie je kannte. Er liebt sie. Nicht als Objekt, sondern als Tochter. Nicht als Ware, sondern als Freundin. Nicht im Schatten, sondern im Licht.

Tränen steigen ihr in die Augen – erst nur ein paar, dann mehr. Und dann strömen sie ihr übers Gesicht.

Tränen der Trauer über das, was sie getan hat.

Tränen der Dankbarkeit, weil Jesus Vergebung anbietet.

Tränen der Freude, weil nun ein neues Leben vor ihr liegt. Die Augen Jesu werden für sie zu einem Spiegel, in dem sie die Möglichkeit sieht, eine neue Frau zu werden. Sie kann neu anfangen.

Jesu Füße, von Simon nicht gewaschen, sind nun nass von ihren Tränen.

Die Frau macht sich Gedanken darüber, wie sie diese Füße wieder trocknen kann. Es hat keinen Sinn, um ein Handtuch zu bitten, weil Simon ihr keines geben würde. Spontan lässt sie ihr Haar herunter.

Dies ist ein weiterer schockierender Verstoß gegen die Etikette. Eine Frau trägt ihr Haar in der Öffentlichkeit immer aufgesteckt. Sie lässt es in Gegenwart von Männern nie offen; es gilt als zu provokativ, als dass die Männer damit umgehen könnten. Wenn eine verheiratete Frau vor einem anderen Mann als ihrem Ehemann die Haare offen trug, galt dies als Scheidungsgrund.

Alle Zuschauer wissen, wie sie ihren Lebensunterhalt verdient. Die Frau hat ihre Haare viele Male zuvor heruntergelassen, bei vielen Männern. Aber nun tut sie es ein letztes Mal. Dieses Mal macht sie es richtig. Mit ihren Haaren trocknet sie Jesu Füße.

Sie hat auch ein Alabastergefäß voller Öl bei sich – vermutlich einen Flakon, den sie um den Hals trug und als Parfüm verwendete. Wegen ihres Berufes ist diese Flasche ziemlich wichtig. In einer Gegend, die für ihre Hygiene nicht unbedingt berühmt ist, macht ihr der Gebrauch von Parfüm ihre Arbeit erträglicher.

Aber sie leert die Flasche. Dies ist ein Akt von großer Bedeutung. Sie wird sie nicht mehr brauchen. Sie schüttet ihr altes Leben weg. Sie weiß, dass sie Jesu Kopf nicht salben kann, weil das ungebührlich wäre. Sie ist eine Sünderin, er ist ein heiliger Mann. Also gießt sie das Öl über Jesu Füße.

Sie bedeckt sie über und über mit Küssen.

Sie wurde von seiner reinen Güte so zerbrochen und wiederhergestellt, dass sie völlig vergessen zu haben scheint, wer sie ist und wo sie ist, und ohne Scheu schüttet sie sich in grenzenloser Liebe und Dankbarkeit aus.

Die Geschichte von einem Geldhai und zwei Schuldnern

Simon schaut zu. Das Essen verläuft nicht ganz nach Plan. Interessanterweise berichtet uns Lukas nicht, warum Simon Jesus so schäbig behandelt. Vielleicht hat Simon vor, ihn völlig zu brüskieren. Vielleicht wollte er Jesus wirklich gerne als Gast in seinem Haus sehen, aber vor den ganzen anwesenden Leuten kann er sich nicht öffentlich mit diesem Rabbi verbrüdern. Vielleicht hat er Angst, seinen Ruf zu ruinieren. Was auch immer der Grund sein mag – er distanziert sich jedenfalls von diesem Rabbi. Augenfällig ist deshalb der Unterschied zwischen der Reaktion Simons und der der Frau auf die Situation, in der Jesus sich befindet.

Als Simon das Drama mit der Frau beobachtet, sagt er sich: „Jesus ist es wohl doch nicht. Wäre er ein Prophet, wüsste er, wer diese Frau ist. Dann würde er sich auf keinen Fall von ihr berühren lassen."

Aber Jesus weiß, wer diese Frau ist, und er weiß, wer Simon ist. Jesus fragt sich, ob es eine Möglichkeit gibt, Simon dazu zu bringen, den Wert dieses scheinbar wertlosen Objekts auf seinem Fußboden zu erkennen. Also erzählt er Simon eine kleine Geschichte (Lukas 7,41 ff.).

„Zwei Männer hatten Schulden bei einem Geldverleiher." An dieser Stelle wird das Wort „Geldverleiher" zum einzigen Mal im Neuen Testament verwendet. Es bezeichnet jemanden, der gegen hohe Zinsen Geld verleiht. Wer sich verschuldete, war zu jener Zeit nicht sehr angesehen, und Geldverleiher waren noch weniger geachtet. In unserer Zeit würde man die Geschichte vielleicht so beginnen: „Ich möchte euch eine Geschichte von zwei Spielern erzählen, die bis über den Kopf bei einem Buchmacher namens Schneller Eddie verschuldet waren."

Beide Männer schuldeten Geld und keiner von beiden konnte es zurückzahlen. Der einzige offensichtliche Unterschied zwischen ihnen bestand darin, dass einer höher verschuldet war als der andere. Der einzige *wirkliche* Unterschied bestand darin, dass der mit der höheren Schuld sich bewusst war, dass er sich in einer verzweifelten Lage befand.

Als sie nicht zahlen konnten, so erzählt Jesus, und sich darauf einstellten, alles zu verlieren und im besten Falle im Gefängnis zu landen, macht der Schnelle Eddie ihnen ein Angebot, dem sie nicht widerstehen können. Beiden wird die Schuld erlassen.

Nun, fragt Jesus Simon, bei wem steht jetzt wohl die Welt Kopf? Wer von beiden spürt größere Erleichterung, Freude, Dankbarkeit und Liebe für den, der ihm diese Schuld so gnädig erlassen hat? Der mit der kleinen Schuld oder der mit der großen Schuld?

Simon setzt zu einer Antwort an: „Ich vermute …" Die Antwort ist offensichtlich, aber Simon möchte es nicht zugeben. Er bewegt sich auf das Ende einer sehr kurzen Sackgasse zu, und das gefällt ihm überhaupt nicht, also tut er so, als ob er stark nachdenken müsse. „Ich vermute, der mit der großen Schuld."

Jesus entgegnet mit einer Portion Humor: „Du hast Recht." *Gebt dem Jungen eine Zigarre!*

Die Lehre Jesu steht in krassem Gegensatz zu unserem heutigen Denken. Wir sind der Auffassung, dass die Menschen am ehesten in der Lage sind zu lieben, die im Leben in der Regel alles richtig gemacht haben – gesunde Menschen mit einer gesunden Portion Selbstbewusstsein und nur wenigen Dingen, die sie bedauern. Normale Menschen.

„So etwas gibt es nicht, Schatz." Jesus sagt, dass die großen Liebenden diejenigen sind, die mit ihrer eigenen Zerbrochenheit konfrontiert und durch große Gnade wiederhergestellt worden sind.

Nun schließt sich eines der großartigsten Gespräche der ganzen Bibel an. Im Text steht, dass Jesus sich der Frau zuwendet, aber weiterhin zu Simon spricht. Die Dynamik dieser Begegnung hängt davon ab, dass man sich die Szene bildlich vorstellen kann, die Lukas hier so geschickt zeichnet. Nehmen Sie sich also einen Augenblick Zeit, um sich vorzustellen, was Jesus tut.

Bis zu diesem Moment fand das Gespräch zwischen Jesus und Simon statt. Nun spricht Jesus weiterhin zu Simon, aber sein Blick ist auf die Frau gerichtet, deren Augen wiederum auf ihn blicken. In einem Gespräch richtet man seinen Blick normalerweise auf die Person, mit der man spricht. (Es sei denn, Sie sind Schwede wie ich. Als Schwede richten Sie Ihren Blick auf Ihre Schuhe. Wenn Sie ein extrovertierter Schwede sind, richten Sie Ihren Blick auf die Schuhe des anderen.) Man kann auch dem Impuls nicht widerstehen, auf das zu schauen, was die Person betrachtet, mit der man sich unterhält. Indem er eine Person anschaut, während er mit einer anderen spricht, zwingt er Simon dazu, dahin zu schauen, wohin er schaut, und das zu sehen, was er sieht. Er lädt Simon ein zu sehen, dass das, was da auf seinem Fußboden liegt, ein kostbarer Besitz Gottes mit einem unschätzbaren Wert ist.

Indem er sich der Frau zuwendet, lässt er auch ihr eine Botschaft zukommen. Er sagt ihr im Grunde, dass seine Worte zwar an Simon gerichtet sind, aber auch ihr gelten. Sie wird die Dritte in diesem Gespräch, die Person, mit der Jesus sich verbündet. Sie hat ihm mutig ihre Liebe gezeigt; nun zeigt er ihr mutig seine Liebe.

Stellen Sie sich diese Frau vor: glühend unter dem Blick Jesu, die Tränen strömen ihr übers Gesicht, ihr Herz klopft, weil sie von Schüchternheit, Angst, Scham, Hoffnung und unaussprechlicher Liebe erfüllt ist.

Jeder im Hof schaut nun auf sie. Jesus ist nicht nur derjenige, der ihr vergibt. Er wird zu ihrem Beschützer, Anwalt und Freund. Sie wollte für ihn eintreten; nun tritt er für sie ein.

„Sieh diese Frau an!“

Simon sieht sie nicht. Er sieht eine theologische Lektion. Er sieht Ausschussware, ein so unreines Gefäß, dass er es nicht einmal verwenden würde, um seine Katze zu füttern. Er sieht überhaupt nicht, was Jesus sieht.

„Ich kam in dein Haus und du hast mir kein Wasser für die Füße gereicht." Jesus ist demütig und zurückhaltend. Er merkt nicht einmal an, dass Simon ihm persönlich die Füße hätte waschen müssen, da er ein Rabbi ist. Er weist nicht darauf hin, dass er nicht wie ein Ehrengast behandelt wurde. Er sagt nur, dass Simon ihm wenigstens Wasser hätte anbieten sollen, was man auch für den Gast mit dem niedrigsten Status getan hätte.

„Sie aber hat mir die Füße mit Tränen gewaschen und mit ihren Haaren abgetrocknet." Sie machte aus einer gewöhnlichen Geste der Höflichkeit ein Ausdruck ihres Herzens.

„Du gabst mir keinen Kuss zur Begrüßung." Auch hier ist Jesu Bescheidenheit auffallend. Er sagte nicht: „Du hast mir die Hand nicht zur Begrüßung geküsst", was die Geste war, mit der Schüler ihrem Lehrer Achtung erwiesen. Jemand, der sich Jesus ebenbürtig fühlte, hätte ihn auf die Wange geküsst. Jesus sagt nur, dass der Kuss völlig ausgelassen worden war.

„Sie aber hat nicht aufgehört, mir die Füße zu küssen, seit ich hier bin." Die Frau kniet immer noch auf dem Boden und küsst Jesu Füße, während ihre Tränen weiterfließen. Ich stelle mir vor, wie er ihr an dieser Stelle zuraunt: „Du kannst jetzt aufhören." In dieser staubigen, ungekehrten, ungewaschenen, von Schmutz erfüllten Welt galten Füße als der schmutzigste Körperteil. Die schlimmste Beleidigung nach einer Niederlage war, „den Feind zum Schemel für die Füße" des Siegers zu machen (Hebräer 1,13; 10,13). Man streckt einfach nicht die eigene Nase in die Richtung der Füße des anderen. Sie zu küssen ist undenkbar.

„Du hast meinen Kopf nicht mit Öl gesalbt", sagt Jesus, wobei er herkömmliches Olivenöl meint. „Sie aber hat mir die Füße mit kostbarem Öl eingerieben." Sie nahm nichts Billiges, sondern goss das Beste aus, das sie hatte. Es kostete sie alles – ihr Geld und ihren Lebensunterhalt. Es stellt das Versprechen dar, ein neues Leben zu beginnen.

„Darum sage ich dir: Ihre große Schuld ist ihr vergeben worden." Können Sie sich vorstellen, wie an dieser Stelle ihr Herz explodiert, als Jesus ihr in die Augen schaut und vor der ganzen Gruppe verkündet: „Deine große Schuld ist dir vergeben worden"?

Aus diesem Grund liebt diese Frau so überschwänglich. Wem viel vergeben ist, der liebt viel. Wem wenig vergeben ist, der liebt wenig.

Die Größte aller Sünden

Es lohnt sich, darauf zu achten, was Jesus in diesem Gleichnis *nicht* sagt. Er sagt nicht: „Simon, du bist ein gerechter Mann. Du hast eigentlich kaum gesündigt. Du brauchst nicht so viel Gnade."

Das Problem ist, dass Simon bei sich selbst nur wenig Sünde wahrnimmt. Das macht es für ihn so schwer, sich von Gnade überwältigen zu lassen. Er ist wirklich davon überzeugt, dass Gott mit ihm ein ganz gutes Geschäft gemacht hat. Er hält sich für jemanden, der nur eine kleine Schuld hat. Er schaut auf die Menschen mit riesigen Schuldenbergen und fragt sich, warum sie nicht einfach so gerecht sein können wie er.

Frage: Wer ist in Wirklichkeit der große Schuldner?

Dieser Raum wird von einer großen Sünde verunreinigt. Aber an diese Sünde denkt Simon nicht.

Es ist die Sünde von:

- ▷ Lippen, die nicht küssen;
- ▷ Knien, die sich nicht beugen;
- ▷ Augen, die nicht weinen;
- ▷ Händen, die nicht dienen;
- ▷ Parfüm, das die Flasche nie verlassen wird.

Es ist die Sünde eines Herzens, das nicht brechen will, eines Lebens, das sich nicht verändern will, einer Seele, die nicht lieben will.

Das größte Gebot ist das Liebesgebot. Die größte Sünde ist die Weigerung, dem größten Gebot zu gehorchen. Jesus sagt im Prinzip: „Simon, siehst du es denn nicht? Du hast die größte Schuld von allen."

Wenn Simon es nur sehen könnte!

Wenn er nur neben der sündigen Frau auf den Boden gefallen wäre.

Wenn er nur seine Schuld erkennen und sich darüber grämen würde, wie sie es über ihre Schuld getan hat.

Wenn er sich nur von der Erkenntnis überwältigen lassen würde, dass Jesus ihn trotzdem und in all seiner Lieblosigkeit liebt.

Wenn nur seine Tränen fließen und sich mit denen der Frau mischen und sie die Füße Jesu gemeinsam baden würden.

Dann würde Simon erkennen, dass er und diese Prostituierte nur zwei von vielen Schuldnern in der Familie Gottes sind, denen vergeben wurde. Zwei weitere Mitglieder in der Gemeinschaft der Matte.

Sie braucht Gnade für ein zerbrochenes Herz.

Er braucht Gnade für ein hartes Herz.

Richard Mouw berichtet von einer Begebenheit, bei der Mutter Teresa eine junge Frau, die aus einer wohlhabenden Familie stammte, lehrte, wie sie in ihrer Gemeinschaft für die Armen und Sterbenden auf den Straßen von Kalkutta sorgen konnte. Sie erklärte ihr, dass sie die Menschen, die von Krankheiten gezeichnet, von Wunden entstellt und mit Geschwüren bedeckt sind, so vorsichtig und mit so großer Liebe und Sorgfalt berühren solle, wie ein Priester Brot und Wein bei der Heiligen Messe behandelt, denn Jesus verberge sich in diesem Elend.[4]

Wer ist der große Schuldner? Sie sind es. Ich bin es.

> Wir machen unseren Glauben und unser Leben in vielerlei Hinsicht viel zu kompliziert, aber im Kern ist unser Auftrag ganz einfach: Wir sind zur Liebe berufen.

„Ich liebe dich sooo sehr“

Ich wusch mein Auto und eine meiner Töchter half mir dabei. Normalerweise macht sie eine Menge Lärm, aber dieses Mal war sie seit einigen Minuten verdächtig still. Ich sah nach ihr. Sie hatte den Kofferraum des Wagens geleert und war dabei, den Inhalt zu waschen: Bücher, ein Kleid ihrer Mutter, ein Tennisschläger. Alles ruiniert! Mir wurde klar, dass sich ein Sünder in unserer Mitte befand. Auf frischer Tat ertappt! Vier Jahre alt. Ich schaute zu ihr hinunter, um mein Urteil zu verkünden, und sie schaute zu mir auf, mit großen braunen Augen, breitete die Arme so weit aus, wie sie konnte, und sagte die Worte, die ich immer sage, wenn ich sie abends ins Bett bringe.

„Ich liebe dich sooo sehr.“

Was soll man da machen?

Eine Frau kommt zu Jesus, deren ganzes Leben von Sünde entstellt ist. Sie kniet vor ihm nieder und bringt ihm ihr reuiges Herz. Aber dieses Mal ist es Jesus, der Angegriffene, der Fehlerlose, der seine Hände ausbreitet und sagt: „Ich liebe dich sooo sehr.“

Jesus sagt dies zu betrügerischen Zöllnern, zu treulosen Freunden, zu verlorenen Söhnen und zu einem Dieb an einem Kreuz. Er würde es auch zu Simon sagen, wenn Simon ihn nur lassen würde. Er sagt es in diesem Augenblick auch zu Ihnen.

In dieser jüdischen Gesellschaft verbieten strenge Regeln, was sich hier ereignet. Jesus darf dieser Frau nicht gestatten, ihn zu berühren. Weil sie es doch tut, gilt er nun als unrein. So teilt er ihre Unreinheit. Er ist bereit, den Schmerz ihrer Schuld auf sich zu nehmen und die Erniedrigung zu ertragen.

Er leidet für sie. Sein Ruf ist angeschlagen. Er wird verspottet.

Aber er ist dazu bereit. Er ist in der Tat nicht nur dazu bereit, sondern er *möchte* es für sie tun. Er ist aufrichtig glücklich, den Schmerz dieser Frau zu tragen und ihr Heilung zu schenken.

Das gilt auch für Sie und mich. Das ist der Jesus, der am Kreuz hing.

Jesus ist bereit, ihre Unreinheit zu tragen.

Weil er es tut, ist das Leben dieser Frau nicht mehr dasselbe wie vorher.

Wem viel vergeben ist, der liebt auch viel.

Jesus schaut die ganze Zeit, während er mit Simon sprach, auf die Frau, und nun spricht er sie direkt an: „Dein Vertrauen hat dich gerettet. Geh in Frieden!“

Die Prostituierte kennt viele Emotionen: Angst, Schuld, Schmerz, Wut, Sehnsucht, Scham, vielleicht manchmal Freude, sicher Einsamkeit.

Aber Frieden? Nie.

Jesus sagt im Grunde: „Geh in einem Frieden, dem diese Menschen, die dich verurteilen und verachten, nichts anhaben können. Trage deinen Kopf hoch. Geh hier nicht als verachteter, unreiner Gegenstand weg, der von den Gerechten beschämt wurde. Geh hier als Tochter des Königs weg.“

So groß ist die Macht der Liebe.

Sie und ich haben diese Macht.

Dale Galloway erzählte die Geschichte von einem Jungen namens Teddy Stollard.[5] Teddy war kein Kind, das man zu Partys einlud. Er lümmelte sich die meiste Zeit in seinem Stuhl und schaute gelangweilt; er sprach nur, wenn er aufgerufen wurde, und dann sehr einsilbig. Er war nie richtig gekleidet; seine Kleidung stank; er war ziemlich unansehnlich.

Immer, wenn die Lehrerin Teddys Arbeiten durchsah, spürte sie eine fast perverse Freude, alle falschen Antworten anzustreichen. Sie schrieb die Note 6 mit einem gewissen Schwung auf das Blatt. Sie hätte es besser wissen können, weil seine Geschichte in den Unterlagen stand:

Erste Klasse: Teddy ist ein guter Junge mit einer verheißungsvollen Zukunft, kommt aber aus einem armen Elternhaus.

Zweite Klasse: Teddy ist still und zurückgezogen. Seine Mutter ist unheilbar krank.

Dritte Klasse: Teddy fällt in seinen Leistungen zurück. Seine Mutter starb in diesem Schuljahr; sein Vater kümmert sich nicht um ihn.

Vierte Klasse: Teddy liegt hoffnungslos zurück. Sein Vater zog weg; Teddy lebt bei einer Tante. Er ist tief verstört.

Weihnachten kam und alle Kinder brachten Geschenke mit in die Schule. Sie waren sorgfältig eingepackt, abgesehen von Teddys

Geschenk, das in braunes Packpapier eingepackt, mit Klebeband umwickelt und mit der Aufschrift versehen war: „Für Miss Thompson. Von Teddy."

Die Lehrerin öffnete die Geschenke eines nach dem anderen, damit die Klasse sie bewundern konnte. Als sie Teddys Geschenk öffnete, fand sie ein Armband aus unechten Steinen, von denen die meisten fehlten, sowie eine fast leere Parfümflasche. Die anderen Kinder fingen an zu lachen, aber Miss Thompson hielt sich zurück. Sie legte das Armband an und sagte. „Ist es nicht wunderschön? Und riecht das Parfüm nicht gut?"

Am Ende des Schultages kam Teddy schüchtern auf sie zu.

„Ich bin froh, dass Ihnen meine Geschenke gefallen, Miss Thompson", flüsterte er. „Sie haben den ganzen Tag wie meine Mutter gerochen. Und auch ihr Armband steht Ihnen wirklich gut."

Als er gegangen war, legte Miss Thompson den Kopf auf ihr Pult und weinte. Sie bat Gott, ihr zu vergeben. Sie betete, dass Gott ihr half zu sehen, was er sah, wenn er diesen mutterlosen Jungen ansah.

Als die Kinder am nächsten Tag zur Schule kamen, war Miss Thompson wie ausgewechselt. Sie förderte die Kinder, die besondere Hilfe brauchten, vor allem Teddy. Am Ende des Schuljahres konnte er mit den meisten seiner Klassenkameraden Schritt halten und hatte sogar einige überholt. Danach hörte sie eine Weile nichts mehr von ihm. Eines Tages bekam sie einen Brief:

„Liebe Miss Thompson,

Sie sollen die Erste sein, die erfährt, dass ich nun die Highschool abschließe und der Zweitbeste meiner Klasse bin.

Liebe Grüße, Teddy Stollard"

Vier Jahre später kam ein weiterer Brief:

„Liebe Miss Thompson,

Sie sollen die Erste sein, die erfährt, dass ich mein Studium als Jahrgangsbester abschließe. Die Universität war nicht leicht, aber mir hat es Spaß gemacht.

Liebe Grüße, Teddy Stollard"

Und weitere vier Jahre später ein weiterer Brief:

„Liebe Miss Thompson,

Sie sollen die Erste sein, die erfährt, dass ich seit heute Dr. Theodore Stollard bin. Wie finden Sie das? Ich möchte Sie einladen, da zu sitzen, wo meine Mutter sitzen würde, weil Sie diejenige sind, die für mich am ehesten so etwas wie eine Familie ist.

Liebe Grüße, Teddy Stollard"

Die Fähigkeit, Menschen wertzuschätzen, gehört zu den rarsten und kostbarsten Gaben der Welt.

Schätzen Sie also, was Gott schätzt. Es gibt eine alte Geschichte über einen armen Reisenden, der erstaunt ist, welcher Empfang ihm in einem Kloster bereitet wird. Er bekommt ein üppiges Mahl, wird in das beste Zimmer geleitet und bekommt neue Kleider, die die Lumpen ersetzen, in denen er gekommen ist. Bevor er das Kloster verlässt, macht er gegenüber dem Abt eine Bemerkung darüber, wie gut er behandelt wurde. „Ja", sagt der Abt, „wir behandeln unsere Gäste immer so, als ob sie Engel seien – nur um ganz sicherzugehen."[6]

Tanzen lernen

1. Warum war Simons Haltung gegenüber dieser Frau Ihrer Meinung nach so anders als die Haltung Jesu?

2. Als Sie Jesu Begegnung mit der Frau nacherlebten, was berührte Ihr Herz besonders? Warum?

3. Wie geht es Ihrem Herzen zurzeit? Schlägt es immer stärker für andere Menschen?

4. Durch welche Art von Behandlung fühlen Sie sich manchmal missachtet?

5. Wann waren Sie zum letzten Mal von Gottes Gnade für Sie überwältigt?

6. Welche Praktiken oder Übungen helfen Ihnen dabei, Ihr Bedürfnis nach Gottes Vergebung wach zu halten?

7. „Wir behandeln unsere Gäste immer so, als ob sie Engel seien – nur um ganz sicherzugehen.“ Versuchen Sie einen Tag lang, jemanden so zu behandeln. Was erschwert es Ihnen vor allem, dies ganz praktisch zu leben?

Kapitel 12

Endlich normal: Himmel

„Ihr ganzes Leben in dieser irdischen Welt und alle ihre Abenteuer in Narnia waren nur der Umschlag und das Titelblatt gewesen. Nun erst begannen sie das erste Kapitel der großen Geschichte, die noch keiner auf Erden gelesen hat, der Geschichte, die ewig weitergeht und in der jedes Kapitel besser ist als das vorangegangene."

C. S. Lewis[1]

„Meine Leute sind keine Paradiesmenschen. Wir leben unser Leben in Minnesota und es kostet uns viel. Meine Leute sind sich nicht sicher, ob wir das Paradies überhaupt haben wollen: ob diese ganze Vollkommenheit wirklich so toll ist."

Garrison Keillor[2]

Was waren die aufregendsten fünf Minuten Ihres Lebens? Was waren die atemberaubendsten, erhebendsten, emotionalsten 300 Sekunden, die Sie je erlebt haben?

Wenn wir uns daran erinnern könnten, würden wir sehr wahrscheinlich sagen, dass die ersten fünf Minuten unseres Lebens die aufregendsten Minuten waren.

Nach neun Monaten in Dunkelheit und Isolation entdecken Sie durch eine traumatische Erfahrung, dass es da draußen eine ganze Welt gibt, voller Farben, Geschmäcker, Geräusche, Sinneseindrücke und anderer Menschen.

Sie haben eine Wirklichkeit betreten, die Ihre wildesten Vorstellungen übersteigt.

Wenn Sie damals hätten sprechen können, hätten Sie vermutlich gesagt: „Mama, ich hatte ja keine Ahnung. Eigentlich hatte ich ja

Vorbehalte dagegen, deinen Bauch zu verlassen. Jetzt sehe ich: Hier ist es viel besser. Ich hätte das alles um keinen Preis verpassen wollen."

Wenn diese ersten fünf Minuten nach der Geburt tatsächlich die aufregendsten fünf Minuten Ihres Lebens waren, ist es seither nur noch abwärts gegangen. Aber selbst die Minuten nach der Geburt sind nichts verglichen mit dem, was noch kommen wird.

Ich bin davon überzeugt, dass die erstaunlichsten fünf Minuten, die Sie je erleben werden, die fünf Minuten nach Ihrem Tod sein werden. Denken Sie einmal darüber nach!

Jahrhundertelang haben sich die klügsten Köpfe der Menschheit bemüht, diesen Schleier zu durchdringen und zu erfahren, was sich auf der anderen Seite des Todes befindet. Fünf Minuten nach Ihrem Tod werden Sie es wissen. Sie werden erleben, was hinter dieser Welt liegt. Sie werden einen Vorgeschmack darauf bekommen, wie Sie Ihre Ewigkeit verbringen werden.

Diese fünf Minuten kommen wirklich. Was auch immer danach geschieht, diese ersten fünf Minuten sind unausweichlich. Jeder von uns wird sie erleben. Das ist die Realität.

Denken Sie an die Dinge, die Sie sehen, die Geräusche, die Sie hören, die Erfahrungen, die Sie machen werden. Die Verfasser der Bibel sagen, dass diese fünf Minuten jeden Menschen erkennen lassen, ob ihn in der Ewigkeit unbeschreibliche Freude oder unaussprechliches Leid erwarten. Wir wollen uns also etwas Zeit nehmen und über die aufregendsten fünf Minuten der menschlichen Existenz nachdenken.

Wie ist der Himmel?

Mrs Olsen leitete in der Kirchengemeinde, in der ich aufwuchs, einen Chor für die Schüler der fünften und sechsten Klasse. Wenn sie über die Jungen frustriert war – was oft und aus gutem Grund der Fall war –, klatschte sie normalerweise in die Hände und sagte: „Kinder, ihr singt besser so, wie ich es euch sage, denn wenn wir in den Himmel kommen, werden wir genau das machen – die ganze Zeit singen, singen, singen, singen."

Für einen elfjährigen Jungen entsprach die Vorstellung von fünf oder zehn Milliarden Jahren unter der begeisterten Leitung von Mrs Olsen nicht gerade der Vorstellung von ewiger Glückseligkeit.

Einmal saß ich mit einem Freund beim Essen, als er sagte: „Ich glaube an Gott, aber ehrlich gesagt fürchte ich, dass es im Himmel ziemlich langweilig sein wird. Ich weiß nicht, was ich nach einer gewissen Zeit tun würde."

Für manche Menschen ist der Himmel wie ein Dorf, in dem man sich zur Ruhe setzt. Man beendet seine Arbeit hier auf der Erde, verbringt ein paar Jahre voller Abenteuer und begibt sich dann in etwas, das an ein ewig dauerndes Wochenende in Palm Springs erinnert.

Ein Mann fragte mich einmal in vollem Ernst: „Meinen Sie, es gibt im Himmel Golf?" Er hatte sich sogar einen kleinen logischen Schluss zurechtgebastelt: „Ich kann nur glücklich sein, wenn ich Golf spielen kann. Im Himmel soll ich vollkommen glücklich sein. Also muss es im Himmel Golf geben."

Ich versuchte, dem Mann zu erklären, dass der Himmel ein Ort vollkommener Freude sei, aber man müsse sich unter Umständen ändern und sich an dem freuen, was der Himmel zu bieten habe. Ist es wirklich möglich, dass Gott uns für nichts Bedeutenderes schuf als für ein ewig währendes Golfspiel? Davon abgesehen wissen wir, dass es im Himmel keine Lügen, kein Fluchen und keinen Betrug gibt – wie kann es da Golf geben? Am anderen Ort – so erfahren wir – wird es „Jammern und Zähneknirschen" geben (Matthäus 13,42.50). Das klingt für mich eher nach einem Golfplatz. Im Himmel wird es kein Golf geben. Tennis ja, aber kein Golf.

Vor einiger Zeit war ich auf einer Beerdigung, bei der der Pastor sagte, dass der Himmel wie ein Gottesdienst sei, der nie zu Ende gehe. Ich muss bekennen, dass ich auch dieser Vorstellung etwas ambivalent gegenüberstehe.

Mark Buchanan schreibt:

„Ich vermute, Sie sind wie ich: Nach ungefähr einer Stunde Gottesdienst fängt meine Haut an zu jucken und meine Stimme ist heiser. Meine Konzentration lässt nach, und ich werde griesgrämig, wenn es zu lange dauert. Meine Füße tun weh, mein

Rücken wird steif, meine Augen werden glasig, mein Verstand umnebelt sich, mein Magen knurrt. Ich merke, wie ich das Gähnen unterdrücken muss und wie ich es dann nicht mehr länger unterdrücke, mit offenem Mund und lauthals gähne, ein Signal an meine Unterdrücker: Lass mein Volk ziehen.

Und ich bin der Pastor."[3]

Max DePree erzählt eine wunderschöne Geschichte über seinen Vater. Sein Vater war 99 Jahre alt. Er hatte ein paar gesundheitliche Probleme und musste ins Krankenhaus. Er und Max führten ein paar ernsthafte Gespräche, und er versicherte seinem Sohn, dass er bereit sei zu sterben. Irgendwann während seines Krankenhausaufenthaltes wurde Max' Vater etwas griesgrämig, und er weigerte sich, wieder zurück ins Bett zu gehen. Er bestand darauf, aufrecht auf seinem Stuhl zu sitzen. Die Krankenschwestern versuchten, ihn dazu zu bewegen, sich hinzulegen, damit er schlafen konnte, aber er weigerte sich. Schließlich baten sie Max, mit ihm zu sprechen.

Max setzte sich auf einen Stuhl zu seinem Vater und die beiden sprachen eine ganze Weile ruhig miteinander. Schließlich fragte Max seinen Vater, ob er sich nicht ins Bett legen wolle. Nein.

Sie sprachen noch weiter. Max fragte ihn wieder, ob er sich nicht hinlegen wolle. Nein. Diese Liturgie wurde viermal wiederholt. Schließlich fragte Max seinen Vater, warum er sich nicht hinlegen wolle.

„Weil ich sterben werde, wenn ich mich hinlege", sagte sein Vater.

„Aber Vater!", entgegnete Max. „Du hast mir doch gesagt, du seiest bereit zu sterben."

„Ich bin bereit", erwiderte sein Vater. „Aber nicht heute." 99 Jahre alt und bereit zu sterben – aber nicht heute. *Der Himmel ist etwas, worauf man sich freuen kann, aber ich werde jetzt noch mal nachsehen, ob es Regen gibt.*

Neil Plantinga merkt an, dass uns Jesus zwar aufgefordert hatte, für das Kommen des Reiches Gottes zu beten, dass viele von uns ihre Gebete aber so leise flüsterten, dass Gott sie kaum hören könne. „‚Dein Reich komme', beten wir und hoffen, dass es nicht kommt. ‚Dein Reich komme', beten wir, ‚aber nicht gleich jetzt.'

Wenn unsere irdischen Königreiche ein gutes Jahr haben, sehnen wir uns nicht unbedingt danach, dass das Reich Gottes hereinbricht. Uns gefällt es eigentlich so, wie es ist.“[4]

Ich glaube, dass viele Menschen sich unter anderem deshalb nicht besonders auf den Himmel freuen, weil sie gründlich missverstehen, was die Bibel darüber sagt.

Lewis Smedes, einer meiner Ethik-Dozenten, fragte die Studenten immer, ob sie in den Himmel kommen wollten, wenn sie starben. Alle hoben die Hand. Dann fragte er weiter: „Und jetzt ganz ehrlich – wer von Ihnen würde es gleich jetzt, heute, noch vor Sonnenuntergang wollen?“

Ein paar hoben zögernd die Hand, weil sie glaubten, damit die richtige Antwort zu geben, und sie sahen sich um, um zu sehen, ob sie die Einzigen waren. Sie waren die Einzigen. Die meisten wollten erst noch schauen, ob es Regen geben würde. Sie waren bereit zu sterben, aber nicht heute.

Dann fragte Professor Smedes, wer gerne erleben würde, dass die Welt, wie sie war, gleich morgen völlig aus den Angeln gehoben würde: „Keine normalen Grippeanfälle mehr, keine ungewöhnlichen Krebserkrankungen mehr. Jedem sollte es gut gehen. Es gäbe keine Bürger Zweiter Klasse mehr. Gefangene und Sklaven wären frei. Hungernde Menschen hätten genug zu essen. Niemand würde einen Finger heben, um einem anderen Schaden zuzufügen. Alle lebten im Frieden miteinander, sogar mit sich selbst. Irgendjemand daran interessiert?“

Alle Hände hoben sich in heller Aufregung. Smedes sagte, dass alle, die am nächsten Tag wirklich diese neue Welt erleben wollten, in den Himmel kommen wollten.[5]

Erlösung ist immer die Erlösung der Schöpfung. Gott erschafft nie etwas, um es zu zerstören; und wenn etwas schief geht, versucht er, es heil zu machen. Smedes berichtet, dass es vor einiger Zeit ein Buch gab, das über den „vergangenen großartigen Planeten Erde“ berichtet, als ob wir uns darauf freuen sollten, dass Gott das zerstört, was er geschaffen hatte. Aber Paulus schreibt: „Die ganze Schöpfung wartet sehnsüchtig auf den Tag, an dem die Kinder Gottes vor aller Augen in dieser Herrlichkeit offenbar werden" (Römer 8,19). Weit davon entfernt, dass das Erschaffene zerstört und verbrannt wird, schreibt Paulus im Gegenteil, dass Gottes Geschöpfe „von der Versklavung an die Vergänglichkeit befreit werden und teilhaben an der unvergänglichen Herrlichkeit, die Gott seinen Kindern schenkt" (Römer 8,21). Gott liebt diese Welt, die er erschaffen hat, und wie Smedes sagt, „hat er keine Pläne, über ihr Ende den Vorsitz zu führen. Er hat vor, wieder alles in Ordnung zu bringen."[6] Und wenn Sie das wollen, dann wollen Sie den Himmel.

Überwiegend geht es natürlich darum, Menschen wieder „in Ordnung" zu bringen. Also fällt auch das meiste, was der Himmel zu bieten hat, in die Kategorie, wie das Leben unter erlösten Menschen – Menschen, die in Gottes Augen endlich „normal" sind – aussehen wird. Aber dies drückt sich oft auf eine Art und Weise aus, die etwas Geduld und Mühe erfordert, bis wir es verstehen können.

Viele Menschen haben ein Bild vom Himmel, das wie ein Cartoon wirkt. Wenn die biblischen Autoren vom Himmel sprachen, versuchten sie in Worte zu fassen, was sich eigentlich nicht beschreiben ließ. Wenn Sie beispielsweise einem Menschen, der vor 1 000 Jahren lebte, ein Flugzeug beschreiben müssten, wie würden Sie das tun? Ich würde Symbole verwenden: „Es ist so etwas wie ein riesiger Vogel aus Metall …" Sie müssten Bilder von etwas Bekanntem verwenden, um etwas Unbekanntes zu beschreiben.

Genau das machen auch die Verfasser der Bibel, wenn sie den Himmel beschreiben.

C. S. Lewis schreibt:

„Man muss sich keine Sorgen machen, wenn spöttische Menschen versuchen, die Hoffnung der Christen auf den Himmel lächerlich zu machen, indem sie sagen, dass sie die Ewigkeit nicht damit verbringen wollen, Harfe zu spielen. Solchen Menschen sollte man antworten, dass sie, wenn sie nicht in der Lage sind, Bücher für Erwachsene zu verstehen, auch nicht darüber sprechen soll-

ten. Alle in der Bibel verwendeten Bilder – Harfen, Kronen, Gold und so weiter – sind natürlich ein symbolischer Versuch, das Unaussprechliche auszudrücken. [...] *Menschen, die diese Symbole wörtlich nehmen, könnten auch denken, dass Christus meinte, wir sollten Eier legen, als er sagte, wir sollten sein wie die Tauben.*"[7]

Bilder vom Himmel

Lassen Sie uns also einen Blick auf einige der Bilder werfen, die in der Bibel verwendet werden, um die unbeschreibliche Realität des Himmels zu beschreiben. Die meisten dieser Bilder stammen aus der Feder von Johannes, des Jüngers, den Jesus liebte. Johannes schrieb das Buch der Offenbarung, in der sich viele der unvergesslichsten Bilder des Himmels finden, als er ein alter Mann war – vielleicht 90 Jahre alt – und als Gefangener auf der kleinen Insel Patmos lebte, weit entfernt von den Menschen, die er liebte. Wenn man 90 Jahre alt ist und im Exil lebt, denkt man viel über den Himmel nach.

„Freuen dürfen sich alle, die für ihr Bekenntnis zum Herrn sterben müssen – von jetzt an!", schreibt Johannes (Offenbarung 14,13). Wir halten die Toten im Allgemeinen für die unglücklichsten Menschen. Man hört selten in den Nachrichten etwas von einem Toten oder liest einen Nachruf, der mit den Worten beginnt: „Freuen darf sich ..."

Aber für Johannes beschreibt das Wort „Freude" diejenigen, die als Christen gestorben sind: Sie sind glücklich, freudestrahlend, fröhlich. Weil sie nun wirklich leben.

Betrachten wir einige der Bilder, die Johannes verwendet. Johannes beschreibt den Himmel als eine Stadt mit Straßen aus extrem teurem Material (Offenbarung 21,21). Er will damit nicht sagen, dass wir im Himmel erwarten sollten, Bordsteinkanten, Rinnsteine und Verkehrszeichen und ein wirklich nettes Einkaufszentrum vorzufinden.

Johannes will damit ausdrücken, dass wir endlich wirklich in Gemeinschaft leben. Keine Kampfhunde oder Zäune mehr, die uns voneinander trennen. Keine Selbstmordattentäter mehr. Keine zerrütteten Familien mehr. Wir werden tiefe, offene, vertraute, Freude auslösende, vertrauensvolle Beziehungen erleben.

Im Johannes-Evangelium erfahren wir, dass Jesus an den Behausungen arbeitet: „Im Haus meines Vaters gibt es viele Wohnungen“ (Johannes 14,2). Vielleicht fragen Sie sich, ob Sie ein Haus im Tudorstil oder ein Viktorianisches Haus bekommen. Was ist, wenn ich ein Haus mit mehreren Geschossen bekomme, aber lieber eines im Ranch-Stil hätte? Garrison Keillor schreibt, dass die Männer von Lake Wobegon, als sie im Himmel ankommen, die Wohnungen des Vaters besichtigen und über Nebensächliches sprechen: Aluminium- oder Zedernholzverkleidung.[8] Jesus sagt aber nicht, dass wir unser Traumhaus bekommen; er sagt, dass wir endlich nach Hause kommen.

Wenn jemand ein Haus kauft, steckt er normalerweise viel Zeit in dieses Haus. Wenn es sich um ein Ehepaar handelt, trifft in der Regel einer der beiden Entscheidungen, die guten Geschmack und Urteilsvermögen erfordern; und der andere schleppt einfach schwere Gegenstände und baut schwere Gegenstände zusammen.

Aber im Laufe der Zeit geschieht etwas. Wenn wir eine gewisse Zeit in unserem Haus gelebt haben, wenn wir ein oder zwei Babys vom Krankenhaus nach Hause gebracht haben, wenn wir ein paar Mal Weihnachten gefeiert haben, wenn wir eine ganz Nacht lang wach geblieben sind und ein krankes Kind in den Schlaf gewiegt haben, wenn wir über einen oder zwei Todesfälle geweint haben, wenn wir gelacht, geweint, uns gestritten und wieder versöhnt haben, die Jahreszeiten kommen und gehen gesehen und miterlebt haben, wie rabenschwarzes Haar erst grau und dann weiß geworden ist – dann wachen wir eines Tages auf und stellen fest, dass das, was einst ein Haus war, nun eine Heimat ist.

Meine Großmutter lebte in meiner Kindheit viele Jahre bei uns, und wenn sie kochte, verwendete sie jeden Topf und jede Pfanne in der Küche. Eine ihrer Spezialitäten war Bananenbrot, das sie buk, in Scheiben schnitt, butterte und für uns in kleine Stücke teilte. Sie starb vor 30 Jahren, aber noch heute höre ich ihre Stimme und erinnere mich an das Heim meiner Kindheit, wenn ich Bananenbrot rieche. Kein Wort in unserer Sprache berührt unser Herz so sehr wie das Wort „Heimat". Für Jesus ist das tiefste Sehnen des Menschen – dazuzugehören, sicher zu sein, geschätzt zu sein – in Wirklichkeit die Sehnsucht nach dem Himmel. Wenn wir dorthin kommen, wird es uns nicht fremd vorkommen. Wenn wir dort sind, werden wir sagen: „Das ist meine Heimat."

Jeder weiß, dass die Kleiderordnung im Himmel sehr einfach ist: keine T-Shirts oder Jogginghosen. Nur lange Roben, und zwar die ganze Zeit. Genauer gesagt nur weiße Roben. Vielleicht machen Sie sich deswegen Sorgen, weil Sie Ihren Farbtyp analysiert haben und sich herausgestellt hat, dass Sie ein Herbsttyp sind; Sie hätten also lieber etwas in einem dunklen Ockergelb oder einem Tannengrün.

Johannes macht uns klar: „Das Leinen steht für die gerechten Taten der Menschen in Gottes heiligem Volk" (Offenbarung 19,8). In diesem Zustand des Gesegnetseins werden wir einfach nicht in der Lage sein, unserem Gott untreu zu werden. Unsere Hände werden wie ganz selbstverständlich dienen; unser Mund wird Worte voller Wahrheit und Schönheit aussprechen. Wie Johannes schreibt: „Nie hat jemand aus ihrem Mund eine Lüge gehört, es ist kein Fehler an ihnen" (Offenbarung 14,5). Unser Herz wird voller Zuneigung und Mut sein.

Ich habe ein kleines Buch, in das ich alle meine Sünden eintrage. Wenn ich unsensibel oder unehrlich war oder aus Stolz oder Egoismus heraus gehandelt habe, schreibe ich es auf. Ab und zu lese ich in diesem Buch. Es ist wirklich deprimierend. Ich werde nie jemand anderen in diesem Buch lesen lassen.

Im Himmel werde ich dieses Buch nicht mehr benötigen. Dort gibt es keine Reue, kein Bedauern, keine Scham mehr.

Johannes sagt, dass das Meer nicht mehr da war, als er seine Vision von Himmel und Erde hatte (Offenbarung 21,2). Was bedeutet das? Was hat Gott gegen das Meer? Was ist mit den Leuten, die gerne segeln?

Zu Johannes' Zeit war das Meer in erster Linie ein gefährlicher Ort. Er spricht davon, dass sich das Meer eines Tages heben und alle Toten wieder herausgeben wird. Johannes selbst war auf einer Insel gefangen, also trennte ihn das Meer von den Menschen, die er liebte. Jeden Tag musste Johannes über das Meer und zu den Menschen auf der anderen Seite schauen und er würde alles auf der Welt geben, um sie umarmen und mit ihnen sprechen zu können. Johannes war ein Gefangener des Meeres.

Wenn Johannes also sagt, dass es kein Meer mehr geben wird, bedeutet dies, dass wir eines Tages nicht mehr voneinander getrennt sein werden. Wir werden frei sein, nicht nur von den physischen Grenzen, die uns trennen, sondern auch frei von geistlichen Grenzen. Es wird keine verlassenen Kinder, keine zerrütteten Familien, keine Clubs der einsamen Herzen mehr geben. Das Gefühl der Einheit, das bisher nur die Dreieinigkeit kennzeichnet, wird endlich auch uns kennzeichnen.

Johannes sagt, dass alle Tränen von allen Augen abgewischt werden (Offenbarung 21,4). Es wird keinen Tod, keine Trauer, kein Weinen und keinen Schmerz mehr geben, denn die alte Ordnung ist aufgehoben. Die Liebe wird triumphieren.

Nach vielen Jahren als Collegepräsident gab Robertson McQuilken seine Position auf, um seine Frau Muriel zu versorgen, die an Alzheimer erkrankt war. Er berichtet darüber, wie viel sie ihn lehrte, selbst noch nach ihrer Erkrankung. Sie hatte es schon immer geliebt, Blumen zu pflücken; als ihr Gedächtnis sie verließ, pflückte sie sie auch im Haus. Irgendjemand hatte ihnen Osterglocken geschenkt – zwei blühende Triebe und an jedem waren vier oder fünf herrliche Blüten und etliche Knospen. Sie pflückte einen der Triebe. Robert tat etwas völlig Unvernünftiges und erklärte ihr, wie enttäuscht er sei, und bat sie, bitte den anderen nicht auch zu pflücken. Am nächsten Tag erzählte er diese Geschichte seinem Sohn und erklärte ihm, wie schlecht er sich fühle, weil er Muriel zurechtgewiesen hatte, obwohl sie den Tadel weder nachvollziehen noch sich erinnern konnte. Während sie sich unterhielten, kam Muriel mit dem anderen Osterglockenstängel aus dem Haus – den sie eben gepflückt hatte – und legte ihn vor Robert auf den Tisch.

„Danke", sagte er einfach nur.

„Du machst dich", entgegnete sein Sohn.

Robert beschreibt, wie Muriels Verwirrung zunahm, sodass sie schließlich Ja sagte, wenn sie Nein meinte. Irgendwann konnte sie keine zusammenhängenden Sätze mehr bilden – außer einem einzigen. Es blieb ihr nur ein einziger Satz und sie sagte ihn oft: „Ich liebe dich."

Wenn Robert zur Arbeit ging, lief Muriel ihm oft nach, auch wenn er ihr zu Hause jemanden zur Gesellschaft gelassen hatte. Der Weg zum Theologischen Seminar und zurück betrug etwas mehr als einen Kilometer; manchmal lief sie diesen Weg zehnmal am Tag. Wenn er Muriel abends beim Auskleiden half, sah Robert oft, dass ihre Füße blutig und wundgelaufen waren. Als er dem Hausarzt der Familie davon berichtete, fehlten diesem die Worte.

„Welch eine Liebe", war alles, was der Arzt sagen konnte.

Robert las eine Kolumne in einer Zeitung, in der der Kolumnist einen Leserbrief beantwortete, dessen Verfasserin eine Beziehung beendet hatte, weil „er meine Bedürfnisse nicht mehr erfüllte". Er schrieb dem Leser zurück: „Haben Sie immer noch dieselben Bedürfnisse? Was müsste er tun, um sie zu erfüllen? Das Bedürfnis nach Kommunikation, gemeinsame Interessen, sexuelle Erfüllung. Wenn die Bedürfnisse nicht erfüllt werden …"

Robert dachte darüber nach, wie unbedeutend diese Kriterien im Grunde für ihn waren. Schließlich entschied er, dass er nicht länger Präsident seines Colleges sein und für Muriel sorgen konnte. Als die Zeit kam, stand seine Entscheidung fest. Er musste nicht lange nachdenken.

„Die Entscheidung zu diesem Schritt habe ich bereits vor 42 Jahren getroffen, als ich versprach, für Muriel in Gesundheit und in Krankheit zu sorgen, bis dass der Tod uns scheidet. [...]

Die Erklärung meines Rücktrittes löste eine ungeheure Welle von Reaktionen aus, mit denen ich nie gerechnet hätte. Lange verheiratete Eheleute erneuerten ihr Eheversprechen und Pastoren erzählten ihren Gemeinden von uns. Ich konnte mir das nicht erklären, bis mir ein Spezialist für Krebserkrankungen, der ständig mit schwer kranken, pflegebedürftigen Menschen zu tun hat, folgende Erklärung gab: ‚Fast alle Frauen pflegen ihre Männer bis zum Schluss, aber ganz selten kommt es vor, dass Männer ihre Frauen versorgen.' [...]

Meine Entscheidung, für Muriel von nun an immer da zu sein, hatte jedoch nicht in erster Linie mit meinem Eheversprechen und allem, was sie für mich getan hatte, zu tun. Muriel ist die Freude meines Lebens, auch gerade jetzt, während ich zusehen muss, wie sie ihren eigenen Verfall in großer Tapferkeit trägt."[9]

Eine solche Liebe bildet das Herz der Gemeinschaft. Gott verspricht uns, dass diese Liebe eines Tages belohnt wird. Es wird keine Angst mehr geben, keinen „Rückzug in das Vergessen" mehr. Alzheimer und Tod werden nicht mehr das letzte Wort haben. Es wird nur noch Freude herrschen.

Das Ende der Gemeinschaft

Noch etwas kennzeichnet den Himmel: Er ist der einzige Ort, an dem Gemeinschaft voll und ganz erlebbar ist. Johannes verwendet viele verschiedene Bilder, um die Hölle zu beschreiben. Beispielsweise sagt er, dass die Hölle ein Ort ist, an dem der Rauch der Qual „für alle Zeiten" aufsteigen wird (Offenbarung 19,3).

Rauch bzw. Qualm sind ein Bild, das bei Johannes immer wieder vorkommt und geistliche Welten beschreibt. Dieser Begriff taucht auch im Alten Testament wiederholt auf (z. B. Jesaja 34,10) – das Bild einer eroberten Stadt, die niedergebrannt wurde; aus der Entfernung sah man nur noch den Rauch, der in den Himmel stieg.

Wenn wir diesen Rauch sehen, denken wir vielleicht: *Da standen einmal Häuser, Geschäfte und Schulen. Kinder spielten, Menschen verliebten sich, Nachbarn kümmerten sich umeinander. Nun ist all das vorbei.*

Der aufsteigende Rauch ist ein Bild für den völligen Verlust von Gemeinschaft. Ich erwähne dies, weil ich Menschen manchmal sagen höre: „Ich habe keine Angst vor der Hölle – meine ganzen Kumpel werden da sein. Dann sind wir wenigstens alle zusammen." Für sie ist die Hölle eine riesige Bowlingbahn, bei der immer „Licher-Zeit" ist.

Huckleberry Finn sagte, man habe ihm beigebracht, dass der Himmel ein Ort sei, „an dem ein Mensch nichts anderes zu tun hat, als den ganzen Tag mit einer Harfe in der Hand herumzulaufen und zu singen“. Für so etwas interessierte er sich nicht. Als er also hörte, dass auch Tom Sawyer nicht in den Himmel wollte, berichtet Huck: „Darüber war ich froh, weil ich wollte, dass er und ich zusammen sind.“[10]

Aber das ist nicht das Bild, das Johannes in seiner Vision zeichnet. Für Johannes sind alle Dinge, die Gemeinschaft möglich machen – Demut, Dienstbereitschaft, Höflichkeit, Ehrlichkeit, Großzügigkeit –, Geschenke Gottes.

Gott abzulehnen bedeutet, alles abzulehnen, was Gemeinschaft möglich macht.

Wie zum Himmel Bilder wie Straßen aus Gold und mit Perlen besetzte Tore gehören, um die vollkommene Gemeinschaft und Einheit zu beschreiben, so ist das Bild der Hölle das exakte Gegenteil: das Bild einer zerstörten Stadt, das Ende aller Gemeinschaft.

Stellen Sie sich vor, Sie seien so in Ihrem Stolz und Egoismus gefangen, dass Sie nicht mehr fähig seien, Beziehungen einzugehen. Sie erleben die Freude einer Freundschaft nicht, wissen nicht, wie schön es ist, einander zu dienen, erleben nicht, wie es ist, voll und ganz angenommen zu sein.

In „Die große Scheidung“ beschreibt C. S. Lewis die Hölle als eine einsame graue Stadt, die im Dämmerlicht gefangen ist, in der Häuser in riesigen Abständen voneinander gebaut werden und die Menschen doch immer weiter voneinander wegziehen.[11]

Und der Rauch der Qual steigt auf für alle Zeiten.

Himmel ist eine Person

Der Verlust der Gemeinschaft liegt nicht in Gottes Absicht. Er baut eine Gemeinschaft von gesegnetem Leben auf, und er ist derjenige, der sie erhält und ihr bedeutendster Bewohner ist.

Und wir werden ihn sehen.

Gefangen auf der Insel Patmos, hat Johannes eine Vision vom himmlischen Thronsaal. Es ist eine merkwürdige Vision von einem, „der wie ein Mensch aussah“ (Offenbarung 1,13), mit Haaren, die wie weiße Wolle aussehen, Augen, die wie Feuer leuchten, einem zweischneidigen Schwert, das aus seinem Mund kommt, und Händen, die die Sterne der Gemeinden und die Schlüssel des Todes und der Totenwelt halten.

Johannes fällt wie tot vor dieser Person nieder, und diese Person, die wie ein Mensch aussah und tatsächlich der Menschensohn ist, berührt ihn mit der rechten Hand und sagt: „Hab keine Angst! Ich bin der Erste und der Letzte. Ich bin der Lebendige! Ich war tot, doch nun lebe ich in alle Ewigkeit“ (Offenbarung 1,17–18).

Johannes sagt, dass die Person weißes Haar hat. Heute ist weißes Haar etwas, das man vermeidet; es gilt als Zeichen von Alter und Gebrechlichkeit. Schlimmer, als weißes Haar zu haben, ist nur, überhaupt keine Haare mehr zu haben!

Aber die Bibel hat hier eine andere Perspektive. Der Verfasser der Sprüche sagt (Sprüche 16,31): „Weißes Haar ist ein ehrenvoller Schmuck; denn langes Leben ist der Lohn für Menschen, die Gott die Treue halten.“

(Dieses Sprichwort wird im Laufe der Jahre sicher mein Lieblingsvers werden.)

Gott hat all die Weisheit, die wir mit dem Alter verbinden, abgesehen davon, dass er ewig existieren wird. Doch eines Tages wird er uns alle Weisheit, die er besitzt, zur Verfügung stellen. Wir werden nie wieder etwas Dummes sagen oder eine falsche Entscheidung treffen. Wir werden von purer Weisheit geleitet werden.

Der Menschensohn hält auch sieben Sterne in seiner Hand. In seiner *rechten* Hand. Dies bedeutet, dass er bereit ist zu handeln. Die rechte Seite galt als vornehmere Seite. Aus diesem Grund wurde ein mächtiger Mann als rechte Hand eines Königs bezeichnet, und ein Soldat, der das Schwert in der rechten Hand trug, war bereit zum Kampf.

Vielleicht sind Sie Linkshänder und das, was Sie hier lesen, gefällt Ihnen gar nicht. Pech gehabt! Jesus war Rechtshänder.

Die Sterne stehen in Bezug zu den Botschaftern oder Engeln der Gemeinden, an die Johannes schreibt: Johannes sagt damit, dass die Gemeinden in der Hand Gottes vollkommen sicher sind.

Der Menschensohn hat auch Augen wie Feuerflammen. Manche Augen bringen uns dazu, uns anders zu verhalten, wenn sie auf uns gerichtet sind. Wo hat eine Mutter ihre Augen? Am Hinterkopf. Sie scheint alles zu sehen und zu wissen, was wir tun. Die Augen Gottes beobachten ununterbrochen. Ihnen entgeht nichts.

Der Mann hat ein Schwert, das aus seinem Mund kommt. Dies ist für uns ein seltsames Bild. Es bedeutet nicht, dass Jesus eine Messerklinge zwischen den Lippen haben wird, wenn wir ihn eines Tages sehen. Zu Johannes' Zeiten war ein Schwert ein Symbol für Macht. Das Schwert, das aus dem Mund ragt, bedeutet, dass das Wort des Menschensohnes unangefochtene Autorität besitzt. Er spricht, und was er sagt, hat Gültigkeit.

Aus diesem Grund gibt Johannes dieser Person auch den Ehrentitel „Herr über die Könige auf Erden" (Offenbarung 1,5; Luther). Heute erleben wir unterschiedliche Machtbereiche: politisch, wirtschaftlich, kulturell und so weiter. Zur Zeit Jesu hatten Könige alle Macht inne. Und Jesus ist der König der Könige.

Übersetzt in unsere Sprache bedeutet dies: Denken Sie an alle Menschen, die in jedem einzelnen Lebensbereich Macht haben – alle treibenden Kräfte und Meinungsmacher. Jesus regiert über sie alle, egal, ob sie es wissen oder nicht. Jesus herrscht über alle Präsidenten und Premierminister, über Staatsmänner und Parteiheinis. Er regiert über Demokraten und Republikaner. Aber er regiert auch über Bill Gates und Donald Trump, über Sabine Christiansen und Maibritt Illner, über Oprah Winfrey und Bärbel Schäfer.

Jesus regiert über Harvard und Oxford und über die Deutsche Telekom. Er regiert über Bruce Springsteen, Steven Spielberg und Madonna. Er regiert über die Wall Street, das Frankfurter Bankenviertel, über das Bundeskanzleramt und die Düsseldorfer Königsallee.

Diese Menschen und Mächte mögen nicht (an-)erkennen, dass Jesus über sie herrscht, aber der Tag wird kommen, an dem sie es tun werden – vielleicht heute, vielleicht morgen –, aber dieser Tag wird kommen. An diesem Tag werden alle „auf die Knie fallen“ – auch der Stolzeste und Sturste – „und Gott die Ehre geben“ (Römer 14,11); jeder wird bekennen, dass Jesus Christus der Herr der Herren und der Herrscher über alle Könige dieser Welt ist.

Dies ist die heilige, transzendente, Ehrfurcht gebietende Person, die Johannes in seiner Vision sieht. Und dann wird es ernst.

Johannes sagt, dass er dieser Figur zu Füßen fiel, als er sie sah. Kein Wunder! Er überwindet die Distanz, die einen sündigen Menschen von einem heiligen Gott trennt. Johannes fällt aus Ehrfurcht, Staunen, Furcht und Kapitulation zu Jesu Füßen. Er ist wiederhergestellt.

Dann kommt einer der schönsten Augenblicke der Bibel.

Johannes sagt: „Er legte seine rechte Hand auf mich.“

Stellen Sie sich vor, Sie fallen wie tot zu Jesu Füßen, und er nimmt seine allmächtige rechte Hand, die nun leer ist, und legt sie auf Ihre Schulter.

„Hab keine Angst“, sagt er. „Ich bin derjenige, den du gesehen hast. Ich war tot, doch nun lebe ich.“

Richard Mouw, Präsident des *Fuller Seminary* und Dozent für Philosophie, erzählte mir eine wunderschöne Parabel für diese Szene. Sie spielte sich ab, als er noch im Kindergarten war, lange vor seiner Zeit als Philosoph.

Eines Tages – es war Dezember – kam ein Besucher in den Kindergarten. Er trug einen großen roten Anzug mit einer glänzenden Schärpe. Sein Kopf und sein Haar waren weiß wie Schnee und an seinen Füßen trug er Stiefel so schwarz wie Kohle. Seine Stimme klang wie das Geräusch eines Wasserfalls: „Ho! Ho! Ho!“

„Ich bin hier, um zu sehen, wer von euch unartig war und wer sich gut betragen hat. Wer will kommen und mir sagen, was er sich wünscht?“

Diese fünfjährigen Kinder waren zu Tode erschrocken. Der Nikolaus stand mitten unter ihnen, der Glanz des Nikolauses leuchtete über ihnen und sie hatten panische Angst. Niemand bewegte sich.

Die Kindergärtnerin war verlegen. Sie konnte gar nicht verstehen, warum sich niemand freiwillig für die Urteilsverkündung am großen weißen Thron meldete.

Schließlich schaute der Nikolaus auf den fünfjährigen Richard Mouw.

„Komm und setz dich auf meinen Schoß", befahl er. Richard wusste nicht, warum gerade er ausgewählt wurde, aber er ging nach vorne, so langsam er konnte.

Was Richard nicht wusste: Der Nikolaus war ein Mann aus Richards Gemeinde, ein Mann namens Mr Cooper. Richard kannte ihn und mochte ihn sehr.

Der Nikolaus spürte Richards Angst. Er zog seinen Bart weg. Seine andere Hand legte er auf Richards Schulter und sagte so leise, dass ihn sonst niemand hören konnte: „Richard, hab keine Angst. Ich bin es – Mr Cooper. Du kennst mich. Ich bin's, dein alter Freund. Es ist alles in Ordnung. Hab keine Angst."

Kein Wunder, dass der Apostel Johannes wie tot zu Jesu Füßen fiel. Kein Mensch, der auch nur ein wenig bei Verstand war, hätte etwas anderes tun können. Und dann spürt Johannes eine Hand auf seiner Schulter.

„Hey, Johannes, hab keine Angst. Ich bin es! Jesus! Der, den du liebst. Du kennst mich. Ich bin dein alter Freund. Hab keine Angst." Der Menschensohn, Alpha und Omega, der Erste und Letzte, der Herrscher über die Könige der Erde, der Eine, der ans Kreuz ging. Ich bin es! Jesus!

„Erinnerst du dich übrigens an Tod und Totenwelt? Der letzte Feind des Menschen, der ihn von Geburt an in einem Gefängnis aus Angst und Einsamkeit eingesperrt hatte? Hier sind die Schlüssel. Habe sie von meinem Vater bekommen. Niemand, der mir nachfolgt, wird vom Tod gefangen genommen – keiner meiner Freunde. Ich habe die Schlüssel! Tod? Keine große Sache. Ich war tot und es hat mir absolut nichts anhaben können."

Die große Hochzeit

Es gibt noch ein letztes Bild von Johannes, das wir uns näher ansehen wollen. Wir werden nicht nur Gott sehen, sagt Johannes, sondern auch die Freude einer Hochzeit erleben. Die Freude, die wir auf der Erde erleben, wenn wir an einer Hochzeit teilnehmen, ist nur ein schwacher Abglanz der Freude, die wir im Himmel erfahren, wenn Jesus und seine Braut, die Kirche, endlich vollkommene Gemeinschaft miteinander haben. „Freuen darf sich, wer zum Hochzeitsmahl des Lammes eingeladen ist" (Offenbarung 19,9).

Unsere ersten beiden Kinder waren Mädchen. Als sie noch sehr klein waren, waren sie sich sicher, dass sie für immer bei uns zu Hause leben wollten. Der Gedanke, wegzugehen, war schrecklich. Manchmal fragten sie: „Wenn ich groß bin, kann ich dann immer noch bei dir und Mama wohnen?" Es hatte keinen Sinn, ihnen zu erklären, dass sie eines Tages von sich aus weggehen würden. Nicht, dass es zu Hause nicht schön war, aber eines Tages wären sie erwachsen. Vielleicht verliebten sie sich und wollten ihr eigenes Haus besitzen und ihre eigene Familie gründen. Es hatte keinen Sinn, ihnen so etwas zu erklären, weil sie sich einfach nicht vorstellen konnten, dass es einmal einen Mann in ihrem Leben geben könnte, der größer und schlauer war oder besser aussah als ihr Vater (sie waren noch sehr klein) oder den sie so sehr lieben konnten wie ihren Vater. Sie konnten es sich einfach nicht vorstellen. Und ehrlich gesagt, erschien mir der Gedanke damals auch weit hergeholt.

Trotzdem wusste ich, dass der Tag kommen würde – nicht heute, nicht morgen, aber eines Tages –, an dem sie erwachsen wären. Irgendwo, irgendwie würde der Tag kommen und sie würden … *ihn* sehen. Dann würden sie verstehen. Was sie bisher nur als „unklares Bild wie in einem trüben Spiegel" sahen, das würden sie dann „von Angesicht" sehen (1. Korinther 13,12). Und meine kleinen Mädchen würden zu mir kommen und sagen, wie es erwachsene Töchter nun mal tun: „Papa, er ist mein Schicksal. Ich bin für ihn bestimmt. Und ich muss mit ihm gehen. Ich kann mir das Leben ohne ihn nicht vorstellen." Und da ich ein weiser Vater bin, werde ich sagen – vorausgesetzt, der Mann ist gut und nett genug, und meine Tochter ist alt genug (sagen wir, 45): „Das ist der Augenblick! Das ist die Vereinigung, für die ich schon vor deiner Geburt gebetet habe. Geh hinein in ein Leben voller Liebe und Freude."

In der Bibel lesen wir, dass das Königreich des Himmels die Geschichte von einem Bräutigam ist, der auf seine Braut wartet. Vielleicht möchten Sie diesen Ort hier heute noch nicht verlassen. Aber eines Tages – vielleicht nicht heute, vielleicht nicht morgen, aber eines Tages bestimmt –, wenn wir ganz erwachsen sind. Und wir werden *ihn* sehen. Und dann werden wir verstehen.

Dann werden wir den Einen, den wir heute nur als unklares Bild wie in einem trüben Spiegel sehen, von Angesicht sehen, und seine Schönheit wird uns die Sprache verschlagen, und wir werden wissen, dass er unser Schicksal ist. Wir sind für ihn bestimmt.

Sie werden wissen, so sicher Sie nun dasitzen und dieses Buch lesen, dass Sie mit ihm gehen müssen, dass das Leben ohne ihn nichts wert ist. Ein weiser Brautführer wird sagen: „Das ist der Augenblick! Das ist die Vereinigung, für die ich schon vor deiner Geburt gebetet habe. Geh hinein in ein ewiges Leben voller Liebe und Freude."

Dann wird niemand mehr einsam sein. Niemand wird alleine sein. Niemand wird dumme Sachen machen, sündigen oder etwas tun, das er bedauern wird.

Dann endlich wird sich die Menschheit nicht mehr in der „Wie besehen"-Abteilung des Universums befinden. Dann wird jeder zum ersten Mal seit dem Garten Eden die Person, die er nach Gottes Vorstellung sein sollte. Dann werden wir erkennen, dass das, was wir als das Ende unseres Lebens bezeichnen, überhaupt nicht das Ende ist; es ist nur der Beginn des ersten Kapitels der großen Geschichte, die niemand auf dieser Erde je gelesen hat, die bis in alle Ewigkeit weitergeht und in der jedes Kapitel besser ist als das vorangegangene.

Und dann werden wir alle endlich normal sein.

Tanzen lernen

1. Was waren bisher die aufregendsten fünf Minuten Ihres Lebens?

2. Woher stammen Ihre frühesten Vorstellungen vom Himmel?

3. Klingt die Vorstellung von einer Ewigkeit im Himmel für Sie so, als ob es etwas langweilig werden könnte? Warum oder warum nicht?

4. Wenn Sie gleich jetzt in den Himmel gehen könnten, würden Sie es tun? Sollte man sich das wünschen?

5. Inwiefern beeinflusst die Vorstellung vom Himmel die Art und Weise, wie Sie Ihren Alltag leben?

6. In früheren Jahrhunderten meditierten die Menschen manchmal über der Realität des Todes. Man kann das tun, indem man sich beispielsweise überlegt, wie die eigene Grabrede oder ein Nachruf lauten würde. Welches Vermächtnis würden Sie gerne hinterlassen?

7. Auf welche Veränderungen freuen Sie sich am meisten, wenn Sie an die Person denken, die Sie im Himmel sein werden? Warum bitten Sie Gott nicht darum, mit diesen Veränderungen schon jetzt zu beginnen?

Anmerkungen

Kapitel 1
Das Dilemma des Stachelschweins

[1] Dallas Willard: *The Renovation of the Heart*. Colorado Springs, NavPress, 2002. S. 189.

[2] Henri Nouwen: „Moving from Solitude to Community to Ministry". In: *Leadership Journal*, Frühjahr 1995. S. 83.

[3] Dietrich Bonhoeffer: „Gemeinsames Leben". Gütersloher Verlagshaus, 2001. S. 18–19.

[4] Jesaja 53,4

[5] Römer 3,23

[6] Martin Seligman, David Rosenham: *Abnormality.* New York, W. W. Norton, 1998. S. 17.

[7] Neil Plantinga: *Engaging God's World*. Grand Rapids, Eerdmans, 2001. S. 52.

[8] Jane Howard. Zitiert im *Franklin-Covey Day Planner* vom 1. Februar 2002.

[9] Willard: *Renovation of the Heart*, S. 179.

[10] Edward Hallowell: *Connect*. New York, Simon & Schuster, 1999.

[11] Neil Plantinga: *Not the Way It's Supposed to Be*. Grand Rapids, Eerdmans, 1995. S. 10.

[12] Bonhoeffer: „Gemeinsames Leben", S. 65.

[13] Ebd., S. 83.

[14] Rene Spitz, zitiert in Hallowell: *Connect,* S. 133.

[15] Miroslav Volf: *Exclusion and Embrace*. Nashville, Abingdon Press, 1996. S. 111.

[16] In: *Chicago Tribune*, Sonntag, 28.4.2002.

[17] Willard: *Renovation of the Heart*, S. 182.

[18] David Costello: *The World of the Porcupine*. New York, J. B. Lippincott, 1966.

Kapitel 2
Das Wunder der Einheit

[1] Zitiert nach: Richard Foster: „Nachfolge feiern". Wuppertal, Brockhaus Verlag, 1997[2]. S. 163.

[2] Martin Buber: „I and Thou". Zitiert in: James Edwards: *The Divine Intruder*. Colorado Springs, NavPress, 2000. S. 14.

[3] Suzy Becker: „Pizza zum Frühstück. Wenn Kinder das Sagen hätten". München, Heyne Verlag, 1996.

[4] Jean Elsthain: „Everything for Sale". In: *Books & Culture*, Mai/Juni 1998. S. 9.

[5] Zitiert in Lee Strobel: *God's Outrageous Claims*. Grand Rapids, Zondervan, 1997. S. 18–20.

[6] Alan Loy McGinnis: *The Friendship Factor*. Minneapolis: Augsburg Press, 1979. S. 11.

[7] Zitiert in: Alice Kelly: „Are you Lonely?" In: *Shape*, April 2001. S. 108–112.

[8] Jean Vanier: *Community and Growth*. New York, Paulist Press, 1989. S. 140.

[9] Zitiert in Leo Buscaglia: *Love*. New York, Ballantine Books, 1994. S. 17.

[10] Hallowell: *Connect*, S. XII.

[11] Vanier: *Community and Growth*, S. 58.

[12] Robert Putnam: *Bowling Alone*. New York, Simon & Schuster, 2000. S. 331.

[13] Zu dieser und vergleichbaren Studien: Putnam: *Bowling Alone*, S. 492–494; Hallowell: *Connect*, Kapitel 1.

[14] Zitiert nach: Foster: „Nachfolge feiern", S. 163.

[15] Volf: *Exclusion and Embrace*, S. 127.

[16] Lawrence J. Crabb: „Connecting". Basel, Brunnen Verlag, 2000. S. 11.

[17] Willard: *The Renovation of the Heart*, S. 180.

[18] Frederick Dale Bruner: *Holy Spirit: Shy Member of the Trinity*. Eugene, OR, Wipf & Stock, 2001. S. 10.

[19] Ebd., S. 12.

[20] Dallas Willard: *The Divine Conspiracy*. San Francisco, Harper SanFrancisco, 1998. S. 318.

[21] Plantinga: *Engaging God's World*, S. 20.

[22] Brennan Manning: *The Wisdom of Tenderness*. San Francisco, HarperSanFrancisco, 2002. S. 25–26.
[23] Markus Barth: *Epheser 4–6, Anchor Bible*, Bd. 34A, New York, Doubleday, 1974. S. 69.
[24] Anne Lamott: *Bird by Bird. Some Instructions on Writing and Life*. New York, Doubleday/Anchor, 1994. S. 121.

Kapitel 3
Die Mattengemeinschaft: Wahre Freundschaft

[1] Aristoteles: „Nichomacheische Ethik".
[2] Zitiert in Putnam: *Bowling Alone*, S. 20.
[3] Robert Gundry: *Mark: A Commentary on His Apology for the Cross*. Grand Rapids, Eerdmans, 1993. S. 110 f.
[4] McGinnis: *The Friendship Factor.*
[5] Vanier: *Community and Growth,* S. 47.
[6] Dolores Curren: *Traits of a Healthy Family*. New York, Ballantine, 1983. S. 41.
[7] Putnam: *Bowling Alone*, S. 231.
[8] Lewis Smedes in einem persönlichen Gespräch mit dem Autor.
[9] Zitiert in: Curren: *Traits of a Healthy Family*, S. 71.
[10] Markus 2,5
[11] In einem persönlichen Gespräch mit dem Psychologen David Brokaw.
[12] Vanier: *Community and Growth,* S. 102.
[13] Markus 2,5
[14] Fjodor Dostojewski: „Die Brüder Kamarasow". Berlin, Aufbau-Verlag, 1986. S. 93.
[15] Vanier: *Community and Growth*, S. 26.
[16] Paul Wadell: *Becoming Friends*. Grand Rapids, Brazos Press, 2002. S. 106.
[17] Willard: *The Divine Conspiracy,* S. 243.
[18] Matthäus 7,1
[19] Matthäus 6,14–15
[20] Johannes 4,20

Kapitel 4
Unverhüllte Gesichter: Authentizität

[1] Bonhoeffer: „Gemeinsames Leben", S. 96–98.
[2] Robert Karen: *Becoming Attached.* New York, Oxford University Press, 1998. S. 5 ff.
[3] Paul Tournier: *The Meaning of Persons*. New York, Harper & Row, 1957. S. 138.
[4] Jan Yager: *Friendshifts*. Stanford, CT, Hannacroix Creek Books, 1999. S. 192.
[5] Tim Alan Gardner: *Sacred Sex: A Spiritual Celebration of Oneness in Marriage.* Colorado Springs, Waterbook Press, 2002. S. 56.
[6] Rainer Maria Rilke in einem Brief an Paula Modersohn-Becker vom 12. Februar 1902.
[7] Willard: *The Divine Conspiracy*, S. 323.
[8] Zum Thema ethische Dilemmas: Neil Plantinga: *Not the Way It's Supposed to Be,* S. 14.
[9] 2. Korinther 3,12–18, basierend auf Exodus 33,18–23; 34,29–35
[10] Foster: „Nachfolge feiern", S. 128.
[11] Tournicr: *The Meaning of Persons*, S. 142.
[12] McGinnis: *The Friendship Factor*, S. 28.
[13] Sidney Jourard: *The Transparent Self.* New York, Litton Educational Publishing, 1971. S. 18.
[14] Aelred von Reivaulx: „Über die geistliche Freundschaft". Trier, Spee-Verlag, 1978.
[15] McGinnis: *The Friendship Factor,* S. 37.
[16] Timothy Jones: *Finding a Spiritual Friend.* Nashville, Upper Room, 1998.
[17] Ebd., S. 33–34.
[18] Bonhoeffer: „Gemeinsames Leben", S. 96–98.
[19] Ebd., S. 103.
[20] Ebd., S. 96.

Kapitel 5
Legen Sie Ihre Steine aus der Hand: Annahme

1 Zitiert in: Philip Yancey: „Gnade ist nicht nur ein Wort". Wuppertal, Brockhaus Verlag, 1999.
2 Anne Lamott: *Bird by Bird: Some Instructions on Writing and Life, S.* 22.
3 Deborah Tannen: „Du kannst mich einfach nicht verstehen". München, Goldmann Verlag, 1991. S. 121.
4 C. S. Lewis: „Pardon, ich bin Christ". Basel, Brunnen Verlag, 1977. S. 99.
5 Abkürzung für „sons of a bitch", Hurensöhne; Anm. d. Übers.
6 „sons of baptists"; Anm. d. Übers.
7 Yancey: „Gnade ist nicht nur ein Wort", S. 7.
8 Philip Yancey: „Der unbekannte Jesus". Wuppertal, Brockhaus Verlag, 1997.
9 Willard: *The Divine Conspiracy*, S. 226–227.
10 C. S. Lewis: „Was man Liebe nennt". Gießen, Brunnen Verlag, 1979. S. 47.
11 Dorothy Bass und Craig Dykstra (Hrsg.): *Practising our Faith*. San Francisco, Jossey-Bass, 1997, siehe das Kapitel über den Sabbat.
12 Zitiert in McGinnis: *The Friendship Factor,* S. 72.
13 Zitiert im *Franklin-Covey Day Planner* für den 3. Februar 2002.
14 Vanier: *Community and Growth*, S. 47.
15 Willard: *The Divine Conspiracy*, S. 225.
16 Kenneth Bailey: „The Lady's Not For Stoning". In: *Presbyterian Outlook*, April 1999. S. 17.

Kapitel 6
Die Kunst, Menschen zu lesen: Empathie

1 Robert Frost: „How hard it is to keep from being king when it's in you and the situation". In: *The Poetry of Robert Frost*. New York, Holt Rinehart and Winston, 1969. S. 456.
2 Ken Davis: „Beim rosa Flamingo links ab". Asslar, Schulte & Gerth, 2003. S. 130.

[3] Dallas Willard: *Renovation Of The Heart*, S. 162.

[4] Zitiert in Daniel Goleman: *Emotionale Intelligenz.* Reinbek, dtv, 1997, Kapitel 6.

[5] Spokane, WA, Center for Nonverbal Studies Press, 2001.

[6] Bill Hybels: „Aufbruch zum Leben". Asslar, Projektion J, 1999. Kapitel „Die Wahrheit sagen".

[7] William Backus und Marie Chapian: „Befreiende Wahrheit". Asslar, Projektion J, 1983.

[8] Henri Nouwen: *The Way of the Heart. Desert Spirituality and Contemporary Ministry.* New York, HarperCollins, 1991. S. 43.

[9] Daniel Goleman: *Working With Emotional Intelligence*. New York, Bantam Books, 1995. S. 176.

[10] Quelle im Internet.

[11] Dieser Versprecher funktioniert nur im Englischen: Statt „Alles, was Odem („breath") hat" liest Ortberg: „Alles, was Brüste („breasts") hat, lobe den Herrn"; Anm. d. Übers.

[12] E. Aaronson, B. Willerman und J. Floyd: „The Effect of a Pratfall on Increasing Interpersonal Attractiveness". In: *Psychometric Science* 4 (1966).

[13] Goleman: *Working with Emotional Intelligence*, S. 165.

[14] Lamott: *Bird by Bird*, S. 50.

Kapitel 7
Es lohnt sich, für Gemeinschaft zu kämpfen: Konflikte

[1] Vanier: *Community and Growth*, S. 120–121.

[2] Johannes 15,13

[3] Neil Warren: *Make Anger Your Alley*. New York, Doubleday, 1985.

[4] Carol Tavris: *Anger: The Misunderstood Emotion*. New York, Simon & Schuster, 1982.

[5] Robert V. Levine: „Eine Landkarte der Zeit". München, Piper Verlag, 1999.

[6] Warren: *Make Anger Your Alley*, S. 168.

[7] Tavris: *Anger*, S. 132–133.

[8] *Newsweek*, 16. April 2001. S. 49.
[9] Howard Kassinove (Hrsg.): *Anger Disorders*. Washington D. C., Taylor & Francis, 1992.
[10] Tavris: *Anger*, S. 121.

Kapitel 8
Geistliche OP: Vergebung

[1] Lewis Smedes: *How Can It Be All Right When Everything's All Wrong?* San Francisco, HarperSanFrancisco, 1992. S. 43.
[2] Beth Kephart: *Into the Tangle of Friendship*. Boston, Houghton Mifflin, 2000. S. 6–7.
[3] Lewis Smedes: *Forgive and Forget*. San Francisco, Harper & Row, 1984.
[4] L. Gregory Jones: *Embodying Forgiveness: A Theological Analysis*. Grand Rapids, Eerdmans, 1995.
[5] C. S. Lewis: *Letters to Malcolm, Chiefly on Prayer*. New York, 1964 (Nachdruck).
[6] Lewis Smedes: *The Art of Forgiving*. Nashville, Moorings, 1996. S. 57.
[7] Garrison Keillor: „Lake Wobegon". München, Goldmann Verlag, 1995.
[8] Matthäus 10,42
[9] Charles Williams: *The Forgiveness of Sins*. Grand Rapids, Eerdmans, 1984. S. 66.
[10] Anne Lamott: *Traveling Mercies*. New York, Doubleday/Anchor, 2000. S. 128, 134.

Kapitel 9
Ein Geschenk, das niemand haben will: Konfrontation

[1] Bonhoeffer: „Gemeinsames Leben", S. 92.
[2] Davis: „Beim rosa Flamingo links ab", S. 43.
[3] Neil Plantinga: *Not the Way It's Supposed to Be.* Grand Rapids, Eerdmans, 1995. S. 105.

[4] Bonhoeffer: „Gemeinsames Leben“, S. 91–92.
[5] Zitiert in: Marjorie Thompson: *Soul Feast*. Louisville, Westminster John Knox Press, 1995. S. 137.
[6] David Watson: *Covenant Discipleship*. Nashville, Discipleship Resources, 1996. S. 17.
[7] Ebd., S. 55–56.
[8] M. Scott Peck: „Der wunderbare Weg“. München, Goldmann Verlag, 1986. S. 51–53.
[9] Gary Richmond: *A View from the Zoo Series*. Nashville, W Publishing Group.
[10] Vanier: *Community and Growth,* S. 260.
[11] M. Scott Peck: *The Different Drum*. New York, Simon & Schuster, 1987. S. 87 ff.
[12] Patrick Morley: *The Man in the Mirror*. Grand Rapids, Zondervan, 1999. S. 337.

Kapitel 10
Mauern einreißen: Eine alle umfassende Gemeinschaft

[1] C. S. Lewis: „Der innere Ring“. In: „Der innere Ring und andere Essays“. Basel, Brunnen-Verlag, 1992[2]. S. 38.
[2] Miroslav Volf: *Exclusion and Embrace*. Nashville, Abingdon Press, 1996.
[3] Lewis: „Der innere Ring“, S. 32.
[4] Groucho Marx: „Groucho und ich“. München, btb/Goldmann Verlag, 1998, Kap. 26.
[5] Bailey: „The Lady’s Not for Stoning“.
[6] Yancey: „Gnade ist nicht nur ein Wort“, S. 142.
[7] Putnam: *Bowling Alone*, S. 22.
[8] Volf: *Exclusion and Embrace,* S. 72.
[9] Ebd., S. 163.

Kapitel 11
Das Geheimnis eines liebenden Herzens: Dankbarkeit

[1] Jean Pierre de Caussade: *The Sacrament of the Present Moment*. New York, Harper & Row, 1982. S. 89.
[2] Kenneth Bailey: *Through Peasant Eyes*. Grand Rapids, Eerdmans, 1983.
[3] Ebd., S. 8.
[4] Richard Mouw: *Uncommon Decency*. Downers Grove, InterVarsity Press, 1992. S. 153.
[5] In einer Predigt.
[6] Nach Richard Meyer: *One Anothering*, Bd. 2. Philadelphia, Innisfree Press, 1999. S. 131.

Kapitel 12
Endlich normal: Himmel

[1] C. S. Lewis: „Die Chroniken von Narnia. Der letzte Kampf" (Band 7). Moers, Brendow Verlag, 1998. S. 159–160.
[2] Garrison Keillor: *Leaving Home*. New York, Viking Press, 1987. S. 217.
[3] Mark Buchanan: *Heaven-Bent*. Unveröffentlichtes Manuskript. S. 50.
[4] Plantinga: *Engaging God's World*, S. 104.
[5] Smedes schreibt über diese Übung in: *How Can It Be All Right When Everthing's All Wrong?*, S. 151f.
[6] Ebd., S. 151.
[7] C. S. Lewis: „Über den Schmerz". Basel, Brunnen-Verlag, 1998. Kapitel 10: „Der Himmel".
[8] Keillor: *Leaving Home*, S. 218.
[9] Robertson McQuilkin: „Wenn Liebe hält, was sie verspricht". Asslar, Schulte & Gerth, 1999. S. 29–30.
[10] Mark Twain: *The Adventures of Huckleberry Finn*. New York. Fawcett Columbine, 1996. S. 5–6.
[11] C. S. Lewis: „Die große Scheidung". Einsiedeln, Johannes Verlag, 1989.